JN055469

栃木県の教員採用試験過去問シリーズ❽

2025年度版

栃木県の
音楽科

過去問

協同教育研究会 編

協同出版

本書には，栃木県の教員採用試験の過去問題を収録しています。各問題ごとに，以下のように5段階表記で，難易度，頻出度を示しています。

難 易 度

非常に難しい	☆☆☆☆☆
やや難しい	☆☆☆☆
普通の難易度	☆☆☆
やや易しい	☆☆
非常に易しい	☆

頻 出 度

◎	ほとんど出題されない
◎◎	あまり出題されない
◎◎◎	普通の頻出度
◎◎◎◎	よく出題される
◎◎◎◎◎	非常によく出題される

※本書の過去問題における資料，法令文等の取り扱いについて

本書の過去問題で使用されている資料や法令文の表記や基準は，出題された当時の内容に準拠しているため，解答・解説も当時のものを使用しています。ご了承ください。

はじめに～「過去問」シリーズ利用に際して～

教育を取り巻く環境は変化しつつあり，日本の公教育そのものも，教員免許更新制の廃止やGIGAスクール構想の実現などの改革が進められています。また，現行の学習指導要領では「主体的・対話的で深い学び」を実現するため，指導方法や指導体制の工夫改善により，「個に応じた指導」の充実を図るとともに，コンピュータや情報通信ネットワーク等の情報手段を活用するために必要な環境を整えることが示されています。

一方で，いじめや体罰，不登校，暴力行為など，教育現場の問題もあいかわらず取り沙汰されており，教員に求められるスキルは，今後さらに高いものになっていくことが予想されます。

本書の基本構成としては，出題傾向と対策，過去5年間の出題傾向分析表，過去問題，解答および解説を掲載しています。各自治体や教科によって掲載年数をはじめ，「チェックテスト」や「問題演習」を掲載するなど，内容が異なります。

また原則的には一般受験を対象としております。特別選考等については対応していない場合があります。なお，実際に配布された問題の順番や構成を，編集の都合上，変更している場合があります。あらかじめご了承ください。

最後に，この「過去問」シリーズは，「参考書」シリーズとの併用を前提に編集されております。参考書で要点整理を行い，過去問で実力試しを行う，セットでの活用をおすすめいたします。

みなさまが，この書籍を徹底的に活用し，教員採用試験の合格を勝ち取って，教壇に立っていただければ，それはわたくしたちにとって最上の喜びです。

協同教育研究会

C O N T E N T S

第１部

栃木県の
音楽科
出題傾向分析

栃木県の音楽科　傾向と対策

栃木県の音楽科の試験問題は，中高共通と，中学校・高等学校の各校種対応の問題で構成されている。過去5年間の[中高共通]の大問1では，必ず譜例(管弦楽のスコア，ピアノ大譜表，独唱の楽譜等)が示されて，問題が作成されている。問題の内容は楽典に関するもので，音楽用語・音程・音階・和声等に関する問題である。ここでは，楽曲名を解答させることは行っていない。大問2以降は，「日本の音楽」「民族音楽」等に関する問題が出題されている。日本の音楽に関する出題は，2024年度は「能」であったが，過去5年間では，毎年違う分野の伝統音楽または伝統楽器について出題されている。それらの課題についても学習を確かなものするとともに，今後に備えて，ここ最近出題されていない伝統楽器等についても学習を深めていくことが大切である。いずれも，基本的な知識が問われているので，問題文をよく読んだ上で確実に解答したい。民族音楽に関する問題においては，2024年度はフラメンコについての出題があった。2020年度から本格的な出題になっているので，アジア地域および世界の各地域の民族音楽を可能な限り鑑賞し，特徴を述べられるようにしておくことが必要である。

2020年度以前は学習指導要領の出題はなかったが，2021年度以降は中学校，高校共に，学習指導要領が出題されている。2022年度は「共通事項」，2023年度は「内容の取扱い」，2024年度は「内容」と出題が続いている。文言を確認しておくのはもちろんのこと，学習指導要領解説などと併せて詳細な意味を学習しておくこと。また，どこを問われても解答できるように読み込んでおくことも必要である。歌唱の楽曲に関する問題では，中学校は共通教材，高校は日本や諸外国の歌曲が取り上げられている。示された楽譜の作曲者，作詞者だけでなく，その楽曲に関する背景や強弱記号・歌詞の意味なども問われている。また，リコーダーの運指も問題に組み込まれている。2024年度はギターのダイヤグラムを問うものもあった。いずれも，基本的なことを押さえることにより解答可能である。鑑賞の教材に対しては，各校種の教科書に掲載されている楽曲を中心に，幅広く学習しておく必要がある。楽譜と照らし合わせながら，より多くの楽曲を鑑賞するとともに，音楽史にも深く入り込んだ問題が出されるので，学習を深めておくことが必要である。また，旋律中の空欄を補充させる問題も出題されていることから，教科書に掲載されている楽曲を楽譜に起こす学習をしておくことが望ましい。2021年度までは創作に関する問題は出題されていなかったが，高等学校に関しては2022年度にボディーパーカッションの作品を創作する課題が出された。2024年度は2023年度に引き続き，中学校・高等学校共通課題として，旋律創作が出題された。今後この傾向は続くことが予想されるので，和声の学習を含む創作に必要な知識と技能を向上させていくことが必要である。また，高等学校においては，鑑賞教材を提示しないで，ルネサンスから後期ロマン派までの年表を示し，各楽派の作曲者やその特徴についての知識を問う問題が初めて出題された。栃木県の試験問題にも変容していく兆しを感じる。受験生はこれまで以上に幅広い視野に立って学習を積み上げていくことが望まれる。

過去5年間の出題傾向分析

分類	主な出題事項		2020年度	2021年度	2022年度	2023年度	2024年度
A 音楽理論・楽典	音楽の基礎知識		●	●	●	●	●
	調と音階		●	●	●	●	●
	音楽の構造				●	●	
B 音楽史	作曲家と作品の知識を問う問題		●	●	●	●	●
	音楽様式，音楽形式の知識を問う問題				●	●	●
	文化的背景との関わりを問う問題		●		●	●	
	近現代の作曲家や演奏家についての知識		●		●	●	●
C 総合問題	オーケストラスコアによる問題			●	●		
	小編成アンサンブルのスコア，大譜表(ピアノ用楽譜)による問題		●	●	●	●	●
	単旋律による問題		●				●
D 楽器奏法	リコーダー		●	●			
	ギター			●			●
	楽器分類						
E 日本伝統音楽	雅楽		●	●			
	能・狂言		●				●
	文楽						
	歌舞伎		●		●		
	長唄等		●				
	楽器(箏，尺八，三味線)		●			●	
	民謡・郷土芸能						
	総合問題						
F 民族音楽	音楽のジャンルと様式	(1)アジア(朝鮮，ガムラン，インド，トルコ)	●	●		●	
		(2)アフリカ　打楽器	●				
		(3)ヨーロッパ，中南米	●		●		●
		(4)ポピュラー			●		
	楽器	(1)楽器分類(体鳴，気鳴，膜鳴，弦鳴)					
		(2)地域と楽器	●	●	●	●	

分類	主な出題事項		2020年度	2021年度	2022年度	2023年度	2024年度
G 学習指導要領	(A)中学校	目標		●			
		各学年の目標と内容			●		●
		指導計画と内容の取扱い				●	
		指導要領と実践のつながり					
	(B)高校	目標		●			
		各学年の目標と内容		●	●		●
		指導計画と内容の取扱い				●	
H 教科書教材	総合問題		●	●	●	●	●
	旋律を書かせたりする問題		●	●			
	学習指導要領と関連させた指導法を問う問題						●
I 作曲・編曲	旋律，対旋律を作曲				●	●	●
	クラスの状況をふまえた編成に編曲						
	新曲を作曲						
J 学習指導案	完成学習指導案の作成						
	部分の指導案の完成						
	指導についての論述						

第2部

栃木県の
教員採用試験
実施問題

2024年度　実施問題

【中高共通】

【1】次の楽譜について，以下の1から8の問いに答えよ。

1　①，②の音楽用語の意味をそれぞれ答えよ。

2　③の音楽用語を省略せずに記せ。また，その意味を答えよ。

3　「弓で」を意味する音楽用語をイタリア語で記せ。

4　④の音を導音とする長調の平行調を答えよ。

5　4で求めた調の和声的短音階を，臨時記号を用いてアルト譜表に記せ。

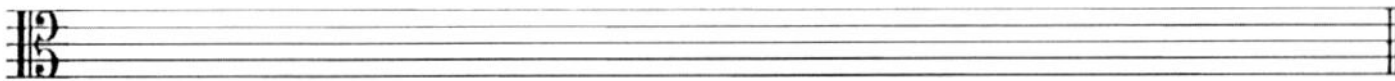

6　Aの部分の和音の種類を次のアからエのうちから一つ選び，記号で答えよ。

ア　長三和音　　イ　短三和音　　ウ　増三和音　　エ　減三和音

7　Bの2音間の音程と転回音程を答えよ。

8　Cの旋律をアルトサクソフォーン(in Es)で演奏できるように，調号を用いて高音部譜表に記せ。

(☆☆☆◎◎◎◎)

【2】次の1から5の条件を満たしたソプラノ・リコーダーの作品を創作せよ。

〈条件〉

1　次の旋律を1小節目と2小節目に用いて，このリズムをモチーフにする。ただし，3小節目以降，この旋律を繰り返してはならない。

2　速度記号はAndanteとし，8分の6拍子，8小節，単旋律のまとまりのある作品とする。

3　F durとし，調号を用いて高音部譜表に記す。

4　楽譜に示された和音記号に従って創作し，非和声音を用いてもよい。

5　創作における「変化」の手法を用いること。

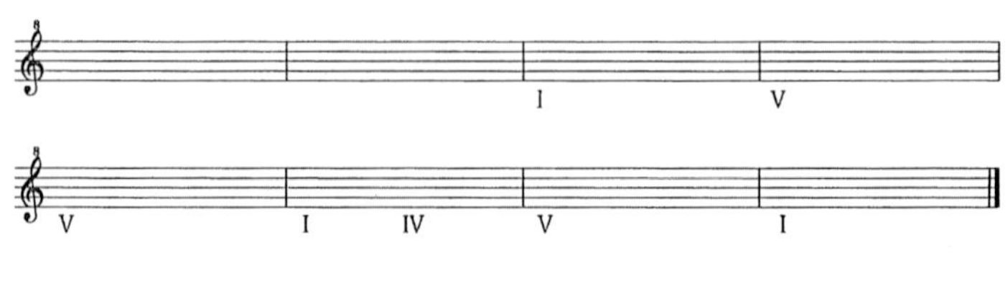

(☆☆☆◎◎◎◎)

【３】次の文章は，能について述べたものである。以下の1から5の問いに答えよ。

> 能は，音楽，舞踊，演劇などの要素をもった日本の伝統的な歌舞劇である。多くの演目に能面を用いる点に特徴があり，専用の能舞台で演じられる。
>
> シテやワキという物語を演じる演者と，謡と囃子という音楽を演奏する演奏者によって上演される。謡には，登場人物のセリフのように旋律がついていない[　①　]と旋律がついているフシがある。囃子には，能管，小鼓，大鼓，A太鼓が使われる。能管は，主に中音域を使った奏法が聞かれるが，ときに高音域の鋭く緊張した[　②　]が奏される。
>
> 現在では，Bユネスコ無形文化遺産に登録されており，海外からも高い評価を受けている。

1　室町時代に能を大成した親子の名前を答えよ。

2　[　①　]，[　②　]にあてはまる最も適切な語句を，次のアからオのうちからそれぞれ一つずつ選び，記号で答えよ。

ア　アイ　　イ　シオリ　　ウ　クリ　　エ　ヒシギ
オ　コトバ

3　下線部Aについて，太鼓はどのような場面で用いられるか，[役柄]という語を用いて簡潔に説明せよ。

4　下線部Bについて，我が国のユネスコ無形文化遺産に登録されている芸能を一つ答えよ。

5 次の文章は，能「敦盛」のあらすじである。以下の問いに答えよ。

> 敦盛を討った熊谷直実は，出家して<u>蓮生法師</u>となった。蓮生は敦盛を供養するために須磨の浦を訪れたところ，<u>草刈り男</u>が現れ，敦盛の化身であることをほのめかし，姿を消す。
> その夜，敦盛を弔っていると，敦盛の<u>亡霊</u>が現れる。敦盛は蓮生に平家一門の盛衰，自身の最期を語りだす。敦盛は，合戦前夜の酒宴を思い出して舞を舞ったあと，蓮生を討とうとするが，自身を弔い続ける蓮生の姿を見て思いとどまり，供養を頼んで去っていく。

(1) 蓮生法師，草刈り男，亡霊の中で，面を用いない役柄はどれか。また，面を用いないことを何というか。

(2) 「敦盛」の謡の一部を次のアからエのうちから一つ選び，記号で答えよ。

ア たかさごや このうらぶねに ほをあげて

イ いちもんみなみなふねにうかめば のりおくれじと

ウ あずまあそびの かずかずに

エ しずやしず しずのおだまきくりかえし

(☆☆☆◎◎◎◎)

【4】次の文章は，スペインの音楽について述べたものである。以下の1から5の問いに答えよ。

> スペイン南部のアンダルシア地方で育まれてきた音楽と舞踊である$_{A}$<u>フラメンコ</u>は，インド北西部から移住してきたロマの影響が色濃くみられる。
> カンテ(歌)，バイレ(舞踊)，トク(ギター演奏)の3つで構成され，パルマ(手拍子)，サパテアード(足踏み)，ハレオ(掛け声)などの独特な音楽伴奏はフラメンコに欠かせない重要な要素となって

いる。
　また，フラメンコ・ギターには，B独特な奏法も用いられる。
　アルベニス，グラナドス，ファリャなど近代スペインの作曲家たちもまたスペインの味を色濃く表現している。一方で，Cラヴェルの「ボレロ」をはじめ，ビゼーの歌劇「カルメン」，リムスキー＝コルサコフの「スペイン奇想曲」など，他国の多くの作曲家たちがスペインのリズムやイメージを作品の題材に取り上げている。
　スペインの民俗音楽は，どの地方の歌でも，新しいものと古いもの，西欧的なものと東方的なものが入り交じっており，Dスペイン民謡には，E日本民謡の追分や馬子歌などとの共通性がみられる。

1　下線部Aについて，フラメンコの踊り手が音楽に合わせて打ち鳴らす打楽器は何か。

2　下線部Bについて，フラメンコ・ギターの独特な奏法について，簡潔に説明せよ。

3　下線部Cについて，ラヴェルが作曲した「ボレロ」において，繰り返し演奏される小太鼓のリズムを2小節で記せ。

4　下線部Dについて，次の楽譜はカタルーニャ民謡の一曲の冒頭部分である。この曲は，1971年，ニューヨークの国連本部においてパブロ・カザルスによって演奏され，平和を求める彼のスピーチとともに人々に強い感動を与えた。この曲の曲名を以下のアからエのうちから一つ選び，記号で答えよ。

ア　故郷の空　　イ　庭の千草　　ウ　流浪の民　　エ　鳥の歌

5　下線部Eについて説明した次の文中の[　　]に入る語を答えよ。

1音節に対して多数の音符があてられる[　　]や，歌い手が即興的に装飾するコブシを利かせたものがあり，微妙な音高の揺れや間合いが味わいを生み出す。

(☆☆☆◎◎)

【中学校】

【1】次の文章は，中学校学習指導要領(平成29年告示)音楽〔第2学年及び第3学年〕の「2内容　A表現」からの抜粋である。[　①　]から[　⑤　]の空欄にあてはまる語句を答えよ。

(1)　歌唱の活動を通して，次の事項を身に付けることができるよう指導する。

ア　歌唱表現に関わる[　①　]や[　②　]を得たり生かしたりしながら，曲にふさわしい歌唱表現を[　③　]すること。

イ　次の(ア)及び(イ)について理解すること。

(ア)　[　④　]と音楽の構造や歌詞の内容及び曲の背景との関わり

(イ)　声の音色や響き及び言葉の特性と曲種に応じた[　⑤　]との関わり

ウ　次の(ア)及び(イ)の[　②　]を身に付けること。

(ア)　[　③　]を生かした表現で歌うために必要な[　⑤　]，言葉の発音，身体の使い方などの[　②　]

(イ)　[　③　]を生かし，全体の響きや各声部の声などを聴きながら他者と合わせて歌う[　②　]

(☆☆◎◎◎◎◎)

【2】次の楽譜は，ある曲の一部分である。以下の1から5の問いに答えよ。

1　作曲者名を答えよ。

2　この曲と同じ作詞者がつくった作品を次のアからエのうちから一つ選び，記号で答えよ。

ア　ふるさと　　イ　春の小川　　ウ　浜辺の歌

エ　夏の思い出

3　[　　]にあてはまる速度記号を次のアからエのうちから一つ選び，記号で答えよ。

ア　Lento　　イ　Moderato　　ウ　Adagio　　エ　Allegro

4　Aの部分のコードをギターで演奏する際のダイヤグラムとして適するものを，次のアからエのうちから一つ選び，記号で答えよ。
(●指で弦を押さえる位置　○開放弦　×弾かない弦)

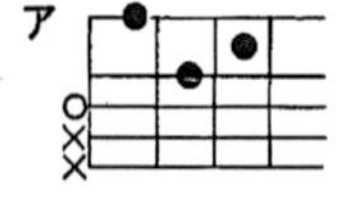

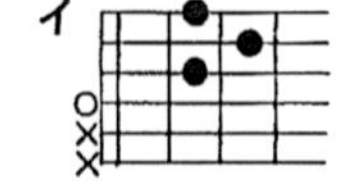

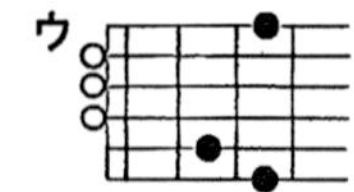

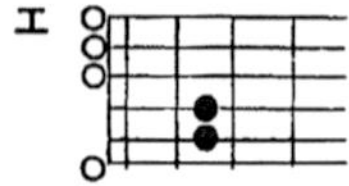

5　この曲には，戦争が終わり，いつか日本中の街に美しい花が咲く

ようにという作詞者の思いが込められている。中学校第2学年において，この曲を使用し，曲にふさわしい表現を工夫する授業を行うとき，〈例〉で示す学習活動のほかに，どのような学習活動が考えられるか，簡潔に書け。

〈例〉どんな強弱で歌うとよいかを考え，各フレーズの歌い方を工夫する。

(☆☆☆☆◎◎◎◎)

【3】次の文章は，スメタナ作曲の連作交響詩『我が祖国』の第2曲「ヴルタヴァ」について，生徒が書いた紹介文である。以下の1から4の問いに答えよ。

> スメタナが活躍していた頃，祖国チェコはオーストリア・ハンガリー帝国の強い支配を受けていました。スメタナは，チェコの自然や伝説，歴史を連作交響詩『我が祖国』で表現しました。第2曲「ヴルタヴァ」は，ヴルタヴァ川が上流から下流に向かってだんだんと大河になっていく様子を描いた曲です。
>
> 「ヴルタヴァの2つの源流」では，フルート，クラリネットが水源から湧き出す2つの小さな水の流れを表現しています。その後，ヴァイオリンとオーボエが合流して<u>A ヴルタヴァを表す旋律</u>を演奏します。私は，この旋律がとても気に入っています。「森の狩猟」では，[　①　]が力強く響き渡ります。「村の婚礼」では，チェコの舞曲の[　②　]がヴァイオリン，クラリネットで演奏されます。「月の光，水の精の踊り」では，月の光にたわむれて，水の精が踊っている様子がフルートによって演奏されます。「聖ヨハネの急流」では，水が激しく急斜面を落下する様子が金管楽器等で演奏され，緊張感があります。その後の「幅広く流れるヴルタヴァ」では，木管楽器とヴァイオリンによって，再びヴルタヴァ川が穏やかさを取り戻す様子が演奏されます。<u>B「ヴィシェフラドの動機」</u>では，川が大きく広がり，古城ヴィシェフラドの丘を通り抜ける様子が堂々と表現されます。

オーケストラによって，川の流れとともに移り変わる情景や人々の生活が表現され，スメタナの祖国に対する思いが満ちあふれている曲です。

1　チェコの国民楽派の作曲者とその作品を，次の表のアからコのうちからそれぞれ一つずつ選び，記号で答えよ。

作曲者	作品
ア　サン＝サーンス	カ　ペール・ギュント
イ　ボロディン	キ　組曲「カレリア」
ウ　グリーグ	ク　交響曲第９番「新世界より」
エ　シベリウス	ケ　交響詩「中央アジアの草原にて」
オ　ドヴォルジャーク	コ　序奏とロンド・カプリッチョーソ

2　下線部Aについて，第1ヴァイオリンが演奏する旋律の空白部分を高音部譜表に記せ。

3　[　①　]，[　②　]にあてはまる最も適切な語句を次のアからクのうちからそれぞれ一つずつ選び，記号で答えよ。

ア　マズルカ　　イ　トレパーク　　ウ　ホルン
エ　テューバ　　オ　ポルカ　　カ　ガヴォット
キ　トランペット　　ク　トロンボーン

4　次のアからウは，「ヴルタヴァ」の一部である。下線部Bの標題を表した楽譜を一つ選び，記号で答えよ。

ア
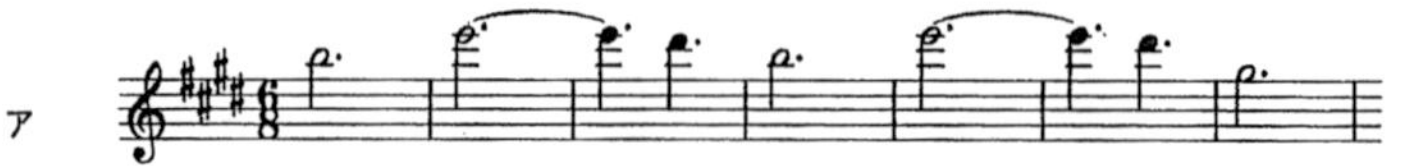

イ
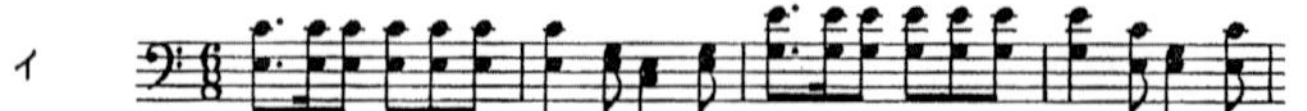

ウ
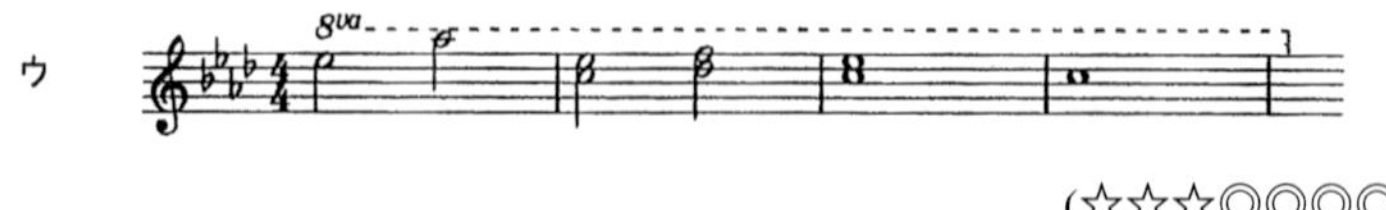

(☆☆☆◎◎◎◎)

【高等学校】

【1】次の文章は，高等学校学習指導要領(平成30年告示)音楽Ⅰの「2内容　A表現(1)歌唱」である。[　①　]から[　⑤　]の空欄にあてはまる語句を答えよ。

(1)　歌唱

歌唱に関する次の事項を身に付けることができるよう指導する。

ア　歌唱表現に関わる[　①　]や[　②　]を得たり生かしたりしながら，自己のイメージをもって歌唱表現を[　③　]すること。

イ　次の(ア)から(ウ)までについて理解すること。

(ア)　[　④　]と音楽の構造や歌詞，文化的・歴史的背景との関わり

(イ)　言葉の特性と曲種に応じた[　⑤　]との関わり

(ウ)　様々な表現形態による歌唱表現の特徴

ウ　[　③　]を生かした歌唱表現をするために必要な，次の(ア)から(ウ)までの[　②　]を身に付けること。

(ア)　曲にふさわしい[　⑤　]，言葉の発音，身体の使い方などの[　②　]

(イ)　他者との調和を意識して歌う[　②　]

(ウ)　表現形態の特徴を生かして歌う[　②　]

(☆☆◎◎◎◎◎)

【2】次の楽譜は，連作歌曲集『冬の旅』の第5曲の一部分である。以下の1から5の問いに答えよ。

1　曲名と作曲者名を答えよ。

2　この歌曲集に含まれている曲を，次のアからエのうちから一つ選び，記号で答えよ。ただし，楽譜はそれぞれの曲の一部分を示したものである。

3　連作歌曲について，簡潔に説明せよ。

4『冬の旅』より前に作曲された連作歌曲集を，次のアからエのうちから一つ選び，記号で答えよ。

ア　詩人の恋　　　　　　　イ　亡き子をしのぶ歌

ウ　遥かなる恋人に寄す　　エ　四つの最後の歌

5　この曲の作曲者が歌曲の発展に寄与した功績について，最も適切なものを次のアからエのうちから一つ選び記号で答えよ。

ア　表現主義を推し進め，『月に憑かれたピエロ』ではシュプレヒシュテインメを採り入れた。

イ　管弦楽に声楽を導入した作品を多く残し，作曲者自身の詩による『さすらう若者の歌』を作曲した。

ウ　300曲あまりの個性的なリートを残し，『ゲーテ歌曲集』など同一の詩人の詩に集中的に作曲した。

エ　詩の世界観をピアノ伴奏に反映させ，「郵便馬車」では馬のひづめやラッパの音を描写した。

(☆☆☆☆◎◎◎◎)

【3】次の楽譜はJ.S.バッハが作曲したある組曲の冒頭部分である。以下の1から5の問いに答えよ。なお，問題文に出てくる「バッハ」はJ.S.バッハを指す。

1　この曲は何の楽器のために書かれたか，楽器名を答えよ。

2　この組曲は古典組曲の構成で書かれている。古典組曲に必須とされる舞曲の組合せとして正しいものを，次のアからエのうちから一つ選び，記号で答えよ。

ア　アルマンド　－　クーラント　－　サラバンド　－　ジーグ
イ　アルマンド　－　ブーレ　　　－　メヌエット　－　ルール
ウ　ガヴォット　－　クーラント　－　サラバンド　－　ルール
エ　ガヴォット　－　ブーレ　　　－　ポロネーズ　－　ジーグ

3　この曲は20世紀に再発見され，その真価が認められた。バッハ作品の多くは，死後，長らく忘れられていたが，その再評価の契機となった「マタイ受難曲」の復活上演(1829年)を指揮した人物を答えよ。

4　バッハの死後，その作品が忘れられたのはなぜか。その理由を【資料1】【資料2】から読み取り，[対位法　時代]という二つの語を用いて40字程度で説明せよ。

【資料1】ドイツの音楽家，評論家シャイベ(1708～76)が1737年に発表したバッハに対する評価

　この偉大な人物※1は，もし彼がもっと快さを身につけていて，ごてごてした入り組んだものによって曲から自然さを奪うのでなければ，また技巧の過剰によって曲の美を曇らせるのでなければ，すべての国民の感嘆の的となることだろう。(中略)また彼は，すべての声部をともども，同じ難度をもって活用しようとするので，そこではもう，主要声部を判別することができない。　※1　J.S.バッハを指す

[出典]礒山　雅著『バッハ＝魂のエヴァンゲリスト』(2010年／講談社)

【資料2】日本の音楽学者礒山雅(1946～2018)によるバロック後期の時代背景に関する考察

1730年代――それは，ヨーロッパの音楽趣味に地すべり的な変化が起こりはじめていた時代だった。(中略)ドイツにおけるその主唱者ともいうべき一面をもつJ・マッテゾンが1739年に述べているところによると，音楽においてもっとも大切なのは「歌う」ということであり，音楽の本質は心をゆさぶる旋律にある。そしてよい旋律とは，平易，明瞭，流麗，優美の四条件を備えているものだという。

[出典]礒山　雅著『バッハ＝魂のエヴァンゲリスト』(2010年／講談社)

5　ブラジルの民俗音楽とバッハの作曲様式の融合を意図して「ブラジル風バッハ」を作曲した人物を，次のアからエのうちから一つ選び，記号で答えよ。

ア　チャベス　　イ　ヴィラ＝ロボス　　ウ　ヒナステラ　　エ　ミヨー

(☆☆☆☆◎◎)

解答・解説

【中高共通】

【1】1　①　敬虔な(神仏を敬うような気持ちで)　②　一つのパートを分けて　2　音楽用語…pizzicato　意味…弦を指ではじく　3　arco　4　変イ短調(as moll)

5

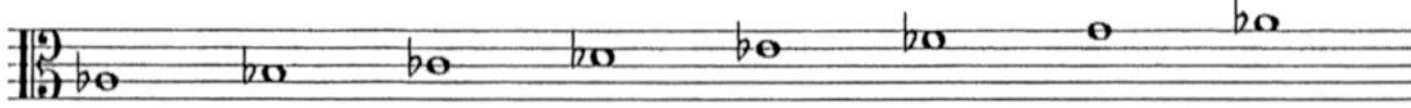

6　エ　　7　音程…長3度　　転回音程…短6度

8

〈解説〉1　楽語はイタリア語だけでなく，ドイツ語，フランス語のものも学習しておくこと。②のような奏法に関する音楽用語も，普段からオーケストラスコアを見慣れるようにし，学習しておくこと。
2　伊語の「引っ張る」という意味の語「pizzicato」から派生した語である。　3「pizz.」と「arco」はセットで用いられる。　4　シ♭を導音とする長調は変ハ長調なので，その短3度下の変イ短調が平行調となる。　5　変イ短調は調号♭7つで，和声短音階なので第7音のみ半音上げる。　6　構成音は，ファ♯・ラ・ドで短3度＋短3度で減三和音である。　7　ミ♭とソで長3度，転回音程は短6度である。　8　この曲はト短調である。Es管のアルトサクソフォーンの実音は記譜音より長6度低いので，記譜は長6度上げて，調号♯1つのホ短調に移調する。

【2】

〈解説〉条件にあるリズムをモチーフにして，音高を変えたりリズムの一部を変化させたりしながら，まとまりのある作曲をする。和音記号が示されているので，使用する音も理解しやすくそれほど難易度は高くない。どのような形の変化を使用するのか工夫すること。

【3】1　観阿弥，世阿弥　　2　①　オ　　②　エ　　3　非人間の役柄(神，天仙，物の精，畜類，鬼など)が登場するとき　　4　雅楽，文楽，

人形浄瑠璃，歌舞伎，組踊　から一つ　　5　(1)　役柄…蓮生法師　何というか…直面　　(2)　イ

〈解説〉1　室町幕府3代将軍，足利義満の庇護を受けて，大衆芸能を芸術へと発展させた。　2　正答以外の選択肢について，アは出来事の背景を説明したり，面白く盛り上げたりする狂言の演者のこと，イは泣いていることを表す所作，ウは導入歌の役割を持つ能の謡である。　3　能面や，所作，楽器での演出について他にも幅広く学習しておくこと。　4　2008年には能楽，人形浄瑠璃文楽，歌舞伎，2009年には雅楽，アイヌ古式舞踊，2010年には組踊，2022年には風流踊などが登録されている。　5　(1)　シテ方は能面をつけて演じるが，生きている男性の役柄だけは例外で能面をつけずに演じ，これを直面という。　(2)　正答以外の選択肢について，アは「高砂」，ウは「羽衣」，エは「二人静」である。主な演目の内容は理解しておくこと。今年度は能について出題されたが，歌舞伎，文楽についても同様である。

【4】1　カスタネット　　2　弦を激しくかき鳴らしたり，表板を指で叩いたりする奏法

3

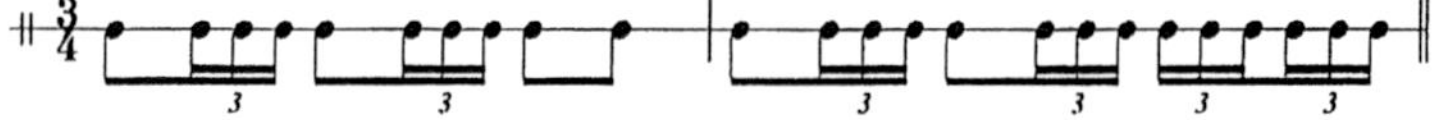

4　エ　　5　メリスマ

〈解説〉1　フラメンコギターとカスタネットの演奏は，映像などで確認しておくこと。　2　ゴルペと呼ばれるギターのボディを叩く奏法や，ラスゲアードと呼ばれる弦をかき鳴らす奏法が特徴的である。

3　スペインで起こった踊りのリズムで，ラベルの「ボレロ」ではスネアドラムが一曲通してこのリズムを演奏している。　4　正答以外の選択肢について，アはスコットランド民謡を基にした唱歌，イはアイルランド民謡を原曲とした唱歌，ウはシューマン作曲の重唱曲である。　5　シラブルの対語で，歌詞の1音節に複数の音を割り当て，装飾豊かな旋律にする歌唱法である。

【中学校】

【1】① 知識　② 技能　③ 創意工夫　④ 曲想　⑤ 発声

〈解説〉中学校学習指導要領より，第2学年及び第3学年のA表現　歌唱の内容から，語句の穴埋め記述式の問題である。内容については第1学年との違いを整理し理解した上で文言を覚えること。A表現の器楽，創作，B鑑賞の項目についても同様である。

【2】1　團　伊玖磨　2　エ　3　イ　4　ア　5　曲想と歌詞の内容との関わりについて理解するために歌詞を朗読し，曲にふさわしい表現をどのように工夫するか，グループで話し合う。

〈解説〉1　團伊玖磨作曲・江間章子作詞の「花の街」である。歌唱共通教材の作詞・作曲者名はすべて覚えること。　2　アとイは高野辰之作詞・岡野貞一作曲，ウは林古溪作詞・成田為三作曲，エの作曲者は中田喜直である。　3　歌唱共通教材は，ピアノ伴奏も練習して楽曲研究し，アーティキュレーションまで把握しておくこと。　4　伴奏部分の和音からみてDmと判断できる。選択肢のダイヤグラムは，イはD，ウはG，エはEmである。　5　曲の背景や曲想，音楽の構造，歌詞の内容を理解することと，それを歌唱表現につなげるための活動を解答したい。

【3】1　作曲者…オ　作品…ク

2

3　①　ウ　②　オ　4　ア

〈解説〉1　作曲者の選択肢のアはフランスの作曲家で作品はコ，イはロシアで作品はケ，ウはノルウェーで作品はカ，エはフィンランドで作品はキである。　2　ブルタヴァのテーマでホ短調で演奏される。

3　①　ホルンのルーツは狩りで使われていた角笛である。　②　正答以外の選択肢の舞踊の項目について，アはポーランドの民俗舞踊，イはロシアの農民の踊り，カはフランスの舞踊である。　4　正答以外の選択肢のイは「森の狩猟」のホルンのファンファーレ，ウは「月の光，水の精の踊り」の水の精の踊りの部分である。旋律と標題，使用する楽器を整理して覚えておくこと。

【高等学校】

【1】①　知識　　②　技能　　③　創意工夫　　④　曲想　　⑤　発声

〈解説〉高等学校学習指導要領より，音楽ⅠのA表現(1)歌唱の内容から，語句の穴埋め記述式の問題である。内容については音楽Ⅱ，音楽Ⅲとの違いを整理し理解した上で文言を覚えること。A表現の(2)器楽，(3)創作，B鑑賞の項目についても同様である。

【2】1　曲名…菩提樹　　作曲者名…シューベルト　　2　ア　　3　全体で音楽的なまとまりをもった，内容的，性格的に関連のある一連の歌曲　　4　ウ　　5　エ

〈解説〉1　ドイツリートの問題は頻出である。シューベルトの「美しき水車小屋の娘」「冬の旅」「白鳥の歌」については学習しておくこと。　2　アは第1曲「おやすみ」である。イは「魔王」，ウは「音楽に寄せて」，エは「野ばら」である。　3　全体で大きなまとまりをなすように作曲された，文学的，音楽的，精神的，性格的，思考的な関連性をもっている一連の歌曲である。　4「冬の旅」は1827年に作曲された。アは1840年シューマン作曲，イは1904年マーラー作曲，ウは1816年ベートーヴェン作曲，エは1948年R.シュトラウス作曲である。　5　正答以外の選択肢のアはシェーンベルク，イはマーラー，ウはH.ヴォルフについての説明である。

【3】1　チェロ　　2　ア　　3　メンデルスゾーン　　4　バッハの対位法的な音楽は，旋律を重視した時代の音楽趣味と合わなくなっていたから。(35字)　　5　イ

〈解説〉1　無伴奏チェロ組曲　第1番　プレリュードである。　2　標準配列はアルマンド，クーラント，サラバンド，ジーグであるが，冒頭にプレリュードをつけ，ジーグの前にガヴォット，ブーレ，メヌエットなどの舞曲も挿入される場合がある。古典舞曲についての問題は頻出なので理解しておくこと。　3　バッハを世に再認識させた人物としてのメンデルスゾーンが問われることは多いので必ず覚えておきたい。　4　資料では，バッハの音楽が，「ごてごてした入り組んだものによって曲から自然さを奪う」もの，「技巧の過剰によって曲の美を曇らせる」もの，「すべての声部ともども，同じ難度をもって活用しようとするもの」と批評され，対位法の集大成であるバッハの音楽が当時の好みである，平易，明瞭な旋律と合わないことが述べられている。　5　正答以外の選択肢の，アはメキシコ，ウはアルゼンチン，エはフランスの作曲家である。

2023年度　実施問題

【中高共通】

【１】次の楽譜は，ある変奏曲の冒頭部分である。以下の1から8の問いに答えよ。

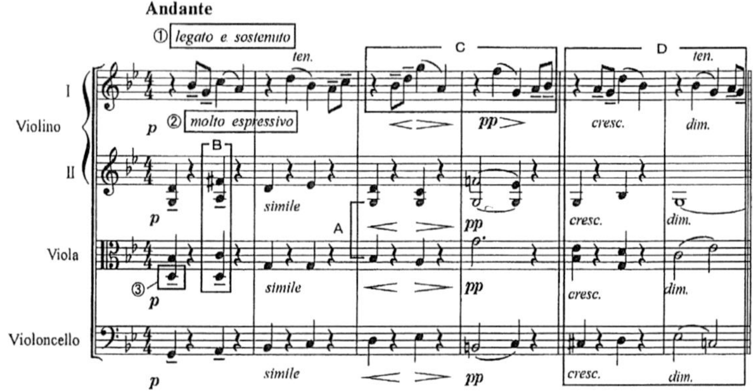

1　①，②の音楽用語の意味を答えよ。

2　③の音を下属音とする長調の平行調を答えよ。

3　2で求めた調の旋律的短音階を，調号を用いてアルト譜表に記せ。

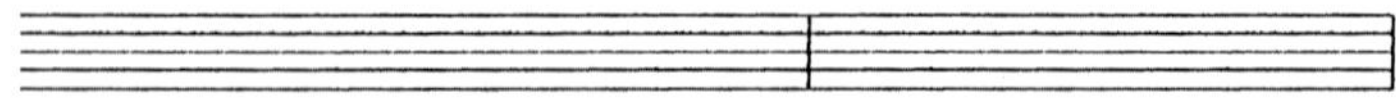

4　Aの2音間の音程と，その転回音程を答えよ。

5　Bの和音をコードネームで記せ。

6　Cの旋律を長6度下に移調し，調号を用いて高音部譜表に記せ。

7　Dの部分を，大譜表に記せ。なお，音域は楽譜のとおりとする。

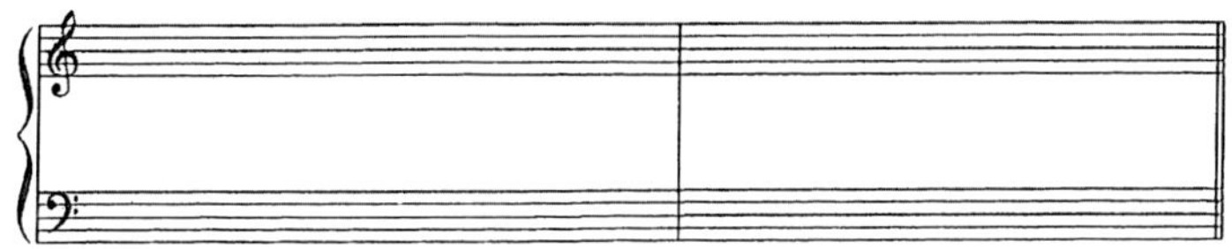

8「変奏曲」について，簡潔に説明せよ。

(☆☆◎◎◎◎◎)

【2】次の1から4の条件を満たした作品を創作せよ。

〈条件〉

1　次のリズムを1小節目に用いてモチーフにする。

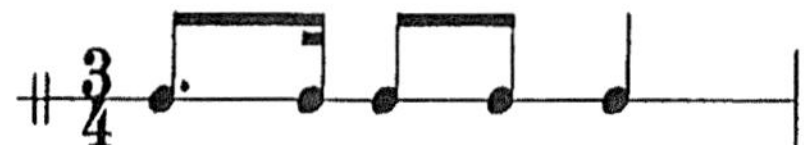

2　4分の3拍子，8小節，単旋律のまとまりのある作品とする。

3　c moll　とし，調号を用いて高音部譜表に記す。また，楽譜に示された和音記号に従ってつくる。(非和声音を用いてもよい。)

4　使用する音符・休符は

　四分音符，付点八分音符，八分音符，十六分音符，四分休符，八分休符，十六分休符

全て使用し，それ以外は用いない。(1小節目は含めない。)

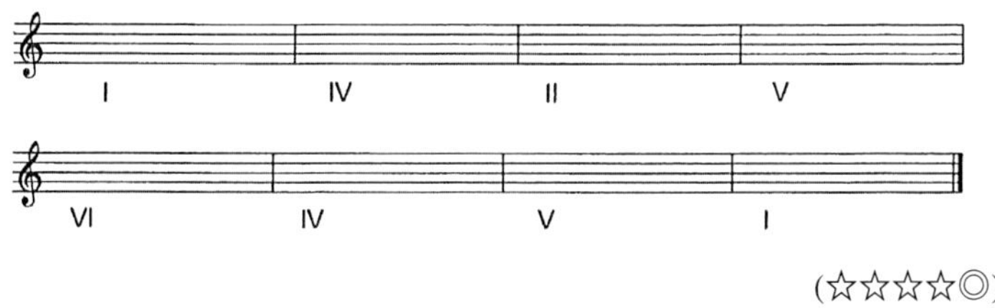

(☆☆☆☆◎)

【3】箏について，次の1から4の問いに答えよ。

1　図1におけるAとBの各部の名称を次のアからカのうちからそれぞれ一つずつ選び，記号で答えよ。

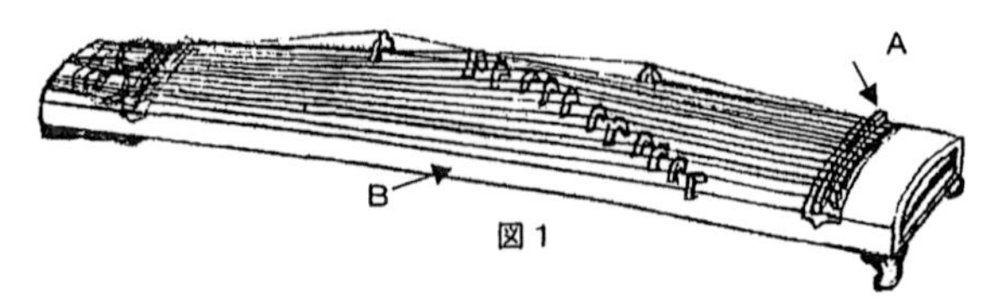

図1

ア　磯　　イ　竜舌　　ウ　竜尾　　エ　雲角　　オ　竜角
カ　柱

2　宮城道雄が作曲した曲を次のアからカのうちから全て選び，記号で答えよ。

ア　みだれ　　イ　春の海　　ウ　六段の調
エ　越天楽変奏曲　　オ　千鳥の曲　　カ　姫松

3　図2は「さくらさくら」の縦譜である。①，②，③の奏法を以下のアからキのうちからそれぞれ一つずつ選び，記号で答えよ。

五十	シャン	七	ツン	五	テン	①二三	シャ	七	ツン
						七	テ		
六斗	シャン	七	ツン	四	ツン	三四	シャ	七	ツン
						八	テ		
八巾	シャン	八	テ	五	テン	四五	シャ	八	テ
七為	シャン		ー			九	テ		ー
六斗	シャン	◎	ン	②ヲ五	チ	三四	シャ	◎	ン
				ハ	ウ	八	テ		
五十	シャン	七	ツン	五	テン	二三	シャ	七	ツン
						七	ツ		
③巾	カラリン	七	ツン	五	テ	八	コ	七	ツン
				四	ツ	七	ロ		
一二三五	トトテ	八	テ	三	ト	六	リ	八	テ
	ー		ー		ー		ー		ー
◎	ン	◎	ン	◎	ン	◎	ン	◎	ン

図2

ア　左手の指で左側の弦を押して右手で弾き，全音上げる。

イ　弦を下側から親指の爪の裏ですくうように弾く。

ウ　楽譜で指定された弦から低音へと弾き流す。

エ　弦を弾いた後，左手で左側の弦をつかみ右側に引き寄せる。

オ　親指と中指で2本の弦を挟むようにして，同時に弾く。

カ　隣り合った2本の弦を，中指でほぼ同時に弾く。

キ　左手の指で左側の弦を押して右手で弾き，半音上げる。

4　図3は，生徒が「さくらさくら」の前奏部分を創作した縦譜である。高音部譜表に書き換えよ。なお，調弦は平調子(一の弦をホ)，拍子は4分の4拍子とする。

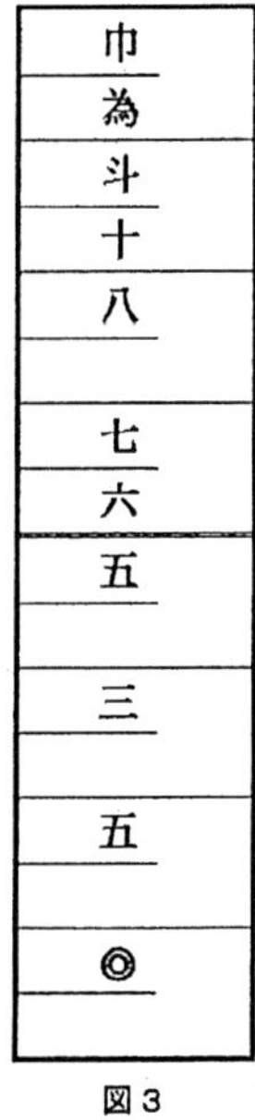

図3

(☆☆☆☆◎◎◎◎)

【4】次の文章は，朝鮮半島の音楽について述べたものである。以下の1から5の問いに答えよ。

　我が国と朝鮮半島の文化交流は古くから行われ，音楽・楽器ともに共通点がみられる一方，地域や民族ごとにそれぞれ独自の要素をもっている。
A朝鮮半島の伝統音楽にみられる，打楽器が刻む周期的なリズムを[　①　]という。[　①　]は特徴的な3分割リズムをもち，譜例のリズム伴奏はその一例である。
[　①　]を演奏する代表的な打楽器がチャンゴ(杖鼓)で，Bその形状は，能や狂言で用いられる日本の鼓によく似ているが，奏法や音色は異なる。
Cパンソリは，プクという太鼓一つを伴奏に，一人で語り歌う民衆芸能である。太鼓奏者の合いの手や観客の掛け声とも一体になる様は，語り物音楽の力強い伝統を感じさせる。

<譜例>

1　下線部Aについて，次の楽譜は朝鮮半島を代表する民謡の一つである。曲名を答えよ。

2　[　①　]に入る語を次のアからエのうちから一つ選び，記号で答えよ。
ア　シャッフル　　イ　ウスール　　ウ　ヘミオラ
エ　チャンダン

3　下線部Bについて，チャンゴ(杖鼓)の一般的な奏法が日本の鼓と比べてどのように異なるかを，[膜面　てのひら　バチ]の三つの語を用いて簡潔に説明せよ。

4　次の楽器の中で，その形状や奏法が他と異なるものはどれか。アからエのうちから一つ選び，記号で答えよ。

ア　伽耶琴　　イ　二胡　　ウ　馬頭琴　　エ　胡弓

5　次の表は，下線部Cのパンソリと我が国の語り物音楽である義太夫節を比較したものである。義太夫節で使用される楽器は何か。下の表の［②］にあてはまる楽器名を答えよ。

	国・地域	使用楽器	特　徴
パンソリ	朝鮮半島	プク	物語を歌い語る民衆芸能。太鼓の伴奏にのせて、歌い手が一人で、身振り手振りを交えながら台詞を語り歌う。
義太夫節	日本	②	浄瑠璃の一流派。人形浄瑠璃の語りとして成立し、物語の進行や人物の心情を、幅広い音域や様々な声で表現する。

(☆☆☆☆☆◎◎◎◎)

【中学校】

【1】次の文章は，中学校学習指導要領(平成29年告示)音楽科の「指導計画の作成と内容の取扱い」からの抜粋である。[　①　]から[　⑤　]にあてはまる最も適切な語句を，以下のアからコのうちからそれぞれ一つずつ選び，記号で答えよ。

(1)　各学年の「A表現」及び「B鑑賞」の指導に当たっては，次のとおり取り扱うこと。

イ　音楽によって喚起された自己のイメージや感情，音楽表現に対する思いや意図，音楽に対する評価などを伝え合い共感するなど，[　①　]及び言葉によるコミュニケーションを図り，音楽科の特質に応じた[　②　]を適切に位置付けられるよう指導を工夫すること。

(8)　各学年の「B鑑賞」の指導に当たっては，次のとおり取り扱うこと。

ア　鑑賞教材は，我が国や郷土の[　③　]を含む我が国及び諸外国の様々な音楽のうち，指導のねらいに照らして適切なものを取り扱うこと。

イ　第1学年では言葉で説明したり，第2学年及び第3学年では

[　④　]したりする活動を取り入れ，曲や演奏に対する評価やその[　⑤　]を明らかにできるよう指導を工夫すること。

ア　楽器　　イ　身体表現　　ウ　言語活動
エ　批評　　オ　よさ　　カ　音や音楽
キ　根拠　　ク　伝統音楽　　ケ　大衆音楽
コ　分析

(☆◎◎◎◎◎)

【2】次のⅠ，Ⅱの楽譜は，「荒城の月」の原曲と山田耕筰が補作編曲したものである。以下の1から4の問いに答えよ。

1　作曲者名，作詞者名を答えよ。

2　次に示すのは，一番の歌詞である。[　　]にあてはまる歌詞を答えよ。

春高楼の　花の宴　　　　　　[　　]
千代の松が枝　わけ出でし　　むかしの光　いまいずこ

3　山田耕筰が補作編曲した楽譜は，ⅠとⅡのどちらか。また，原曲と編曲の違いを三つ挙げよ。

4　バロック式アルトリコーダーで演奏するとき，次の問いに答えよ。

(1)　Aの部分の運指はどのようになるか。閉じる穴を黒く塗れ。

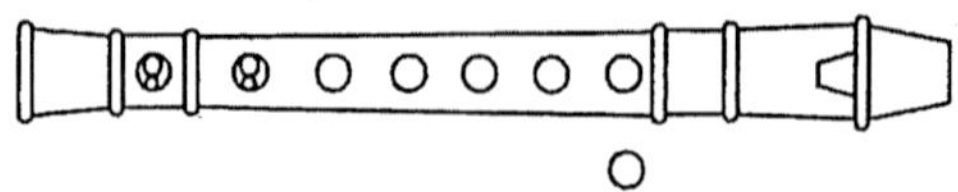

(2) 高い音を出せない生徒に対してどのような支援をするか，指使いと息の使い方に着目して答えよ。

(☆☆◎◎◎◎◎)

【3】次の楽譜は，ベートーヴェン作曲の交響曲第5番「運命」の各楽章の冒頭部分である。以下の1，2，3の問いに答えよ。

1 ⅠからⅣを第1楽章から第4楽章の順に並べて記せ。

2 この楽曲が作曲された時代にあてはまる出来事を，次のアからオのうちから二つ選び記号で答えよ。

ア 画家ルノアールやモネが，数々の名作を生みだした。

イ フランス革命後，ナポレオン一世がフランス皇帝となった。

ウ 観阿弥と世阿弥により，能楽が大成した。

エ 元が滅び，明が中国を統一した。

オ 江戸を中心とした文化が栄え，葛飾北斎の「富嶽三十六景」が生まれた。

3 次の文章は，この楽曲について述べた文である。[①]から[④]にあてはまる最も適切な言葉を以下のアからシのうちからそれぞれ一つずつ選び，記号で答えよ。

この楽曲は，ベートーヴェンの最も有名な作品の一つです。[①]の劇場で初演されるまでに5年もの月日をかけた大作です。全部で四つの楽章からなり，第1楽章の冒頭の動機と似たリズムが他の楽章にも変形して現れることなどで，作品に統一感を与えています。第1楽章は[　②　]形式で，動機が変化，発展して曲を盛り上げます。第2楽章は，前楽章とは対照的に瞑想的な演奏となります。第3楽章において，第1楽章の冒頭の動機が[　③　]によって何度も繰り返され，そのまま休みなく第4楽章へと入ります。激しい葛藤を描いた第1楽章が，第4楽章において歓喜が解き放たれるような曲想上の構成となっています。そして，第4楽章では，[　④　]，ピッコロ，コントラファゴットが加わり，一段と響きが広がります。ベートーヴェンは，これらの楽器を交響曲で初めて登場させました。ベートーヴェンの曲は，今もなお聴く人の心を魅了します。

ア　オーボエ　　イ　ライプツィヒ　　ウ　ソナタ
エ　フーガ　　オ　ロンド　　カ　トロンボーン
キ　複合三部　　ク　ハープ　　ケ　ボン
コ　ウィーン　　サ　ホルン　　シ　コントラバス

(☆☆☆◎◎◎◎)

【高等学校】

【1】次の文章は，高等学校学習指導要領(平成30年告示)音楽Ⅰの「内容の取扱い」からの抜粋である。

[　①　]から[　⑤　]にあてはまる最も適切な語句を，以下のアからコのうちからそれぞれ一つずつ選び，記号で答えよ。

(8)内容の「A表現」及び「B鑑賞」の指導に当たっては，思考力，判断力，表現力等の育成を図るため，音や音楽及び[　①　]によるコミュニケーションを図り，芸術科音楽の特質に応じた[　②　]を適切に位置付けられるよう指導を工夫する。なお，内容の「B鑑賞」の指導に当たっては，曲や演奏について根拠をもって[　③　]する活動などを取り入れるようにする。

(9)内容の「A表現」及び「B鑑賞」の教材については，学校や地域の実態等を考慮し，我が国や郷土の[　④　]を含む我が国及び諸外国の様々な音楽から幅広く扱うようにする。また，「B鑑賞」の教材については，[⑤]の諸民族の音楽を含めて扱うようにする。

ア 楽器　　イ 身体表現　　ウ 言語活動
エ 批評　　オ アジア地域　　カ 言葉
キ 欧米地域　　ク 伝統音楽　　ケ 大衆音楽
コ 分析

(☆◎◎◎◎◎)

【2】次の楽譜は，「Lascia ch'io pianga」の一部分である。以下の1から4の問いに答えよ。

1 作曲者名を答えよ。

2 この作品が含まれているオペラを，次のアからエのうちから一つ選び，記号で答えよ。
ア 「セルセ」　　イ 「オルフェオ」　　ウ 「ダフネ」
エ 「リナルド」

3 このアリアの前に演奏される部分を何というか。またオペラの中での役割は何か答えよ。

4 このアリアは，A－B－Aの三部形式で書かれているが，Bの部分の冒頭4小節を記せ。

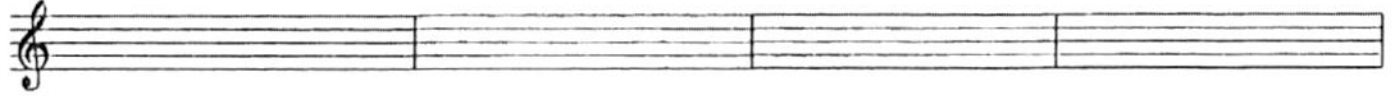

(☆☆☆☆☆◎◎◎◎)

【3】次の年表について，以下の1から4の問いに答えよ。

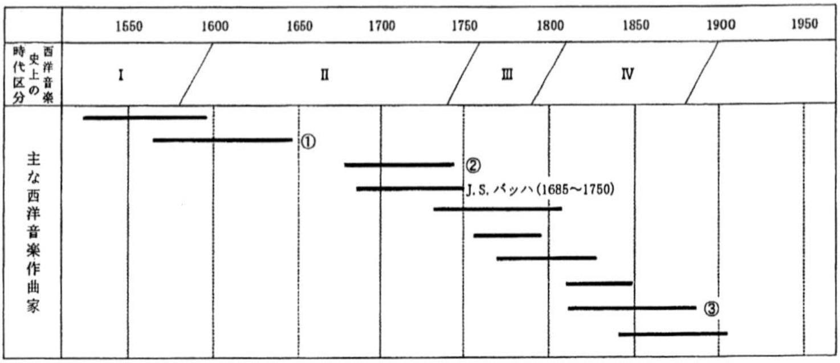

	1550	1600	1650	1700	1750	1800	1850	1900	1950
西洋音楽史上の時代区分	Ⅰ		Ⅱ		Ⅲ		Ⅳ		
主な西洋音楽作曲家		①		② J.S.バッハ(1685～1750)				③	

1　ⅠからⅣにあてはまる時代区分を答えよ。

2　①，②，③にあてはまる作曲者を，次のアからシのうちからそれぞれ一つずつ選び，記号で答えよ。

ア	ハイドン	イ	ショパン
ウ	ベートーヴェン	エ	ヴィヴァルディ
オ	ラヴェル	カ	パレストリーナ
キ	ドビュッシー	ク	ドヴォルジャーク
ケ	モーツァルト	コ	リスト
サ	モンテヴェルディ	シ	ラフマニノフ

3　次の(1)，(2)，(3)の文は，どの時代の特徴を述べているか，最も適切な時代をⅠからⅣのうちから一つ選び，記号で答えよ。

(1)　理性や合理性を重んじる啓蒙思想の考え方が広がり，形式美を追求したソナタ形式が確立された。

(2)　劇の内容をわかりやすく表現するため，a和声的な伴奏の上で主旋律を奏でる独唱歌曲が生まれ，長調・短調という調性が確立された。

(3)　ピアノという楽器が発達し，キャラクター・ピースが生まれた。

4　3(2)の下線部aのことを何というか。

(☆☆☆◎◎◎◎)

解答・解説

【中高共通】

【1】1　①　なめらかに，そして音の長さを十分に保って　　②　非常に表情豊かに　　2　嬰へ短調(fis moll)

3

4　音程…短3度　　転回音程…長6度　　5　D_7

6

7

8　主題(テーマ)と，主題を様々に形を変えた変奏から成る楽曲。

〈解説〉1　楽語の，意味を記述する出題である。日頃から楽語は整理して覚え，意味を書けるように学習しておくこと。　2　③はレなので，それを下属音とする長調はイ長調，その平行調は嬰へ短調である。　3　旋律的短音階と指定されているので，上行形の第6音と第7音を半音上げること。譜表の種類についても理解しておくこと。　4　ヴィオラがシ♭，セカンドヴァイオリンがソで短3度である。気をつけたいのが，アルト譜表の第3線のドの音域で，一点ハ音であることである。この場合，セカンドヴァイオリンのソの方がヴィオラのシ♭より低いことになる。　5　和音の構成音は，レ・ファ♯・ラ・ドでD_7である。　6　この曲は変ロ長調で，長6度下なので変ニ長調に移調する。調号は

♭6つである。　7　アルト譜表の音域さえ理解していれば，難易度は高くない問題である。　8　楽曲の種類や形式について，説明を記述できるようにしておくこと。変奏曲だけでなく，ソナタ形式やロンド形式，フーガ，インテルメッツォ，即興曲，ラプソディなど確認しておきたい。

【2】

〈解説〉2022年度，高等学校で初めてボディーパーカッションの作曲の問題が出題された。本年度は共通問題として初めて作曲の問題が出題された。次年度について，出題される可能性が高いので準備する必要がある。単旋律で，和音も示されているので難易度はそれほど高くはないが，条件にあてはまるよう気をつけて作曲すること。複雑な旋律を作る必要はないので，条件を満たし，まとまりのある旋律になるように心がけたい。様々な条件で，単旋律の作曲の練習をしておきたい。

【3】1　A　オ　　B　ア　　2　イ，エ　　3　①　カ　　②　キ　③　ウ

4

〈解説〉1　箏に限らず，和楽器の各部の名称は必ず覚えておくこと。箏は竜のつく名称が多い。正答以外の選択肢にあげられた部分も確認すること。　2　アとウは八橋検校，オは吉沢検校，カは日本古謡で箏の練習曲としてよく用いられる。　3　選択肢の奏法名は，ア　強押

し，イ　すくい爪，ウ　流し爪，エ　引き色，オ　合わせ爪，カ　かき爪，キ　弱押しである。それぞれの奏法の縦譜での記譜の仕方を学習しておくこと。　4　栃木県は作譜の問題が多く，様々な形で出題されるが，和楽器の楽譜から五線譜への書き換えは時間をかけずにできるように準備しておきたい。まずは和楽器の調弦法の理解が必須である。箏については平調子の調弦は必ず覚えておくこと。それが理解できていれば音を当てはめるだけなので落ち着いて記譜したい。

【4】1　アリラン　　2　エ　　3　鼓は表側の模面のみをてのひらで直接打つのに対し，チャンゴは両方の膜面を使って，片方はバチで，もう片方はてのひらで打つ。　　4　ア　　5　三味線

〈解説〉1　朝鮮半島を代表する民謡で，教科書でも紹介されている。映像や音源で学習しておくこと。3拍子のものが多い。　2　8分の6，8分の9，8分の12など，3分割のリズムのことである。他の選択肢について，アはブルースやカントリーなどでも使われる，三連符の真ん中を抜いた歯ぎれのよいリズム。イはトルコの拍節法で太鼓の低音と高音の対照的な音色で作られたリズム周期。ウは西洋音楽で使用され，例えば3拍子の曲の2小節をまとめ，小節をまたいで3つの拍に分け，強拍の位置を変え，大きな3拍子の様にすることをいう。　3　民族楽器の奏法や音色については，映像をみて学習しておきたい。特にアジアの楽器については，その後日本に伝わったものや，形を変えて使われている楽器もあるため，違いを確認して理解しておきたい。

4　アは琴のような楽器で，弓を使わず，指でつま弾く。それ以外の楽器はすべて弓を使って奏でる擦弦楽器である。イは中国，ウはモンゴル，エは日本の伝統楽器である。　4　義太夫節で使用する三味線の種類は太棹三味線である。世界の芸能と日本の芸能を比較して鑑賞することは多いので，オペラ，京劇と歌舞伎など違いを確認し，その違いをどのように指導するか指導案を考えるなど，理解を深めたい。

【中学校】

【1】① カ　② ウ　③ ク　④ エ　⑤ キ

〈解説〉中学校学習指導要領の「指導計画の作成と内容の取扱い」のうちから内容の取扱いについての配慮事項の2項目から，語句の穴埋め選択式の出題であった。内容の取扱いに関する配慮事項は(1)～(10)まで10項目あげられており，授業に直結する具体的な内容で深い理解が必要である。指導計画の作成に関する配慮事項も6項目あげられているので学習しておくこと。

【2】1　作曲者…滝廉太郎　作詞者…土井晩翠　2　めぐる盃　影さして　3　Ⅰ　原曲と編曲の違い　・原曲がロ短調に対し，編曲はニ短調　・音価が異なる　・リズムが異なる　・編曲は3小節目4拍目の音を半音下げる　から三つ

4　(1)

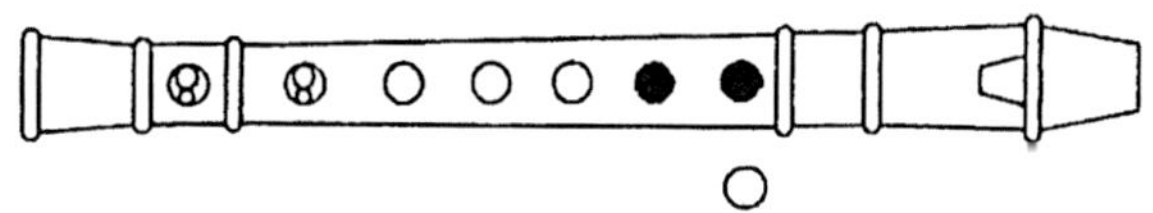

(2)　サミングができているか指使いを確認させ，息を強めに(tiと発音するように)出すように支援する。

〈解説〉1　歌唱共通教材について，すべての曲の作詞・作曲者名を書けるようにし，歌詞，旋律など覚えておくこと。毎年出題されているので，しっかり対策しておくこと。　2　歌詞を覚えるだけでなく，文語調の場合はその意味，曲の時代背景についても理解しておくこと。3「荒城の月」の原曲と補作編曲版の違いについて問う問題は他の自治体でもよく見受けられる。違いはすべて把握しておきたい。
4　アルトリコーダー，ソプラノリコーダーの運指と，指導法についての問題は頻出なので，必ず学習しておくこと。指導することを想定して学習すること。

【3】1　Ⅲ→Ⅳ→Ⅰ→Ⅱ　　2　イ，オ　　3　①　コ　　②　ウ　③　サ　　④　カ

〈解説〉1　ベートーヴェンの交響曲第5番についての問題は頻出である。スコアから学習し，理解を深めたい。教科書に掲載されている他の曲についても同様である。　2　この楽曲は1808年に作曲された。選択肢の年代について，アは1870年頃，イは1804年，ウは14世紀後半～15世紀初期，エは1368年，オは1831～1834年である。日本と西洋音楽史の年表をあわせて関連づけて覚えたい。　3　ソナタ形式の展開と調の関係を学習し，説明できるようにしておくこと。この曲はトロンボーンが初めて使われた曲としてもよく知られている。楽器の歴史についても確認しておきたい。

【高等学校】

【1】①　カ　　②　ウ　　③　エ　　④　ク　　⑤　オ

〈解説〉高等学校学習指導要領の音楽Ⅰでは内容の取り扱いについて(1)～(11)まで示されており，ここでは(8)と(9)からの語句の穴埋め選択式の出題であった。他の事項についても学習しておくことと，他の学年についても確認すること。

【2】1　ヘンデル　　2　エ　　3　レチタティーヴォ　　役割…ストーリーや内容を説明する。

4

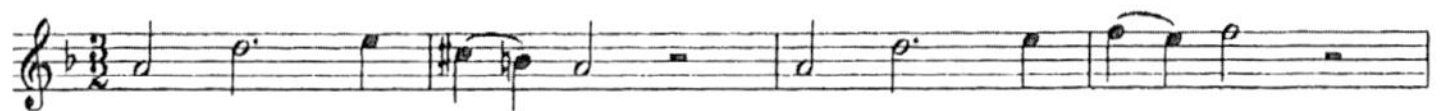

〈解説〉1　このオペラは1711年に初演された。アルミレーナのアリア「Lascia ch'io pianga(私を泣かせてください)」である。　2　選択肢のアもヘンデルのオペラで，アリア「オンブラ・マイ・フ」が有名である。イはモンテヴェルディ作曲，ウは最古のオペラと言われているが楽譜は残っていない。　3　レチタティーヴォについての問題は頻出である。説明できるように学習しておくこと。オペラの分類と歴史につい

ても基礎的なことは確認しておきたい。　4　このアリアの旋律のすべてを把握していなくてもよいが全体を理解していないと正答が難しい。Aの部分はよく知られているので記譜もしやすいが，Bの部分なので調も鑑みて記譜するのは時間がかかるだろう。栃木県は作譜する出題が多く，毎年様々な形で出される。過去問で傾向をみて，対策しておきたい。

【3】1　Ⅰ　ルネサンス　　Ⅱ　バロック　　Ⅲ　古典派　　Ⅳ　ロマン派　　2　①サ　　②エ　　③　コ　　3　(1)　Ⅲ　　(2)　Ⅱ　(3)　Ⅳ　　4　モノディー(モノディー様式)

〈解説〉1　音楽史の時代区分の年代は必ず覚えておくこと。　2　年表であらわされている作曲家は，一番上から順番に，パレストリーナ，モンテヴェルディ，ヴィヴァルディ，J.S.バッハ，ハイドン，モーツァルト，ベートーヴェン，ショパン，ドヴォルジャークである。それぞれの時代を代表する作曲家は覚えておくこと。　3　時代区分と，音楽様式や特徴は整理して学習しよう。音楽様式については，説明を記述できるよう理解を深めておくこと。　4　音楽史的に重要な事項である。バロックでは他にも通奏低音，リトルネッロ，オラトリオ，カンタータなど確認しておくこと。他の時代についても，時代を象徴するキーワードを掘り下げて学習したい。

2022年度　実施問題

【共通問題】

【1】次の楽譜は，チャイコフスキー作曲『交響曲第6番ロ短調「悲愴」』第4楽章の冒頭部分である。以下の1から8の問いに答えよ。

1　①，②，⑤の音楽用語の意味を答えよ。

2　③の音を主音とする長調の平行調を答えよ。

3　2で求めた調の旋律的短音階を，臨時記号を用いてアルト譜表に記せ。

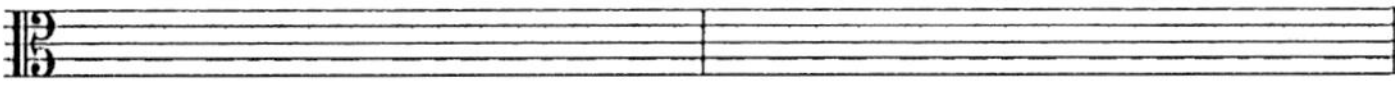

4　④の記号の意味を答えよ。

5　Aの和音をコードネームで記せ。

6　Bの部分をクラリネット(in A)で演奏できるように，調号を用いて高音部譜表に書き直せ。

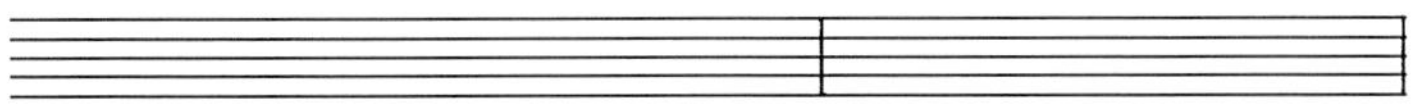

7　Cの2音間の音程と，その転回音程を答えよ。

8　この曲の冒頭部では，第1主題を演奏するヴァイオリンパートに珍しい書法が見られるが，それはどのような書法か，簡潔に説明せよ。

(☆☆☆◎◎◎◎◎)

【中学校】

【1】次の文章は，中学校学習指導要領(平成29年告示)音楽の〔共通事項〕である。[　①　]から[　⑤　]にあてはまる語句を答えよ。

(1)「A表現」及び「B鑑賞」の指導を通して，次の事項を身に付けることができるよう指導する。

ア　[　①　]や要素同士の関連を[　②　]し，それらの働きが生み出す特質や雰囲気を[　③　]しながら，[　②　]したことと[　③　]したこととの関わりについて考えること。

イ　[　①　]及びそれらに関わる[　④　]や[　⑤　]などについて，音楽における働きと関わらせて理解すること。

(☆◎◎◎◎◎)

【2】次の楽譜は，「浜辺の歌」の主旋律である。以下の1から7の問いに答えよ。

1　作詞者名を答えよ。

2　作曲者名を答えよ。

3　この曲と同じ作曲者が作った作品を次のアからエのうちから一つ選び，記号で答えよ。

ア　花の街　　イ　からたちの花　　ウ　うぐいす

エ　かなりや

4　空欄Aにあてはまる正しい旋律を書き入れよ。

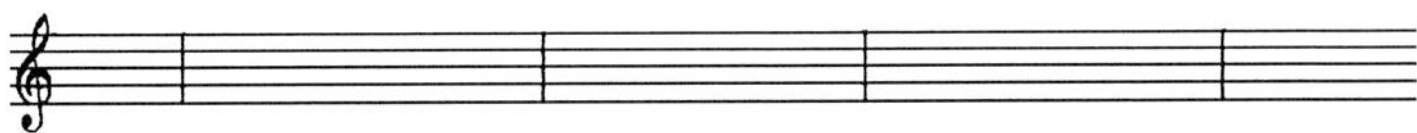

5　この曲の2番の歌詞にある「ゆうべ浜辺をもとおれば」の意味を簡潔に答えよ。

6　Bの部分の階名を，移動ド唱法で答えよ。

7　①の部分のピアノ伴奏で使用される和音は何か。和音記号で記せ。

(☆☆◎◎◎◎◎)

【3】次の楽譜ⅠからⅣは，シューベルト作曲の歌曲「魔王」の一部分である。以下の1から4の問いに答えよ。

1　この曲の原調はト短調である。楽譜Ⅱを原調に移調し，調号を用いて書き直せ。

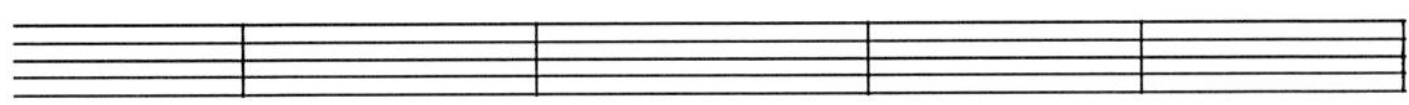

2　この曲では4人の登場人物の声を1人が歌い分けている。楽譜ⅠからⅣの登場人物をすべて答えよ。

3　この曲の原詩を書いた詩人を答えよ。

4　次の文章は，シューベルトについて述べた文である。以下の(1)，(2)，(3)の問いに答えよ。

> シューベルトは，《歌曲の王》と称されるように，広く親しまれている作曲家である。1797年，[　①　]に生まれ，15歳で作曲を始めた。600曲以上もの歌曲をはじめ，管弦楽曲，ピアノ曲や室内楽曲，宗教楽曲など数多くの作品を残した。1815年は，生涯のうちで最も多作な年で，A「野ばら」「魔王」など約145曲の歌曲を作曲した。1827年には，24曲からなる連作歌曲[　②　]を書き上げた。B彼の歌曲は，今までにない新しい表現様式を確立した。しかし，創作意欲が高まってきたにもかかわらず，1828年11月に病に伏し，31歳の短い生涯を閉じた。

(1)　[　①　]，[　②　]にあてはまる最も適切な語句を次のアからカのうちからそれぞれ一つずつ選び，記号で答えよ。

ア　美しい水車小屋の娘　　イ　イタリア　　ウ　冬の旅
エ　死と乙女　　オ　オーストリア　　カ　ドイツ

(2)　下線部Aに代表される，ドイツ語の詩をもったピアノ伴奏付き独唱用歌曲を何というか答えよ。

(3)　下線部Bについて，シューベルトの歌曲におけるピアノパートの役割を30字以内で説明せよ。

(☆☆◎◎◎◎◎)

【4】次の文章は，生徒が歌舞伎についてまとめた紹介文である。以下の1，2，3の問いに答えよ。

歌舞伎は，日本の伝統的な演劇の一つで，音楽・舞踊・演技が一体となって成り立っています。歌舞伎の始まりは，1603年のお国による[　①　]とされ，踊り歌と囃子を用いたと考えられています。そして，次第に物語の要素が強まり，三味線音楽が取り入れられ，色彩豊かな化粧や衣装，大がかりな舞台装置を特徴とする芝居に造り上げられました。歌舞伎音楽は，主に歌舞伎囃子と歌舞伎浄瑠璃からなります。また，[　②　]という独特の化粧法があります。赤・藍・黒・茶などさまざまな色を用いますが，豪傑の役は赤，悪役の公家は藍，と役柄に応じて色の使い方が決められています。歌舞伎は，能から題材を得たり，文楽と影響を与え合ったりしながら発展してきました。

私の一番のお気に入りは，『勧進帳』です。この演目は，能の作品をもとにしています。松の描かれた舞台の上で，上演されます。義経と弁慶の絆の深さ，弁慶の力強い演技，飛び六方での華やかな締めくくりは，見事です。

現代では，新作歌舞伎が演じられますが，主な演目は古典作品です。古典作品には，舞踊の演目である「歌舞伎所作事」と，芝居の演目である「歌舞伎狂言」があります。「歌舞伎狂言」においては，歌舞伎独自の「純歌舞伎」，人形浄瑠璃を移した「[　③　]」，近代以降における外部の劇作家の作品などをもとにした「新歌舞伎」，市川猿之助による『ヤマトタケル』に見られる新創作の題材と洋楽オーケストラを取り入れた「スーパー歌舞伎」があります。それぞれに中世以前を扱う「時代物」と江戸時代を扱う「[　④　]」があります。江戸時代に興隆・発達した歌舞伎は，今も受け継がれている日本の伝統の一つなのです。

1　[　①　]から[　④　]にあてはまる最も適切な語句を次のアからコのうちからそれぞれ一つずつ選び，記号で答えよ。

ア　隈取　　イ　かぶき踊り　　ウ　清元節
エ　世話物　　オ　能面　　カ　舞楽
キ　義太夫狂言　　ク　義経千本桜　　ケ　渡物
コ　景示物

2　歌舞伎の舞台には，視覚的な効果を高めるために多くの工夫が凝らされている。A，B，Cにあてはまる舞台の名称をそれぞれ答えよ。

名　称	説　明
廻り舞台	大道具を乗せたまま回転する仕掛け。短時間で場面転換できる。
せり	建物のセットなどをそのまま上下に動かせるようにした仕組み。大小様々あり、舞台装置を上下させたり、役者を登場・退場させたりすることに用いられる。
A	亡霊や妖怪などの役が登場・退場するときに用いられるせり。
定式幕	３色に染めた布を縫い合わせて作った引き幕。幕開きと終幕に使われる。
B	揚幕と舞台を結ぶ役者の通路。客席を貫いて観客との一体感を高めている。
C	義太夫節（竹本）が演奏する場所。

3　次の図は，歌舞伎の舞台を上から見た図である。歌舞伎音楽の一つである黒御簾音楽が演奏される場所を図の中のアからエのうちから一つ選び，記号で答えよ。また，黒御簾音楽の役割について，使用される楽器を含めて説明せよ。

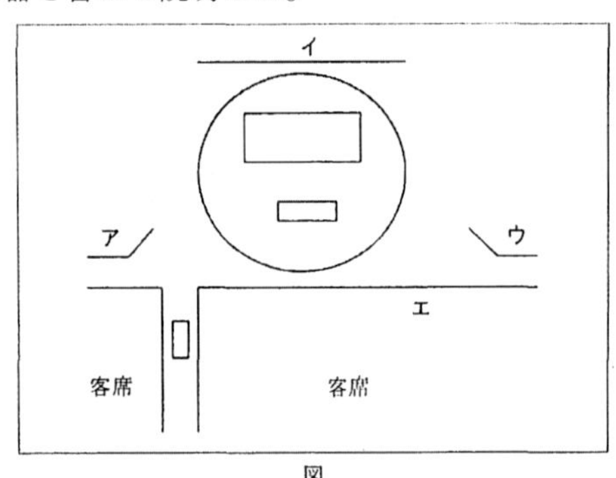

図

(☆☆☆◎◎◎◎)

【5】次の文章は，中南米(ラテン・アメリカ)諸国の音楽について述べたものである。以下の1から6の問いに答えよ。

> ラテン・アメリカの音楽は，先住民の音楽，ヨーロッパの音楽，アフリカの音楽の3つが互いに影響し合って作り上げられてきた。その多くはノリのよい軽快なリズムが特徴である。
>
> ダンス音楽の宝庫であり，A ブラジルのサンバ，B ボサ・ノヴァ，キューバのハバネラ，ルンバ，C マンボ，チャ・チャ・チャ，ドミニカ共和国のメレンゲ，D トリニダード・トバゴの[　　]，アルゼンチンのE タンゴなどが代表的である。
>
> 近年，F ジャズやロックなどのジャンルとも交流があり，中南米諸国だけでなく，世界中に広まり親しまれている。

1　下線部Aについて，サンバの代表的な打楽器であるアゴゴーとスルドを演奏するリズム・パターンとして最も適切なものを次のアからエのうちからそれぞれ一つずつ選び，記号で答えよ。

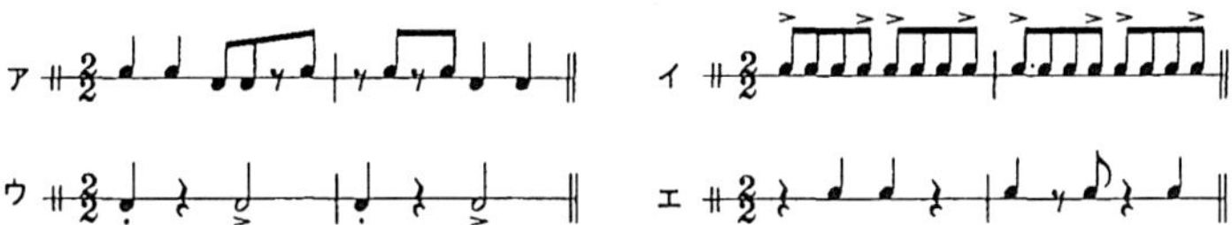

2　下線部B，C，Eについて，各ジャンルの代表曲として次表の①，②，③にあてはまるものを以下のアからオのうちからそれぞれ一つずつ選び，記号で答えよ。

	ジャンル	代表曲
B	ボサ・ノヴァ	①
C	マンボ	②
E	タンゴ	③

ア　シェリト・リンド　　イ　アディオス・ノニーノ
ウ　イパネマの娘　　エ　花まつり
オ　ラ・バンバ

3　下線部Dについて，トリニダード・トバゴで生まれ，ドラム缶の表面に凹凸のある面を作り，音階の音が出せるように加工した楽器の名称を答えよ。

4 空欄[　　]に入る語を次のアからエのうちから一つ選び，記号で答えよ。

ア カリプソ　　イ ラグタイム　　ウ ブルース

エ マリアチ

5 下線部Eについて，アルゼンチンに生まれ，「リベルタンゴ」など伝統にとらわれない斬新な作品を次々に発表し，「タンゴの革命児」と呼ばれた作曲家を答えよ。

6 下線部Fについて，ジャマイカ発祥で，ボブ・マーリーらを通してロック界にも大きな影響を与えたポピュラー音楽のジャンルの名称を答えよ。

(☆☆☆☆☆◎◎◎)

【高等学校】

【1】次の文章は，高等学校学習指導要領(平成30年告示)音楽Ⅰの〔共通事項〕である。[　①　]から[　⑤　]にあてはまる語句を答えよ。

表現及び鑑賞の学習において共通に必要となる資質・能力を次のとおり育成する。

(1) 「A表現」及び「B鑑賞」の指導を通して，次の事項を身に付けることができるよう指導する。

ア [　①　]や要素同士の関連を[　②　]し，それらの働きを[　③　]しながら，[　②　]したことと[　③　]したこととの関わりについて考えること。

イ [　①　]及び音楽に関する[　④　]や[　⑤　]などについて，音楽における働きと関わらせて理解すること。

(☆◎◎◎◎◎)

【2】次の楽譜は，「かやの木山の」の一部分である。以下の1から5の問いに答えよ。

1　作曲者名を答えよ。

2　[①]にあてはまる音楽用語を次のアからエのうちから一つ選び，記号で答えよ。

ア　alla scozzese　　イ　alla polacca　　ウ　alla giappone

エ　alla turca

3　[②]，[③]にあてはまる音楽用語を，次のアからエのうちからそれぞれ一つずつ選び，記号で答えよ。

ア　cantando　　イ　esitante　　ウ　parlando　　エ　solitario

4　この作曲者の説明で正しいものを次のアからエのうちから全て選び，記号で答えよ。

ア　東京音楽学校(現在の東京藝術大学)声楽科を卒業後，ドイツで作曲を学んだ。

イ　ドイツに留学し，帰国後，『和声学』を書いた。

ウ　文部省唱歌の作曲委員として活躍した。

エ　日本初の管弦楽団を指揮した。

5　この楽曲と同じ作曲者及び作詞者の作品を次のアからエから一つ選び，記号で答えよ。

ア　荒城の月　　イ　この道　　ウ　赤とんぼ　　エ　浜辺の歌

(☆☆☆☆◎◎◎◎◎)

【3】次の1から4の条件を満たしたボディパーカッションの作品を創作せよ。

〈条件〉

1　1小節目のリズムをモチーフにする。

2　8分の6拍子，8小節のまとまりのある作品とする。

3　使用する音符・休符は

付点四分音符，四分音符，付点八分音符，八分音符，十六分音符，八分休符，十六分休符全て使用し，それ以外は用いない。(1小節目は含めない。)

4　五線譜の，第1間が足踏み，第2間が左膝を打つ，第3間が右膝を打つ，第4間が手拍子とする。

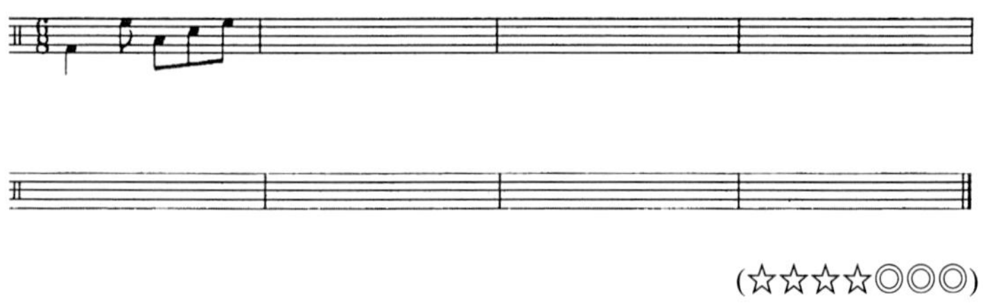

(☆☆☆☆◎◎◎)

【4】次の楽譜は，「亡き王女のためのパヴァーヌ」の冒頭部分である。以下の1から6の問いに答えよ。

1　作曲者名を答えよ。

2 「パヴァーヌ」について説明せよ。

3　作曲者自身が編曲したオーケストラ版で，冒頭の主旋律を演奏している楽器名を答えよ。

4　この作品は，どのような形式で書かれているか，次のアからエのうちから一つ選び，記号で答えよ。

ア　二部形式　　イ　ロンド形式　　ウ　ソナタ形式

エ　変奏曲形式

5　この作曲者の作品としてあてはまらないものを，次のアからエのうちから一つ選び，記号で答えよ。

6　この作品が作られた当時，日本は何時代か答えよ。

(☆☆☆☆◎◎◎◎◎)

解答・解説

【共通問題】

【1】1　①　嘆き悲しむように　　②　ゆるやかに，幅広く　　⑤　急いで　　2　嬰ハ短調(または　cis moll)

3

4　弓の手元から先端へ右に引く(下げ弓)　　5　$F^{\sharp}{}_{7}$

6

7　音程…短3度　　転回音程…長6度　　8　第1ヴァイオリンと第2ヴァイオリンが，主題の旋律を1音ずつ交互に演奏する。

〈解説〉1　いずれもイタリア語の楽語で，①ラメントーソ，②ラルガメンテ，⑤アフレッタンドと読む。　2　2小節目より，テノール譜表となっているので気を付けよう。③の音はミであり，これを主音とする長調はE durでその平行調はcis mollである。　3　cis mollは♯4つの調である。旋律的短音階は，自然短音階の第6音と第7音を半音高くしたものである。　4　ダウン・ボウである。上げ弓の記号はVで，アップ・ボウである。　5　構成音は，ファ♯・ラ♯・ド♯・ミで，ファ♯を根音とする属七の和音である。　6　in Cの中音部譜表をin Aの高音部譜表に書き直す。in Aに書き直すには，短3度高く記譜する。h mollの曲なので♭1つのd mollに書き換える。　7　ファ♯とラなので音程は短3度，転回すると長6度となる。　8　冒頭の4小節間が該当箇所である。楽譜のみでは判断が難しいため，演奏を鑑賞することと，楽曲への知識が必要である。

【中学校】

【1】① 音楽を形づくっている要素　② 知覚　③ 感受
④ 用語　⑤ 記号

〈解説〉中学校学習指導要領の〔共通事項〕に関する出題である。文言を確認しておくのはもちろんのこと，学習指導要領解説などを使って学習しておくことが望ましい。どこを問われても解答できるように，読み込んでおくことが必要である。学習指導要領の文言は，学習指導要領解説を参考にし，詳細な意味を説明できるようにしておくこと。実際の指導を想定しておくことも重要である。共通事項は，表現領域および鑑賞領域の学習を支えるものとして位置づけられている。

【2】1 林古溪　2 成田為三　3 エ

4

5 夕方，浜辺をめぐっていると(歩き回っていると)　6 ソドレミレドレラドシラ　7 V_7

〈解説〉「浜辺の歌」は共通教材である。中学校音楽科の歌唱共通教材には，「赤とんぼ」，「荒城の月」，「早春賦」，「夏の思い出」，「花」，「花の街」，「浜辺の歌」がある。いずれも，作曲者，作詞者，強弱記号，旋律，歌詞，歌詞の意味等，基本的なことを押さえておく必要がある。学習指導要領解説にはそれぞれの楽曲の指導のポイントが説明されているので，必ず理解しておこう。　6 楽譜はF durであるため，移動ド唱法ではファをドと読む。　7 ピアノ伴奏の楽譜を確認し，和声分析をしておくことが望ましい。実際に演奏しておくことも必要である。

【3】1

2 Ⅰ…魔王　Ⅱ…父　Ⅲ…子　Ⅳ…語り手　3 ゲーテ

4 (1) ① オ　② ウ　(2) リート(ドイツリート)　(3) 詩の背景や内容，作者の感情を歌と一体となって表現する役割。(29字)

〈解説〉1　楽譜Ⅱはホ短調で書かれているため，短3度上の音程で書き直す。ト短調なので調号は♭2つである。　2　それぞれの登場人物は何度も登場する。登場人物によって旋律に特徴があり，奏者も歌唱表現を工夫する。スコアをあわせて鑑賞しておくことが望ましい。

3　1782年，ジングシュピール「漁師の娘」の一部として作詞された。シューベルトだけではなく，他の作曲家によっても用いられた。

4 (1) 「美しい水車小屋の娘」もシューベルトの歌曲集で，1823年に作曲され，20曲から成る。「死と乙女」はシューベルト作曲の弦楽四重奏曲が有名である。　(2) シューベルト，シューマン，ブラームス，ヴォルフなど，多くの作曲家が作品を残している。　(3) 「魔王」のピアノパートは馬の足音を表す音が特徴的である。実際に鑑賞し，確認しておくこと。シューベルトの歌曲においてピアノ伴奏の果たす役割が大きいことを指導できるようにしておきたい。

【4】1 ① イ　② ア　③ キ　④ エ　2 A すっぽん　B 花道　C 床　3 場所…ア　説明…劇の進行に合わせ，三味線や締め太鼓，尺八，箏などの楽器を使用して，情景音楽や効果音を演奏する役割。

〈解説〉1　ウの清元節は，浄瑠璃の一種で，語りの太夫と三味線方で演奏される。三味線は常磐津と同じで中棹三味線を使用する。オの能面は，能で用いられる。カの舞楽は，雅楽において中国大陸及び朝鮮半島から伝わった舞と音楽である。クの義経千本桜は，人形浄瑠璃，歌舞伎の主要な演目である。ストーリーは確認しておこう。ケの渡物は，雅楽のそれぞれの調子を別の調子へ移調したものである。　2　歌舞伎に限らず，日本伝統音楽の舞台には様々な工夫が凝らされている。能舞台，文楽，それぞれの舞台の名称と役割を確認し，説明できるようにしておこう。　3　黒御簾音楽は舞台下手で演奏される。出囃子で使用される楽器についても確認しておくこと。

【5】1　アゴゴー…ア　　スルド…ウ　　2　①　ウ　　②　オ
③　イ　　3　スティールパン(スティールドラム)　　4　ア　　5　アストル・ピアソラ　　6　レゲエ

〈解説〉1　アゴゴーは金属製のベルをつなげたものである。それぞれ異なる音高の大小2つのベルを叩く。スルドは，サンバにおいて2拍子を特徴づける役割を果たす。ドラムセットのバズドラムのような役割である。　2　他の選択肢について，アはメキシコを象徴する曲として親しまれている歌，エはアンデス地方のフォルクローレである。
3　スティールパンは，スティールバンドで合奏して演奏される，カーニバルには欠かせない楽器である。　4　カリプソはカリブの音楽で，カーニバルで発展した。ラグタイムとブルースはアメリカの音楽，マリアチはメキシコの音楽である。　5　タンゴはイベリア半島発祥の舞曲である。　6　レゲエは1960年代後半に生まれた。独特のリズムは聴いて確認しておこう。

【高等学校】

【1】①　音楽を形づくっている要素　　②　知覚　　③　感受
④　用語　　⑤　記号

〈解説〉高等学校学習指導要領の〔共通事項〕に関する出題である。文言を確認しておくのはもちろんのこと，学習指導要領解説などを使って学習しておくことが望ましい。どこを問われても解答できるように，読み込んでおくことが必要である。学習指導要領の文言は，学習指導要領解説を参考にし，詳細な意味を説明できるようにしておくこと。実際の指導を想定しておくことも重要である。共通事項は，表現領域および鑑賞領域の学習を支えるものとして位置づけられている。

【2】1　山田耕筰　　2　ウ　　3　②　ウ　　③　ア　　4　ア，エ
5　イ

〈解説〉1　教科書に掲載されている作品は，作曲者，作詞者，強弱記号，旋律，歌詞，歌詞の意味，時代背景など基本的なことを押さえておく

必要がある。作詞は北原白秋である。 2 alla giapponeは「日本風に」という意味である。アは「スコットランド風に」，イは「ポーランド風に」，エは「トルコ風に」である。山田耕筰の使用する楽語は独特のものがあるので，確認しておこう。 3 アは「歌うように」，イは「ためらうように」，ウは「話すように」，エは「寂しげに」の意味である。 4 日本初の交響楽団は，現在のNHK交響楽団である。イは成田為三，ウは岡野貞一の説明である。 5 アは瀧廉太郎作曲・土井晩翠作詞，ウは山田耕筰作曲・三木露風作詞，エは成田為三作曲・林古溪作詞である。

【3】

〈解説〉ボディーパーカッションの課題で珍しいが，音高については考えなくてよいので，落ち着いて取り組めば難易度はそれほど高くはない。1小節目のリズムをモチーフにするとあるので，それから外れないように気を付ける。本自治体では，旋律を書かせたり，和楽器の楽譜からの書き換え，音律や音階，コードからみた伴奏の音等，楽譜を書く問題は必ず出題されているが，作曲や編曲の問題ではない。過去問を見て，対策を行っておこう。

【4】1 モーリス・ラヴェル 2 16～17世紀にかけてヨーロッパ宮廷で普及した，ゆっくりとした舞踏 3 ホルン 4 イ 5 ウ 6 明治時代

〈解説〉1 1899年にピアノのための作品として作曲され，1910年には作曲者によって管弦楽曲に編曲された。 2 列をなすように踊られていたとされる。舞曲については，他の形式のものも整理して覚えておこう。 3 冒頭のホルンでの旋律がこの曲の特色をあらわしていて

有名である。様々な楽曲について，スコアをあわせて鑑賞しておきたい。 4 ロンド形式は，異なる旋律を挟みながら同じ旋律を繰り返すのが特徴である。他の選択肢の形式についても説明できるように学習しておこう。 5 ウは，ドビュッシー作曲「版画」の第3曲「雨の庭」である。他の選択肢にあげられたラヴェルの作品は，アは組曲「鏡」より第4曲「道化師の朝の歌」，イは「水の戯れ」，ウは組曲「夜のガスパール」より第1曲「オンディーヌ」である。 6 ピアノのための作品として作曲されたのは1899年であり，日本は明治時代である。

2021年度　実施問題

【中高共通】

【1】次の楽譜は，バルトーク作曲「管弦楽のための協奏曲」の一部分である。下の1から7の問いに答えよ。

1　①，⑤，⑥の音楽用語の意味を答えよ。

2　②，④の音楽用語を省略せずに書け。

3　③を第3音とする短調の属調を答えよ。

4　3で求めた調の旋律的短音階を，調号を用いてアルト譜表に記せ。

5　⑦，⑧間の音程と，その転回音程を答えよ。

6　Aの部分を実音で低音部譜表に記せ。調号は用いないものとする。

7　この楽譜の中で演奏される木管楽器は何か。その名称を答えよ。

(☆☆◎◎◎◎◎)

【2】次の文章は，雅楽についての説明である。下の1，2，3の問いに答えよ。

雅楽は，約1300年の歴史をもち，日本の古典音楽として，また世界の古典音楽として外国でも非常に高く評価されている芸能です。大宝元年に施行された大宝令で[　①　]が設けられました。これが日本の雅楽の原点になります。

[　①　]は，奈良時代から平安時代の初期にかけて，国家の儀式の奏楽に大きな役割を果たしました。

雅楽は，アジア各国から伝来してきた歌や舞を起源とする[　②　]，その影響を受けて平安時代に完成した歌謡の[　③　]，また日本古来の歌舞に由来する「国風歌舞」に分けることができます。

「管絃」の一般的な楽器編成は，笙，篳篥，龍笛の管楽器と，琵琶，箏の弦楽器，鞨鼓，太鼓，鉦鼓の打楽器からなります。舞台上の配置は，前方から[　④　]の順に並ぶのが一般的です。「管絃」で演奏されるものは唐楽で，壱越調(いちこつちょう)，平調(ひょうぢょう)，双調(そうぢょう)，黄鐘調(おうしきちょう)，盤渉調(ばんしきちょう)，太食調(たいしきちょう)の六つの調子があります。

今日，管絃を鑑賞できるな主な機会には[　⑤　]の春秋の公開演奏会や民間の雅楽団体による演奏会があります。また，黛敏郎や武満徹などの現代の作曲家によって新しい雅楽の作品が生み出されています。

1　[　①　]から[　⑤　]にあてはまる適切な語句を次のアからシのうちからそれぞれ一つずつ選び，記号で答えよ。

ア　雅楽寮	イ　宮内庁式部職楽部
ウ　「舞楽」や「管絃」	エ　「催馬楽」や「朗詠」

オ	三方楽所	カ	「舞楽」や「朗詠」
キ	「催馬楽」や「管絃」	ク	「舞楽」や「御神楽」
ケ	音楽取調掛	コ	打楽器，管楽器，弦楽器
サ	打楽器，弦楽器，管楽器	シ	弦楽器，管楽器，打楽器

2　雅楽の用語で，複数の楽章からなる楽曲の各楽章の名称でもあり，演奏が進むにつれて速くなる構成を何というか答えよ。

3　次の楽譜は平調《越天楽》の篳篥の冒頭部を五線譜に記したものである。

(1)　雅楽において，楽器の旋律を覚え，楽曲の曲想をつかむために，手で拍子を取りながら声で歌うことを何というか答えよ。

(2)　(1)を用いて歌うとき，上の(　A　)にあてはまる適切な言葉を答えよ。

(☆☆☆◎◎◎)

【3】次のⅠからⅣの文章は，それぞれアジア地域の音楽について述べたものである。あとの1から6の問いに答えよ。

Ⅰ　ベトナム，タイ，マレーシア，インドネシアなどの国々を含む東南アジアの音楽は，かつての王朝文化を色濃く残すもの，仏教，ヒンドゥー教，イスラームなど宗教との結びつきの深いものなど多様である。

特に，$_{\text{A}}$<u>インドネシアのジャワ島やバリ島で行われる，青銅製の打楽器を中心とする合奏音楽</u>が儀式舞踊，人形劇，影絵劇の伴奏として発達した。

Ⅱ　$_{\text{B}}$<u>インド</u>，パキスタン，ネパール，バングラデシュなどの国々を含む南アジアの音楽は，特にインドにおいて高度に理論化された芸術的な古典音楽の伝統があり，舞踊劇や芸能と結びついたものが多い。こうした音楽舞踊劇のテーマに選ばれるのは主として二大叙事詩「ラーマーヤナ」と「マハーバーラタ」に含まれる物語および数々のヒンドゥー神話であり，これらの神話は$_{C}$東南アジア各地にも広まった。

Ⅲ　イラン，アラブ諸国，トルコなどを含む西アジアの音楽は，この地で栄えた音楽文化がヨーロッパ，アフリカから東アジアに至るまで広く影響を及ぼし，$_{D}$半音より狭い音程を単位とする独特の音律を用いるのが特徴である。オスマン帝国時代のトルコの軍楽であるメヘテルハーネは，18世紀初頭にはヨーロッパでも広く知られるようになり，$_{E}$「トルコ風」の音楽が生み出されるきっかけとなった。

Ⅳ　中国，韓国，台湾，モンゴルや日本などを含む東アジアの音楽は，古来より相互の文化交流が盛んに行われ，特に中国，韓国の音楽は，日本の音楽にも古くから多くの影響を与えた。モンゴルでは，モリンホール(馬頭琴)に代表される弦楽器の音楽や，オルティンドーに代表される声楽が有名で，$_{F}$ホーミーは極めて特殊な発声法である。

1　下線部Aの名称を答えよ。

2　下線部Bについて，北インドの代表的な弦楽器で，ひょうたんなどでできた共鳴胴に棹が付けられた楽器を次のアからエのうちから一つ選び，記号で答えよ。

ア　タブラー　　イ　サーランギ　　ウ　シタール　　エ　バーヤ

3　下線部Cについて，バリ島において演じられる，「ラーマーヤナ」の物語を数十名の男性が車座になって歌う合唱劇の名称を答えよ。

4　下線部Dの名称を答えよ。

5　下線部Eについて，当時，オペラやオーケストラなどの作品にもメヘテルハーネの楽器が使われるようになり，「トルコ風」の音楽が流行した。シンバル，トライアングル，ピッコロなどの楽器が用いられ，トルコを舞台としたW.A.モーツァルト作曲のオペラを次のアからエのうちから一つ選び，記号で答えよ。

ア　フィガロの結婚　　イ　後宮からの誘拐　　ウ　魔笛

エ　ドン・ジョヴァンニ

6　下線部Fについて，どのような発声法か簡潔に説明せよ。

(☆☆☆◎◎◎)

【中学校】

【1】次の文章は，中学校学習指導要領(平成29年告示)音楽科の目標である。[　①　]から[　⑤　]の空欄にあてはまる語句を答えよ。

表現及び鑑賞の幅広い活動を通して，音楽的な[　①　]を働かせ，生活や社会の中の音や音楽，音楽文化と豊かに関わる資質・能力を次のとおり育成することを目指す。

(1)　曲想と音楽の[　②　]などとの関わり及び音楽の多様性について理解するとともに，創意工夫を生かした音楽表現をするために必要な[　③　]を身に付けるようにする。

(2)　音楽表現を創意工夫することや，音楽の[　④　]を味わって聴くことができるようにする。

(3)　音楽活動の楽しさを体験することを通して，音楽を愛好する心情を育むとともに，音楽に対する感性を豊かにし，音楽に親しんでいく態度を養い，[　⑤　]を培う。

(☆☆◎◎)

【2】次の楽譜は，「早春賦」の主旋律の楽譜である。あとの1から6の問いに答えよ。

1　作曲者名を答えよ。

2　作詞者名を答えよ。

3　[①]，[②]に入る適切な強弱記号を答えよ。

4　楽譜中の空欄アにあてはまる正しい旋律を書き入れよ。

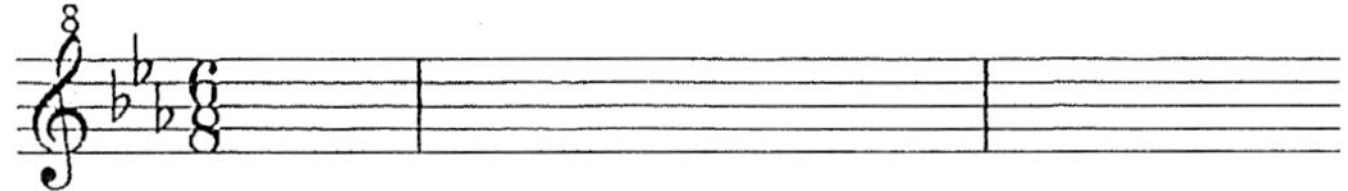

5　この曲の2番の歌詞にある「思うあやにく」の意味を簡潔に答えよ。

6　③の音をバロック式アルトリコーダーで演奏するとき，運指はどのようになるか。閉じる穴を黒く塗れ。

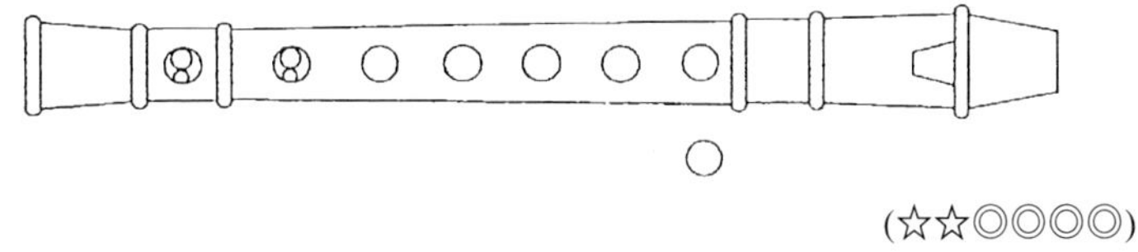

(☆☆◎◎◎◎)

【3】次の楽譜は，ある組曲の一部である。下の1から6の問いに答えよ。

1　この組曲の作曲者名及び出身国を答えよ。

2　この作曲者の出身国において，19世紀後半に民族主義的な芸術音楽の創造を志向した五人組に該当する作曲家を，次のアからエのうちから一つ選び，記号で答えよ。

ア　フォーレ　　イ　スメタナ　　ウ　プーランク

エ　ボロディン

3　この組曲の原曲で演奏される楽器名を答えよ。

4　この組曲は，作曲者の親友の遺作展覧会の印象をもとに作曲された。その親友の名前を答えよ。

5　ⅠからⅣの曲名の組合せとして適切なものを，次のアからエのうちから一つ選び，記号で答えよ。

ア　Ⅰ　ビドロ
　　Ⅱ　古城
　　Ⅲ　サミュエル・ゴールデンベルクとシュムイレ
　　Ⅳ　キエフの大門

イ　Ⅰ　ビドロ
　　Ⅱ　古城
　　Ⅲ　キエフの大門
　　Ⅳ　サミュエル・ゴールデンベルクとシュムイレ

ウ　Ⅰ　古城
　　Ⅱ　ビドロ
　　Ⅲ　サミュエル・ゴールデンベルクとシュムイレ
　　Ⅳ　キエフの大門

エ　Ⅰ　サミュエル・ゴールデンベルクとシュムイレ
　　Ⅱ　古城
　　Ⅲ　ビドロ
　　Ⅳ　キエフの大門

6　次の楽譜は，この組曲の冒頭の旋律である。適切な拍子記号と縦線を記入せよ。

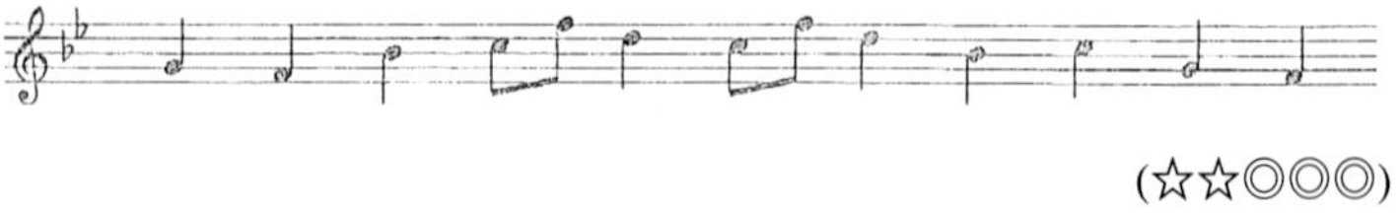

(☆☆◎◎◎)

【高等学校】

【1】次の文章は，高等学校学習指導要領(平成30年告示)音楽Ⅰの目標である。[　①　]から[　⑤　]の空欄にあてはまる語句を答えよ。

音楽の幅広い活動を通して，音楽的な[　①　]を働かせ，生活や社会の中の音や音楽，音楽文化と幅広く関わる資質・能力を次のとおり育成することを目指す。

(1)　曲想と音楽の構造や文化的・歴史的背景などとの関わり及び音楽の[　②　]について理解するとともに，創意工夫を生かした音楽表現をするために必要な[　③　]を身に付けるようにする。

(2)　自己のイメージをもって音楽表現を創意工夫することや，音楽を[　④　]しながらよさや美しさを自ら味わって聴くことができるようにする。

(3)　[　⑤　]に音楽の幅広い活動に取り組み，生涯にわたり音楽を愛好する心情を育むとともに感性を高め，音楽文化に親しみ，音楽によって生活や社会を明るく豊かなものにしていく態度を養う。

(☆☆◎◎)

【2】次の歌曲について，下の1から4の問いに答えよ。

A
ふるさとのきしをはなれて
なれはそもなみにいくつき
①

1　曲名及び作曲者名を答えよ。

2　この歌曲の作詞者の作品をアからエのうちから一つ選び，記号で答えよ。

ア　みだれ髪　　イ　一握の砂　　ウ　桐の花　　エ　若菜集

3　空欄Aにあてはまる正しい旋律を書き入れよ。

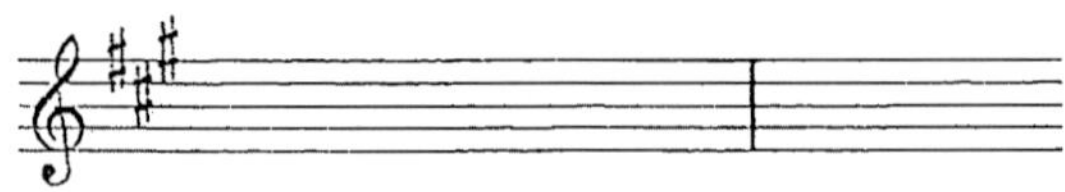

4　下線部①の歌詞の意味を答えよ。

(☆☆☆◎◎◎)

【３】次の楽曲について，下の1，2，3の問いに答えよ。

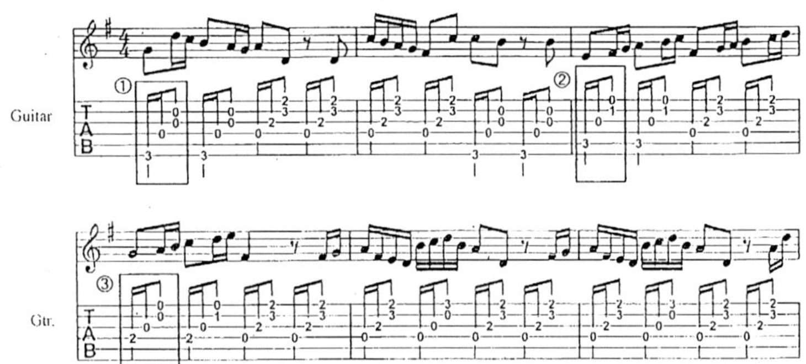

1　作曲者名を答えよ。

2　タブラチュア譜の①，②，③を五線譜に記せ。

3　③のコードネームを答えよ。

(☆☆◎◎◎)

【４】次のⅠ，Ⅱ，Ⅲの楽譜は，ベートーヴェンのピアノ・ソナタの一部分である。あとの1，2の問いに答えよ。

1　Ⅰ，Ⅱ，Ⅲの曲名の組合せとして正しいものを，次のアからオのうちから一つ選び，記号で答えよ。

ア	Ⅰ	月光	Ⅱ	悲愴	Ⅲ	熱情
イ	Ⅰ	テンペスト	Ⅱ	熱情	Ⅲ	悲愴
ウ	Ⅰ	悲愴	Ⅱ	テンペスト	Ⅲ	月光
エ	Ⅰ	熱情	Ⅱ	悲愴	Ⅲ	テンペスト
オ	Ⅰ	月光	Ⅱ	熱情	Ⅲ	悲愴

2　次の文章中の[　①　]から[　⑤　]にあてはまる適切な語句や数字を，あとのアからソのうちからそれぞれ一つずつ選び，記号で答えよ。

[　①　]で生まれたベートーヴェンは，宮廷テノール歌手だった父や，オルガニスト兼作曲家ネーフェから音楽教育を受けた。その後，[　②　]に師事するためにウィーンに渡り，晩年まで過ごした。

作品番号のつけられたピアノ・ソナタは全[　③　]曲で，彼自身がタイトルをつけたと言われている作品が，Ⅲと[　④　]である。

彼の創作期は，前期・中期・後期に分けられるが，ピアノ・ソナタは生涯にわたって作られている。難聴の苦悩から書かれた『ハイリゲンシュタットの遺書』をしたためた頃の作品Ⅰは，演奏家を断念し，作曲家として創作に集中する中期の始め頃の作品である。

また，ベートーヴェンの時代は，ピアノが発展していく時代で，音域が拡大し，鍵盤数も増え，音量・音質も変わっていった。Ⅱが作曲された頃の鍵盤数は[　⑤　]で，より重厚な響きが出るようになった。

ア	シューベルト	イ	ハイドン	ウ	メンデルスゾーン
エ	ドレスデン	オ	ボン	カ	ベルリン
キ	告別	ク	英雄	ケ	田園
コ	24	サ	32	シ	34
ス	54	セ	68	ソ	79

(☆☆☆☆◎◎)

解答・解説

【中高共通】

【1】1　①　重く　⑤　常に，同様に　⑥　弱音器を付けて

2　②　accelerando　④　diminuendo　3　嬰ト短調(または　gis moll)

4

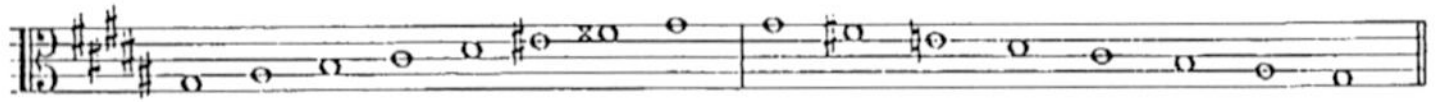

5　音程…長3度　転回音程…短6度

6

7　バスーン(または　ファゴット)

〈解説〉1　①　ペザンテと読む。　⑤　sim.はsimile(シーミレ)の略である。　⑥　con sordino(コン　ソルディーノ)の略。弱音器を外すときは，senza sordino(センツァ　ソルディーノ)。　2　②　意味は，次第に速く。　④　意味は，次第に弱く。　3　③はEである。Eを第3音とする短調は，嬰ハ短調(cis moll)。ハ短調と間違えないよう気を付ける。嬰ハ短調(cis moll)の属調は，嬰ト短調(gis moll)である。　4　旋律的短音階は，自然短音階の第6音と第7音を臨時記号によって半音高くしたものである。また，旋律的短音階の下行形は自然短音階である。

5　⑦はCis，⑧はそれより下のAであり，音程は長3度。転回音程とは，高い方の音を1オクターブ低く，または，低い方の音を1オクターブ高くして置き換えた音程である。つまり，2音の上下関係が逆になっているものである。　6　ホルンは楽譜のin Fという表記でもわかるようにF管を使用しているので，記譜の音から完全5度下げて解答する。

7　この楽譜の一番上に英語表記でbassoonと示されている楽器，ファゴットである。その他の管楽器は金管楽器である。

【2】1　①　ア　②　ウ　③　エ　④　サ　⑤　イ　2　序破急　3　(1)　唱歌(口唱歌)

(2)

〈解説〉1　雅楽寮は，行政機関であり朝廷の音楽を司っていた。日本固有の歌舞と，大陸から伝来した外来歌舞を演奏してきた。後に雅楽寮は宮内庁式部職楽部に改組された。「舞楽」や「管絃」は外来系楽舞に分類され，「催馬楽」や「朗詠」は世俗歌曲に分類される。国風歌舞には「神楽」「東遊」「大和舞」「五節舞」「久米舞」「田舞」「誄歌」などがある。　2「序」は拍子のないゆっくりとした楽章。「破」は拍子が加わり，「急」はテンポが加速する。雅楽以外にも使用され，頻

出の用語なので しっかり学習しておこう。　3　この教習方法によって，雅楽が伝承されたとされる。三味線，筝など，他の和楽器の口唱歌もチェックしておこう。

【3】1　ガムラン　　2　ウ　　3　ケチャ　　4　微分音程　　5　イ
6　一人の人間が同時に二種類の声を出す発声法

〈解説〉1　ガムランで使用する主な楽器は覚えておこう。バリ島には，幻想的な踊りと合唱のケチャもある。併せて覚えておきたい。
2　アは北インドの太鼓，イはインド周辺で用いられる擦弦楽器，エも北インドの太鼓でタブラー(高音)に対して低音の太鼓である。
3　リズムをすべて人間の声で合唱する民族舞踊。バリ島の伝統的な舞踊であるサンヒャンがもとになっており，古代インドの叙情詩「ラーマーヤナ」を題材にした物語になっている。　4　トルコのオスマン古典音楽では全音を九等分した九分音が使用されるなど，世界各地の民族音楽には様々な微分音が認められる。　5　アの舞台はスペイン，ウの舞台はエジプト，エの舞台はイタリアとされている。
6　その他，モンゴルではオルティンドーやボグンドーなども有名である。世界の各地域の民族音楽を鑑賞し，特徴を述べられるようにしておくことが望ましい。

【中学校】

【1】①　見方・考え方　　②　構造や背景　　③　技能　　④　よさや美しさ　　⑤　豊かな情操

〈解説〉学習指導要領に関する問題は，栃木県では数年ぶりになるのではないだろうか。今回は教科の目標が出題された。選択問題ではなく，記述式であるので，文言を細かく確認しておくのは勿論のこと，学習指導要領解説などを使って詳細な意味を学習しておくことが望ましい。どこを問われても解答できるように，読み込んでおくことが必要である。

【2】1　中田章　　2　吉丸一昌　　3　①　p　　②　pp

4

5　思ったが，あいにく

6

〈解説〉1～5「早春賦」は中学校音楽科の歌唱共通教材である。共通教材には，「赤とんぼ」，「荒城の月」，「早春賦」，「夏の思い出」，「花」，「花の街」，「浜辺の歌」がある。いずれも，作曲者，作詞者，強弱記号，旋律，歌詞，歌詞の意味等，基本的なことを押さえておく必要がある。指導することを念頭に学習すれば，楽譜の読み込みもしっかりなされるはずである。　6　実際に演奏して，リコーダーの運指を覚えておくことは必須である。

【3】1　作曲者名…ムソルグスキー　　出身国…ロシア　　2　エ
3　ピアノ　　4　ヴィクトル・ハルトマン(ガルトマン)　　5　ア
6

〈解説〉この組曲は「展覧会の絵」であり，プロムナードと，絵に因んだ10曲からなる。スコアを見ながら聴いておくこと。ラヴェル編曲の管弦楽版も学習しておきたい。作曲者のムソルグスキーは，バラキレフ，ボロディン，リムスキーコルサコフ，キュイとともにロシア五人組に該当する。6の設問の楽譜がプロムナードの旋律である。教科書にも掲載されているので，しっかり学習しておこう。

【高等学校】

【1】① 見方・考え方　② 多様性　③ 技能　④ 評価
⑤ 主体的・協働的

〈解説〉学習指導要領に関する問題は，栃木県では数年ぶりになるのではないだろうか。今回は音楽Ⅰの目標が出題された。音楽Ⅱ，音楽Ⅲとの違いと照らし合わせながら学習しておきたい。文言を確認しておくのは勿論のこと，学習指導要領解説などを使って詳細な意味を学習しておくことが望ましい。どこを問われても解答できるように，読み込んでおくことが必要である。

【2】1 曲名…椰子の実　作曲者名…大中寅二　2 エ

3

4 おまえは，この波にいったい何ヶ月漂っていたのか

〈解説〉1，3，4 教科書に掲載されている作品を中心に，作曲者，作詞者，強弱記号，旋律，歌詞，歌詞の意味等，基本的なことを押さえておく必要がある。指導することを念頭に学習すれば，楽譜の読み込みもしっかりなされるはずである。 2「椰子の実」の作詞者は島崎藤村である。明治34年に刊行された詩集「落梅集」に収録されている。伊良湖岬に滞在した柳田國男が浜に流れ着いた椰子の実の話を藤村に語り，藤村がその話を元に創作したものである。「若菜集」は藤村の処女詩集である。

【3】1 ヴィヴァルディ

2

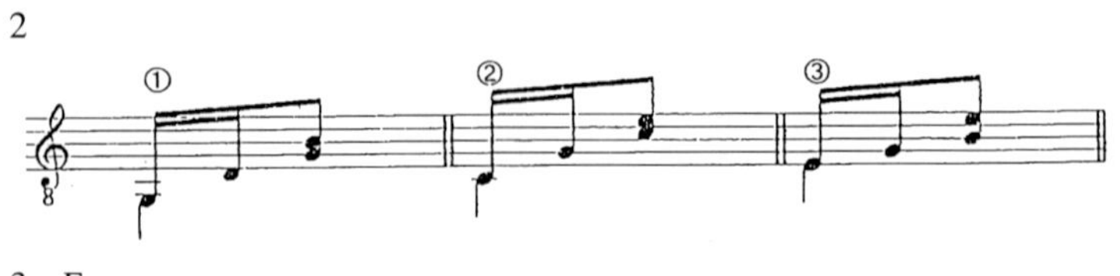

3 Em

〈解説〉1　譜例は，ヴァイオリン協奏曲「四季」の「冬」第2楽章である。
2　タブラチュア譜は，上から1～6弦を表している。それぞれの開放弦の音は1弦からミ・シ・ソ・レ・ラ・ミなので，フレットで半音ずつ上がることがわかっていれば，簡単に解答できる問題である。
3　和音の構成音は下からミ・ソ・シで，短三和音のEmである。

【4】1　イ　2　①　オ　②　イ　③　サ　④　キ　⑤　セ
〈解説〉1　Ⅰはピアノソナタ第17番の第3楽章，Ⅱはピアノソナタ23番の第1楽章，Ⅲはピアノソナタ第8番の第2楽章である。　2　ベートーヴェンについては，ピアノソナタだけでなく，交響曲の問題も頻出であるので，スコアとともに学習しておこう。有名なソナタには通称がついているものがあるが，ベートーヴェン自身がつけた，あるいは了解していたのは，「悲愴」と「告別」である。ピアノの発展とピアノソナタ，管楽器の発展と交響曲の楽器編成は密接につながっているので理解を深めておきたい。

2020年度　実施問題

【中高共通】

【1】次の楽譜について，下の1から8の問いに答えよ。

1　①，②，⑤の音楽用語の意味を答えよ。

2　③を第3音とする短調の属調を答えよ。

3　2で求めた調の旋律的短音階を，調号を用いずにアルト譜表に記せ。

4　④の音楽用語を省略せずに書け。

5　⑥，⑦間の音程と，その転回音程を答えよ。

6　Aの部分を変ロ短調に移調し，調号を用いて高音部譜表に記せ。

7　楽譜中のa，b，cの音で構成される和音をコードネームで答えよ。

8　7で求めた和音の種類を，次のアからエのうちから一つ選び，記号で答えよ。

ア　長三和音　　イ　短三和音　　ウ　増三和音　　エ　減三和音

(☆☆◎◎◎◎)

【2】次のⅠからⅣの文章は，それぞれある管楽器について述べたものである。下の1から5の問いに答えよ。

Ⅰ　タイ北方からラオスにかけて分布するフリーリードの管楽器。A多数の細長い竹の管を横に配列して束ね，それに共通の吹口を取り付けたものである。吹口から息を吹きこむと，それぞれの管の根元にあるリードが振動して音が出る。

Ⅱ　トルコやアラブ諸国を中心に分布するBダブルリードの管楽器。おもに野外で使われる。祭りや結婚式での踊りの伴奏など，民俗音楽に太鼓と一緒によく用いられる。トルコの伝統的軍楽隊のメヘテルハーネでも大型のものが旋律楽器として使われている。

Ⅲ　アボリジニの管楽器。ユーカリの大枝の一端に穴をあけ，そこに白蟻をいれて芯を食べさせて作る。ほとんど音高の変わらない持続低音として音を響かせ，C循環呼吸で演奏する。拍子木とともに歌や踊りの伴奏に用いられる。

Ⅳ　フルートに似たインドの管楽器で，D竹でできている。日本の尺八を演奏するときに使われる「ムラ息」のような息の使い方が多く用いられ，音色も尺八を思わせる。

1　ⅠからⅣの楽器名を次のアからクのうちからそれぞれ一つずつ選び，記号で答えよ。

ア　トンコリ　　イ　アルパ　　ウ　ディジェリドゥ
エ　カリンバ　　オ　ケーン　　カ　サンシエン
キ　ズルナ　　ク　バーンスリー

2　下線部Aと同じ構造を持つ，日本の雅楽の楽器名を答えよ。

3　下線部Bにあてはまる楽器名を次のアからエのうちから一つ選び，記号で答えよ。

ア　楽箏　　イ　高麗笛　　ウ　篳篥　　エ　鞨鼓

4　下線部Cを簡潔に説明せよ。

5　下線部Dでできている打楽器を次のアからエのうちから一つ選び，記号で答えよ。

ア　アンクルン　　イ　チャランゴ　　ウ　ハルモニウム

エ　アルフー

(☆☆☆◎◎◎)

【3】次の文章は，尺八についての説明である。下の1から4の問いに答えよ。

尺八は7世紀後半頃に中国の唐から伝来した。名前の由来は唐の時代の長さの尺度で一尺八寸に由来したといわれている。その後日本において長さや指孔数などの異なる尺八が生まれた。大きく分けると古代尺八，一節切，天吹，普化尺八，多孔尺八などの尺八が存在する。現在は，一般的に普化尺八が使われている。普化尺八には，指孔が前面に[　①　]，背面に1つある。奏法は豊富であり，顎を引いて音高を下げる[　②　]や顎を出して音高を上げる[　③　]，首を前後左右に滑らかに動かして音の揺れに変化を付ける[　④　]などがある。

A基本となる音は6つではあるが，指孔の調整や[　②　]，[　③　]などの奏法により，基本となる音以外の音も出すことができる。

江戸時代には，普化宗の僧侶が[　⑤　]と呼ばれ，修行の一つとして尺八を吹きながら托鉢をして，諸国を行脚した。B琴古流本曲は，[　⑤　]であった初世黒沢琴古が各地に伝わる尺八曲を集めたものである。

1　[　①　]から[　⑤　]にあてはまる最も適切な語句を次のアからシのうちからそれぞれ一つずつ選び，記号で答えよ。

ア　虚無僧	イ　フリ	ウ　押し	エ　4つ
オ　カリ	カ　5つ	キ　コロ音	ク　6つ
ケ　上人	コ　メリ	サ　スリ上げ	シ　ユリ

2　一尺八寸管を用いた場合，下線部Aの基本となる音を6つすべて高音部譜表に記せ。

3　下線部Bの中の一つに「巣鶴鈴慕」という楽曲がある。冒頭で演奏される奏法を次のア，イ，ウのうちから一つ選び，記号で答えよ。

ア　ユリ　　イ　コロ音　　ウ　スリ上げ

4　ニューヨーク・フィルハーモニック創立125周年を記念し，委嘱を受けて作曲された琵琶と尺八を独奏楽器とした協奏曲の曲名と，作曲者名を答えよ。

(☆☆☆◎◎◎)

【4】次の1から5の文章は，ある作品について説明したものである。下のアからコのうちから最も適切なものをそれぞれ一つずつ選び，記号で答えよ。

1　世阿弥による能の代表作。婚礼の席でも謡われることがある。

2　プロコフィエフ作曲のバレエ音楽。原作はシェイクスピアの悲劇。このバレエ音楽をもとに，作曲家自身により管弦楽用の3つの組曲と，ピアノ独奏用の「10の小品」が作られている。

3　長唄や歌舞伎の演目の一つ。安珍・清姫伝説の後日談を題材とした能楽作品がもとになっている。初世杵屋弥三郎作曲，初世杵屋作十郎ほか補作とされる。

4　ヴィクトル・ユゴーの小説を原作とし，クロード＝ミシェル・シェーンベルクによって作曲されたミュージカル。1985年のロンドン初演を皮切りに，日本では1987年に帝国劇場で初演された。劇中歌の「夢やぶれて」は多くのアーティストによってカバーされている。

5　團伊玖磨によって作曲された全一幕のオペラ。木下順二の戯曲を台本としている。初演は1952年，藤原歌劇団による。

ア　修善寺物語　　イ　ロメオとジュリエット
ウ　平家女護島　　エ　高砂
オ　レ・ミゼラブル　　カ　シンデレラ
キ　殺生石　　ク　京鹿子娘道成寺
ケ　ミス・サイゴン　　コ　夕鶴

(☆☆☆☆◎◎◎)

【中学校】

【1】次の楽譜は，「赤とんぼ」の主旋律の楽譜である。この楽譜について，下の1から7の問いに答えよ。

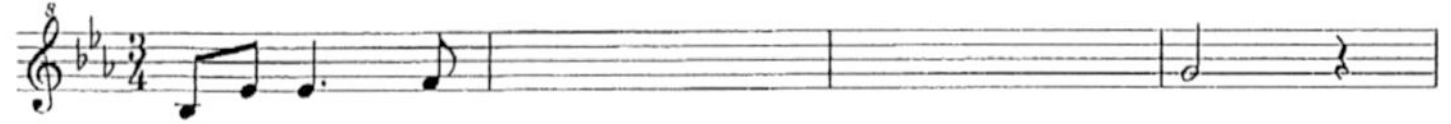

1　作曲者名を答えよ。

2　作詞者名を答えよ。

3　この作曲者の作品で，1940年東京で初演された歌劇名を次のアからエのうちから一つ選び，記号で答えよ。

ア　セロ弾きのゴーシュ　　イ　黒船　　ウ　春琴抄

エ　金閣寺

4　楽譜中の空欄にあてはまる正しい旋律を書き入れよ。

5　この曲の3番の歌詞にある「ねえや」の意味を簡潔に答えよ。

6　①の階名を，移動ド唱法で答えよ。

7　②の音をバロック式アルトリコーダーで演奏するとき，運指はどのようになるか。閉じる穴を黒く塗れ。

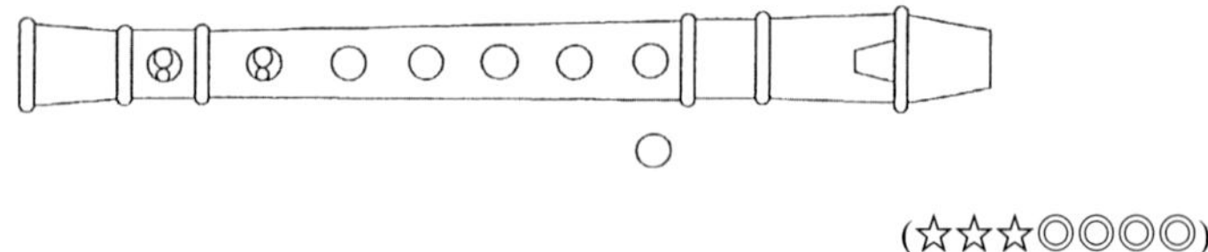

(☆☆☆◎◎◎◎)

【2】次の楽譜は，組曲「惑星」の一部である。あとの1，2の問いに答えよ。

1　この組曲「惑星」の作曲者名及び出身国を答えよ。

2　次の文章は，この楽曲を鑑賞した生徒の紹介文である。[　①　]から[　⑥　]にあてはまる最も適切な語句をあとのアからツのうちからそれぞれ一つずつ選び，記号で答えよ。

組曲「惑星」の中で，私が特におすすめしたい曲は，三つあります。まずは，Ⅰの旋律が含まれる[　①　]です。[　①　]には，戦争をもたらす者という副題が付けられています。冒頭の「ダダダ，ダン，ダン，ダダ，ダン」というリズムがティンパニーと弦楽器で反復して演奏されているところに，金管楽器や木管楽器が徐々に重なって演奏されます。それはまるで不穏な戦争の時代に突入していくような重苦しさと同時に緊張感の高まりが感じられます。作曲者は，この曲を第一次世界大戦が始まる前に完成させました。戦争に向かっていく戦意の高揚や破滅へと向かう恐怖など，様々な気持ちが伝わってくるようです。

次におすすめしたい曲は，ⅡとⅢの旋律が含まれる[　②　]です。[　②　]には，歓喜をもたらす者という副題が付けられています。中間部分に出てくるⅢの旋律は[　③　]繰り返されます。最初はヴァイオリン，ヴィオラ，チェロ，[　④　]のユニゾンで演奏されますが，繰り返すごとに楽器編成が変化します。ヴァイオリンのパートでは，1オクターヴずつ音が上がり，強弱も徐々に幅広く変化していきます。音楽を聴いていると，地平線からゆっくりと昇る太陽の光を全身に浴びて活力が徐々に満ちあふれたり，心の底から希望や喜びがわき起こったりするように感じます。

最後にⅣの旋律が含まれる海王星です。この曲には，[　⑤　]という副題が付けられています。曲中，チェレスタとハープなどで繰り返されるアルペジオやトレモロの音色は，何もない空間を漂い，ゆっくりとどこか別の世界へ引き込まれていくような感じがします。また，この曲には[　⑥　]が含まれており，舞台の外で演奏されます。その歌声は，遠く宇宙の果てにある何か大きな存在を予感させ，静かに見守られているかのような安らぎを感じさせます。

ア	児童合唱	イ	金星	ウ	翼のある使者
エ	フルート	オ	土星	カ	6回
キ	火星	ク	平和をもたらす者	ケ	コントラバス
コ	男声合唱	サ	3回	シ	混声合唱
ス	女声合唱	セ	木星	ソ	神秘主義者
タ	ホルン	チ	4回	ツ	水星

(☆☆☆◎◎◎)

【高等学校】

【1】次の歌曲について，下の1から5の問いに答えよ。

1　曲名を答えよ。

2　作曲者名を答えよ。

3　この曲は陰音階を用いて書かれている。その音階をミを第1音として高音部譜表に記せ。

4　Aの部分の歌詞を答えよ。

5　次のアからエの楽譜は，ある楽曲の一部分である。この作曲家の作品を一つ選び，記号で答えよ。

(☆☆☆☆◎◎)

【2】次の楽曲について，下の1，2，3の問いに答えよ。

1　曲名を答えよ。

2　楽譜の①，②，③のコードを鍵盤楽器で演奏するとき，どこを押さえるかaからlの記号で答えよ。

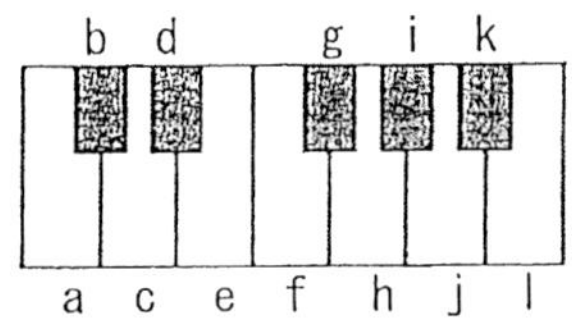

3　楽譜中の空欄Ⅰ，Ⅱに共通してあてはまる正しい旋律を書き入れよ。

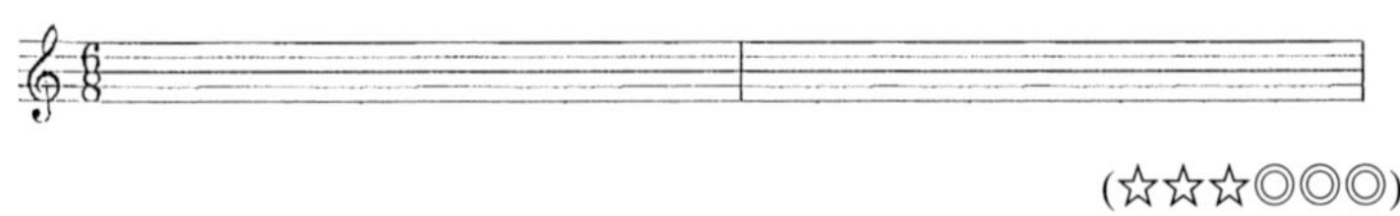

(☆☆☆◎◎◎)

【3】次のⅠ，Ⅱ，Ⅲの楽譜は，それぞれあるバレエ音楽の一部分である。下の1，2，3の問いに答えよ。

1　Ⅰ，Ⅱ，Ⅲは全て同じ作曲家の作品である。作曲者名を答えよ。

2　それぞれの音楽が含まれるバレエ音楽の作品名を答えよ。

3　次の文は，バレエについての説明である。[　①　]から[　④　]にあてはまる最も適切な語句を，あとのアからコのうちからそれぞれ一つずつ選び，記号で答えよ。

16世紀末に[　①　]の宮廷で上演された「王妃のバレエ・コミック」がバレエの始まりと言われる。その後，宮廷バレエが盛んになり，18世紀になるとヨーロッパ諸国に，王立・帝室のバレエ団が創設されたり，市中の劇場で上演されたりするようになった。

19世紀中頃，ロマン主義という芸術思潮を背景に，妖精や悪魔が登場する幻想的なものや，エキゾチックな内容の，ロマンティック・バレエが誕生した。ロマンティック・バレエは，現在踊られているバレエの中で最も古い形式で，現在のものとほぼ同じである。その時代の作品に[　②　]がある。

19世紀後半，ロシアでは，ドラマ主体だったロマンティック・バレエに，物語とは無関係の純粋舞踊を取り入れ，クラシック・バレエが生まれた。この様式を確立したのが，振付師[　③　]である。

20世紀になると，愛・憎しみ・欲望・嫉妬などの人間の本質を，自由な発想で行うモダン・バレエが生まれた。その代表作品に[　④　]がある。

ア　ロシア　　　　　　イ　ライモンダ
ウ　春の祭典　　　　　エ　マリウス・プティパ
オ　ローラン・プティ　カ　コッペリア
キ　フランス　　　　　ク　モーリス・ベジャール
ケ　イタリア　　　　　コ　バヤデルカ

(☆☆☆◎◎◎)

解答・解説

【中高共通】

【1】1　①　甘美にそしてなめらかに　②　優雅に　⑤　だんだん消えるように　2　ハ短調またはc moll

3

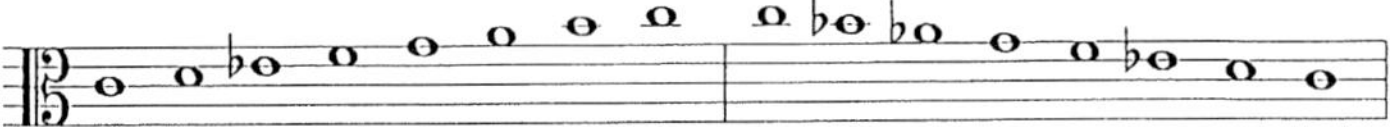

4　crescendo　5　短3度　転回音程　長6度

6

7　D♭　8　ア

〈解説〉1　イタリア語音楽用語である。　①　dolce＝甘美に，やわらかく，やさしく。e＝そして，…と。legato＝なめらかに。　②　con＝…

で，…とともに。grazia＝優雅，優美，やさしさ。　⑤　smorz.＝だんだん弱く遅く，消えるように(smorzandoの略語形)。　2　ラ♭を第3音とする短調は，ヘ短調である。ヘ短調の属調は，ハ短調(c-moll)である。　3　旋律的短音階とは，上行する時には，導音である第7音とその直前の第6音を臨時的に半音上げ，下行する時には，その調本来の調号の通り，つまり上行で半音上げた第6音と第7音を半音下げるものである。ハ短調の場合，調号によって第6音がラ♭，第7音がシ♭になっているため，上行する時には，それぞれ半音ずつ上げ，ラとシ(臨時記号がつかない)になる。下行するときは半音下げ，ラ♭とシ♭になる。アルト譜表は真ん中の第3線の位置がドになる。　4　cresc.＝crescendo，意味は，「だんだん強く」である。　5　⑥はシ♭，⑦はレ♭である。短3度は2音間に音が2つ含まれる。シ♭とレ♭の間にはシ，ドの2音が含まれる。よって⑥と⑦の音程関係は短3度である。音程関係は，転回する(上下関係を逆にする)と，短音程は長音程に，長音程は短音程になる。また，3度音程は6度音程に，6度音程は3度音程になる。よって短3度は長6度になる。　6　この曲はヘ短調である。ヘ短調と変ロ短調の主音の音程関係をみると，完全5度(完全4度)になる。よってヘ短調を完全5度下げるか，完全4度上げて移調すればよい。　7　a＝ファ，b＝ラ♭，c＝レ♭である。これを3度音程になるように並べ替えると，下からレ♭，ファ，ラ♭となり，D♭のコードになる。　8　レ♭とファの音程は，長3度，ファとラ♭の音程は短3度である。この組み合わせになるのは，長三和音である。

【2】1　I　オ　　II　キ　　III　ウ　　IV　ク　　2　笙　　3　ウ
4　鼻から息を吸うと同時に口から息を出し，絶え間なく息を吹き続け音を持続させる奏法　　5　ア

〈解説〉1　Iはケーンである。笙の仲間である。IIはズルナである。ダブルリード楽器で，現在のオーボエやファゴットの前身である。IIIはディジェリドゥである。長さは1m以上あり，座って演奏する。現在もオーストラリアの観光地などで演奏されている。IVはバーンスリーで

ある。音色は尺八に似ているが，フルートのように横に構えて演奏する。トンコリは，アイヌの伝統的な弦楽器であり，五本の弦をはじいて演奏する。アルパは，南米で演奏されるハープである。形状や演奏法も西洋のハープとほぼ同じである。カリンバは，アフリカの民族楽器である。中が空洞の木の箱に取り付けられた金属棒をはじいて演奏する。オルゴールのような音色がする。サンシエンは，中国の伝統楽器，三弦の別名である。日本の三線や三味線によく似た楽器である。
2　笙は，雅楽で用いられる楽器であり，竹を束ねた姿が，鳳凰の姿に見立てられている。　3　ウの篳篥(ひちりき)は，葦を2枚重ねた部分から息を吹き込んで音を出す楽器である。現在のオーボエに似ているが，リードの部分がオーボエよりも大きく分厚い。アの楽箏(がくそう)は，雅楽で用いられる箏である。イの高麗笛(こまぶえ)はピッコロのような楽器で，高い音が出る。エの鞨鼓(かっこ)は，雅楽で用いられる打楽器で，形状は鼓に似ているが，ばちで叩いて音を出す。
4　長いフレーズを切れ目なく演奏できる応用技術として認識されているが，現代曲には循環呼吸を用いることを想定して作曲された曲もある。　5　アのアンクルンはインドネシアの竹で作られる楽器である。イのチャランゴはアンデス地方で使われる楽器で，ギターのような形をしている。ウのハルモニウムは，空気を送り，音を出すオルガンの一種である。エのアルフーは，中国の伝統楽器である二胡の別名である。2本の弦を，弦と楽器の間に挟まれた弓でこすって演奏する。

【3】1　①　エ　②　コ　③　オ　④　シ　⑤　ア
2

3　ウ　4　曲名：ノヴェンバー　ステップス　作曲者名：武満徹
〈解説〉1　主な尺八の奏法は次の通り。・メリ…音程を半音下げる奏法。顎を引いて音程を下げる。・カリ…音程を半音上げる奏法。顎を突き出して音程を上げる。・コロコロ…1孔と2孔を交互に開閉させ，トリ

ルのような音を出す奏法である。尺八の奏法の中でも特に難しい奏法。・玉音…尺八におけるフラッター奏法である。喉や舌を震わせて，音を振動させる。・スリ上げ…閉じた指を少しずつ開けて音程を上げる奏法。・ユリ…尺八におけるヴィブラート奏法である。顎の角度を変えることによって音程を変化させる。　2　一尺八寸管の場合孔は4つあり，すべての指をふさいだ音(筒音)からレファソラドの音になる。なお，尺八ではそれらの音をロツレチハと言い表す。　3「巣鶴鈴慕」は，尺八の代表的作品であり，鶴の誕生から死ぬまでの一生を描いた古典的名作である。尺八の様々な奏法が効果的に用いられており，冒頭ではスリ上げが使われている。　4　武満徹(1930-1996)は，初期はミュージック・コンクレートなどの前衛的な作曲技法を用いた曲を多く書いたが，1960年代になると，琵琶や箏といった日本の伝統楽器を用いた作品を書くようになった。そして1967年にニューヨーク・フィルハーモニック創立125周年記念の委嘱作品として書かれたのが「ノヴェンバー　ステップス」であった。琵琶，尺八と管弦楽のための作品であり。トーン・クラスターの技法が使われている。武満が当時関心を寄せていた邦楽器と，かつてからの前衛的な作曲技法が組み合わされた作品である。

【4】1　エ　　2　イ　　3　ク　　4　オ　　5　コ

〈解説〉1「高砂」は，能の代表的作品である。老夫婦の長寿と愛情を祝福する幸福感に満ちた作品であるため婚礼で謡われることがある。　2　プロコフィエフは多くのバレエ音楽やオペラを作曲しており，さらにしばしば，管弦楽やピアノのための組曲として編曲している。有名なものに，組曲「三つのオレンジへの恋」，組曲「放蕩息子」，交響組曲「キージェ中尉」などがあげられる。　3　京鹿子娘道成寺(きょうがのこむすめどうじょうじ)は，能の作品「道成寺」に基づくものである。恋にまつわる女の様々な姿を表現している。それに伴う衣装や小道具の変化も見どころである。　4　ヴィクトル・ユゴーの作品で音楽と関連する作品には，「ノートルダム・ド・パリ」，「ルイ・ブラス」などがあるが，「レ・ミゼラブル」は特に人気が高い作品である。ミュージカルの他に映画やテレビドラマも作られている。　5　日本を代表するオペラのひとつである。特に日本語を用いたオペラの中で，高い人気と上演回数を誇る名作である。木下順二の戯曲は，有名な「つるの恩返し」のストーリーをもとにしたものである。

【中学校】

【1】1　山田耕筰　　2　三木露風　　3　イ

4

5　家事手伝い，子守等の女性の奉公人　　6　ドラソラソミ

7

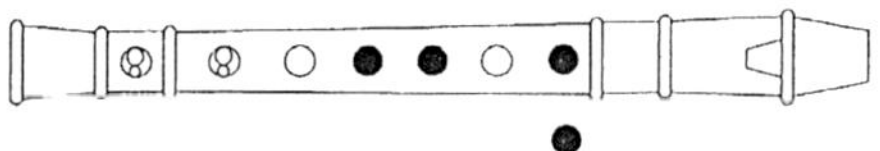

〈解説〉1　山田耕筰(1886-1965)は，東京生まれの作曲家である。東京音楽学校で声楽を学び，後にベルリン高等音楽院で作曲を学んだ。帰国後は，作曲，指揮者として活躍した。日本での西洋音楽普及に大きく貢献し，日本語と西洋音楽の融合も試みた。交響曲，オペラ，歌曲などにおいて多くの曲を残した。代表曲は，交響曲「かちどきと平和」,「赤とんぼ」,「からたちの花」,「待ちぼうけ」など。　2　三木露風(1889-1964)は，兵庫生まれの詩人である。本名は三木操。早稲田大学在学時に野口雨情らとともに早稲田詩社を結成し，『廃園』などの詩集を発表した。北原白秋とならんで，近代日本の代表的詩人とみなされている。「赤い鳥運動」にも参加し，「赤とんぼ」や「かっこう」など多くの童謡を作詞した。　3　選択肢の4つはいずれも実在する歌劇の題名である。アの「セロ弾きのゴーシュ」は，同名の宮沢賢治の童話を歌劇にしたもので，林光や清水脩など多くの作曲家によって作曲されている。イの「黒船」は，山田耕作による歌劇である。幕末の黒船来航を題材としている。ウの「春琴抄」は，同名の谷崎潤一郎によ

る小説が題材であり，作曲家三木稔によって歌劇として作曲された。エの「金閣寺」は，ベルリン・ドイツオペラによって委嘱され，作曲家黛敏郎が作曲したオペラである。原作の三島由紀夫による同名の小説をクラウス・H・ヘンネベルクがドイツ語台本に書き直している。
4　原曲はヘ長調であるが，教科書ではしばしば変ホ長調が用いられる。　5　三木露風自身の幼いころの体験がもとに作詞されている。
6　変ホ長調をハ長調に移調すればよい。すなわち短3度下げればよい。
7　ジャーマン式の場合は，右手の人差し指ではなく中指をおさえる。ソプラノリコーダー以外はほとんどバロック式のものが使われている。

【2】1　作曲者名：ホルスト　　出身国：イギリス　　2　①　キ　②　セ　　③　サ　　④　タ　　⑤　ソ　　⑥　ス

〈解説〉1　グスターヴ・ホルスト(1874-1934)は，イギリスを代表する作曲家である。王立音楽院で作曲を学んだ。組曲「惑星」は初演から大成功をおさめ，現在でも代表曲として知られている。　2　組曲「惑星」は，作曲当時に太陽系の惑星として知られていた8つの中から地球を除いた7つに曲があてられ，それぞれに副題がつけられている。以下，惑星名と副題。火星「戦争をもたらす者」，金星「平和をもたらす者」，水星「翼のある使者」，木星「快楽をもたらす者」，土星「老いをもたらす者」，天王星「魔術の神」，海王星「神秘の神」。女声合唱によって神秘的な雰囲気をつくりだす試みは，他にも多くの作曲家によって行われている。例えば，フランツ・リスト作曲「ダンテ交響曲」などがある。

【高等学校】

【1】1　平城山　　2　平井　康三郎

3

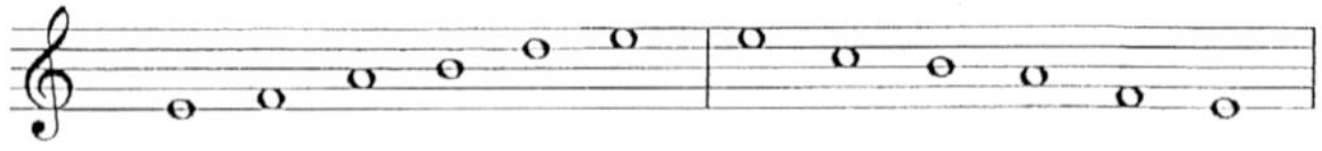

4　人恋うは　哀しきものと　　5　イ

〈解説〉1「平城山」(ならやま)は，平井康三郎による独唱曲である。作詞は北見志保子による。七五調の歌詞に，陰音階を用いたもの悲しい旋律がつけられている。曲を通して奏でられるピアノのリズムが印象的である。　2　平井康三郎(1910-2002)は，20世紀の日本を代表する作曲家の1人である。幅広い分野で作曲を行ったが，特に歌曲が有名である。「平城山」,「ゆりかご」,「九十九里浜」などがある。また，教科書の編集にも関わり,「スキー」や「とんぼのめがね」などを作曲している。　3　陰音階とは，半音を含む音階で基本形はミファラシドミになる。上行形の時はドが全音上がりレになる。下行形の時は基本形であり，上行で全音上げられたレは再びドに戻る。「都節」とも呼ばれる。　4　歌詞は北見志保子による二首の短歌である。「人恋ふは　かなしきものと　平城山に　もとほり来つつ　堪へがたかりき」,「いにしへも　夫(つま)に恋ひつつ　越えしとふ　平城山の路に涙おとしぬ」。　5　アは，山田耕筰作曲「砂山」，イは，平井康三郎作曲「スキー」，ウは文部省唱歌「村祭り」，エは岡野貞一作曲「朧月夜」である。

【2】1　グリーンスリーヴス　　2　①　e，h，l　　②　c，g，j，a，e　③　j，a，e，g

3

〈解説〉1　グリーンスリーヴスは，イングランドの民謡である。多くの作曲家やミュージシャンによってこの旋律を用いた曲が作られている。　2　①はEmのコードである。Emの構成音はミ，ソ，シになる。②はD_9のコードである。D_9の構成音はD_7に，主音より長9度上のミを加えたものである。すなわちD_9の構成音はレ，ファ♯，ラ，ド，ミになる。③はAm_6のコードである。Am_6の構成音は，Amに，主音より長6度上のファ♯を加えたものである。すなわちAm_6の構成音は，ラ，ド，

ミ，ファ♯になる。　3　前半と後半で大きく2つに分けられるが，前半，後半ともに4小節単位でフレーズが構成されている。付点のリズムが曲全体を共通する要素になっている。

【3】1　チャイコフスキー　　2　I　くるみ割り人形　　II　白鳥の湖　III　眠れる森の美女　　3　①　キ　　②　カ　　③　エ　　④　ウ

〈解説〉1　ピョートル・チャイコフスキー(1840-1893)はロシアのロマン派の作曲家で，作品は交響曲，協奏曲，バレエ音楽，オペラ，聖歌など，多岐にわたる。　2　Iは，組曲「くるみ割り人形」より「花のワルツ」である。IIは，「白鳥の湖」より「ワルツ」である。IIIは，組曲「眠れる森の美女」より「ワルツ」である。これらは，チャイコフスキーの3大バレエ音楽といわれている。掲載曲はいずれも3/4拍子のワルツで，ワルツはバレエ音楽に含まれる典型的な曲である。

3　①　バレエはルネサンス期イタリアで生まれ，16世紀のフランスで急速に発展した。「コミック(comique)」は，フランス語で喜劇の意味であり，もともと滑稽な内容のものが主流であった。その後19世紀になると現在も上演されるようなロマンティック・バレエが誕生した。　②「コッペリア」は，ドリーブ作曲の全3幕のバレエである。原作はE-T-A=ホフマンの小説である。現在でも外すことのできないレパートリーとなっており，世界中で上演されている。　③　マリウス・プティパは，ロシアのバレエ・ダンサーであり振付師としても活躍した。「眠れる森の美女」や「白鳥の湖」など数々のバレエ作品に振付をし，それらは現在でもクラシック・バレエの模範とされている。④「春の祭典」は，ストラヴィンスキーによって1913年に作曲されたバレエ音楽である。原始主義とも呼ばれる，大胆な不協和音や，強烈なリズムは，バレエ音楽のみならず，その後の20世紀の音楽に大きな影響をもたらした。この作品はニジンスキーによって振付された。

2019年度　実施問題

【中高共通】

【1】この楽譜について，下の1から7の問いに答えよ。

1　①，②，⑥の音楽用語の意味を答えよ。

2　③，④間の音程とその転回音程を答えよ。

3　⑤の和音をコードネームで記せ。

4　⑦のドイツ音名を答えよ。

5　⑦の音を第2音とする長調の音階を調号を用いて高音部譜表に記せ。

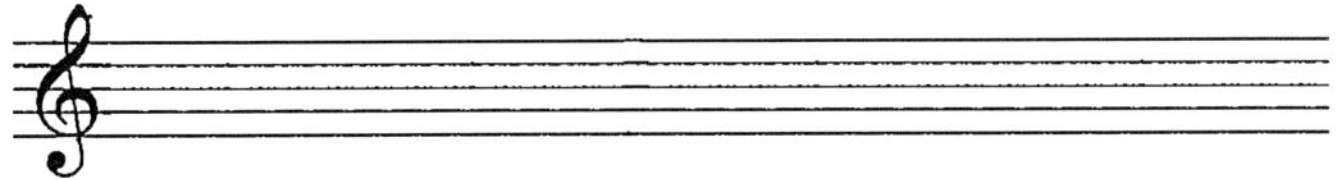

6　⑧の音を下属音とする長調の同主調を答えよ。

7　⑨の音楽用語を省略せずに書け。

(☆☆☆◎◎◎◎◎)

【2】次のⅠからⅣの文章は，それぞれある弦楽器について述べたものである。下の1から5の問いに答えよ。

Ⅰ　主として$_A$ハワイ音楽の演奏に用いられる。ギターに似ていて弦は4本のものが多い。和音演奏が主で，独奏よりも伴奏楽器として使用されることが多い。

Ⅱ　$_B$タンブーラに似ていて，北インドの最も一般的な旋律楽器。胴と棹は木製で，共鳴のふくべを持つものもある。棹には指板がついていて，真鍮あるいは銀製の可動のフレットが20程度ある。

Ⅲ　「南胡」とも呼ばれる$_C$中国の楽器。広義の胡琴の一種。円筒，八角筒，六角筒などの胴に棹を差し込み，一般的に長さは80cm程度。絹の二弦の間に馬尾の弓をはさんで擦奏する。

Ⅳ　$_D$沖縄および奄美地方で用いられる。四角い胴に棹を差し込んだ楽器で，胴には蛇皮が張られ，弦は3本。奏者は右手人差指に義甲をはめたり，撥(ばち)を持ったりして弦を弾く。

1　ⅠからⅣの楽器名を，次のアからクのうちからそれぞれ一つ選び，記号で答えよ。

ア　シタール　　イ　三線　　ウ　京胡　　エ　ウード

オ　マンドリン　　カ　ウクレレ　　キ　二胡　　ク　三弦

2　下線部Aにあてはまる楽曲を，次のアからエのうちから一つ選び，記号で答えよ。

ア　マライカ　　イ　ホルディリディア　　ウ　ブンガワン・ソロ

エ　アロハ・オエ

3　下線部Bは，旋律の基本となる一定の音高を鳴らし続ける役割を持つ。この持続音を何というか。

4　下線部Cを舞台にした，プッチーニ作曲の歌劇を答えよ。

5　下線部Dで見られる琉球音階を，あとのアからエのうちから一つ選び，記号で答えよ。

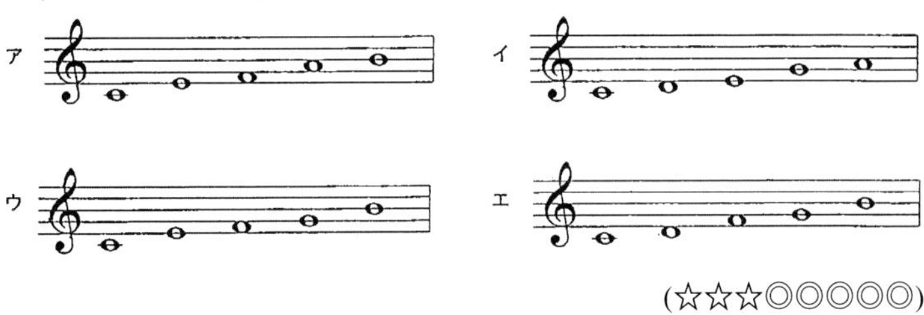

(☆☆☆◎◎◎◎◎)

【3】次の楽譜は「六段の調」の一部である。この曲について下の1，2，3の問いに答えよ。

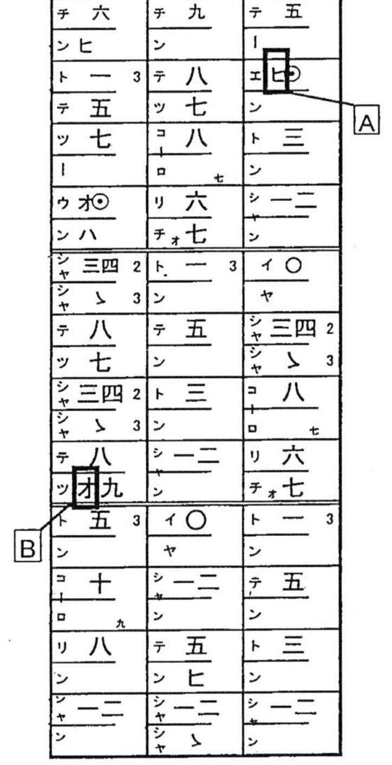

1　一般的に，この曲を作曲したとされている箏曲家名を答えよ。

2　この曲の調子を答えよ。また，その調子を高音部譜表に記せ。ただし，一の弦をホにした場合とする。

3　次の文章は，この楽曲についての説明である。[　①　]，[　②　]，[　③　]にあてはまる最も適切な語を，下のアからカのうちからそれぞれ一つ選び，記号で答えよ。

この曲は，箏曲の[　①　]と呼ばれている代表的な曲である。六つの段からなり，初段のみ108拍ある。他の段は同じ104拍となっている。初段はゆっくりと始まり徐々に速度が増していき，六段の最後の部分で速度が緩やかになり曲が終わる。このような速度の変化を序破急という。箏の奏法には，右手で弾くだけではなく，左手を用いて音の高さや余韻を変化させる方法がいくつかある。A の奏法は[　②　]という奏法で，左手で弦をつまみ柱の方へ引き音高をわずかに下げることである。また，B の奏法は[　③　]という奏法で，左手で弦を押し音高を上げることである。

ア　段物　　イ　箏組歌　　ウ　押し手　　エ　引き色
オ　引き連　　カ　押合せ

(☆☆☆◎◎◎◎◎)

【4】次の1から5の文章は，ある作品について説明したものである。あとのアからコのうちから最も適切なものをそれぞれ一つ選び，記号で答えよ。

1　岩手県生まれの歌人，石川啄木の歌集『一握の砂』の中の1首に越谷達之助が曲をつけたもの。昭和13年発表の歌曲集『啄木によせて歌える』の第1曲で，4分の5拍子，4分の4拍子，4分の3拍子，4分の4拍子，4分の5拍子と拍子が変化する。

2　フォーレ作曲の歌曲集『3つの歌』作品7の第1曲。この曲の歌詞は，イタリアのトスカーナ地方に古くから伝わる詩を，フランスの詩人ロマン・ビュシーヌがフランス語に訳したものである。ヴァイオリンやチェロで演奏されることも多い。

3　1990年に公開された映画の主題歌。戦時下における疎開先の友人との友情や葛藤が描かれている。ロングセラーのヒット曲となり，多くのアーティストによって歌われている。

4　ドイツ生まれのフランスの作曲家オッフェンバックの2幕のオペレッタ。ギリシア神話のオルフェウスとエウリュディケの物語のパロディで，第二帝政期のフランス社会を風刺した台本に軽妙快活な音楽がつけられている。フィナーレを飾るフレンチ・カンカンが有名である。

5　尺八2本が掛け合いで演奏する「吹合わせ」という形式でできている。普化宗の時代から伝承されている古典本曲の一つである。

ア　軽騎兵　　イ　鹿の遠音　　ウ　天国と地獄
エ　シシリエンヌ　　オ　みだれ　　カ　夢の中へ
キ　平城山　　ク　少年時代　　ケ　初恋
コ　夢のあとに

(☆☆☆◎◎◎◎)

【中学校】

【1】次の曲について，下の1から5の問いに答えよ。

1　曲名を答えよ。

2　楽譜中の空欄にあてはまる正しい旋律を書き入れよ。

3　Aの旋律をF管のホルンで演奏するときの楽譜に書き換えよ。ただし，調号を用いることとする。

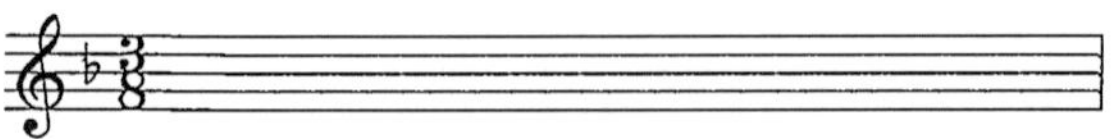

4　Bの音をバロック式アルトリコーダーで演奏するとき，運指はどのようになるか。閉じる穴を黒く塗れ。

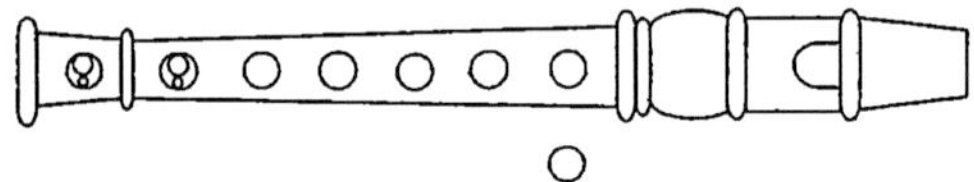

5　次の文章は，この楽曲についての説明である。下の(1)，(2)の問いに答えよ。

この曲は，イタリアのナポリで開かれた[　①　]の歌祭りで発表された。[　①　]とは，イタリア語で「歌」という意味であるが，イタリアのポピュラー・ソングを幅広く指して使われており，代表的な[　①　]として，この曲の他に「オ　ソレ　ミーオ」などがある。また，[　①　]と同じように，フランスのポピュラー・ソングは，[　②　]と呼ばれ，代表曲として「おお　シャンゼリゼ」などがある。

(1)　[　①　]，[　②　]にあてはまる最も適切な語を，次のアからエのうちからそれぞれ一つ選び，記号で答えよ。

ア　カンツォーネ　　イ　シャンソン　　ウ　リート

エ　アリア

(2)　下線部の場所を，次の地図中のアからエのうちから一つ選び，記号で答えよ。

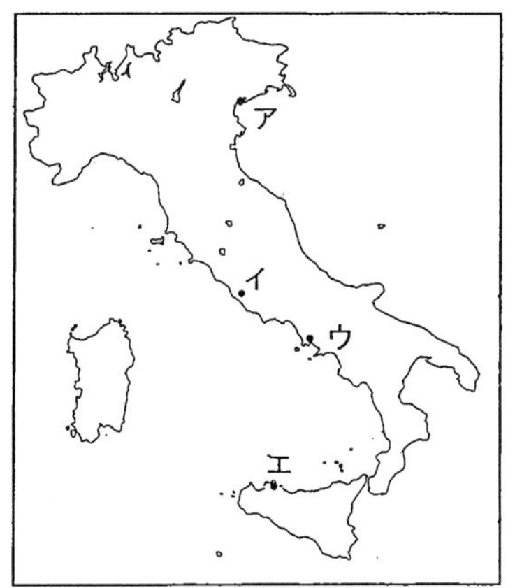

(☆☆☆◎◎◎◎◎)

【2】次のⅠからⅣは，ある交響組曲の一部分である。この楽曲について，下の1，2，3の問いに答えよ。

1　曲名と作曲者名を答えよ。

2　次の文章は，この楽曲についての説明である。[　①　]から[　⑤　]にあてはまる最も適切な語を，あとのアからコのうちからそれぞれ一つ選び，記号で答えよ。

　この楽曲は，[　①　]の中のエピソードを集めて作曲された交響組曲であり，[　②　]の楽章からなる。上のⅠからⅣの楽譜の旋律は，交響組曲の中の[　③　]に現れる主な旋律である。Ⅰの旋律は，[　①　]の中の語り手を象徴する主題として現れ，[　④　]の独奏で演奏される。この旋律は，[　③　]だけでなく，他の全ての楽章に現れる。Ⅱの旋律は，最初に[　⑤　]で演奏され，オーボエ，ヴァイオリン等で少しずつ変化しながら演奏される。Ⅲの旋律は，トロンボーンとトランペットで演奏される。Ⅳの旋律は，最初にクラリネットで演奏され，その後，様々な楽器の独奏で次々と変化していく。

ア　5つ　　イ　ラーマヤナ　　ウ　チェロ
エ　第2楽章　　オ　千夜一夜物語　　カ　ヴァイオリン
キ　第4楽章　　ク　4つ　　ケ　ファゴット
コ　クラリネット

3　この作曲者はムソルグスキーの作品を編曲している。その作品を，次のアからエのうちから一つ選び，記号で答えよ。

ア　熊蜂の飛行　　イ　イーゴリ公　　ウ　ピーターと狼
エ　はげ山の一夜

(☆☆☆◎◎◎◎◎)

【高等学校】

【1】次の楽譜は，ドイツ・ロマン派のある作曲家が，ドイツの詩人ハイネの詩を用いて作曲した全16曲からなる歌曲集の第1曲「Im wunderschönen Monat Mai(美しい五月)」の一部分である。この楽譜について，下の1から5の問いに答えよ。

1　この曲が含まれる歌曲集名と作曲者名を答えよ。

2　この楽譜の[A]にあてはまる音楽用語を，次のアからエのうちから一つ選び，記号で答えよ。

ア　Mäßig　　イ　Lieblich　　ウ　Schnell　　エ　Langsam,zart

3　楽譜中のBの部分にあてはまる正しい旋律を書き入れよ。

4　ハイネの詩に作曲された作品を，次のアからエのうちから一つ選び，記号で答えよ。

ア　Auf Flügeln des Gesanges(歌の翼に)〔メンデルスゾーン〕

イ　Heidenröslein(野ばら)〔シューベルト〕

ウ　Sehnsucht nach dem Frühlinge(春への憧れ)〔モーツァルト〕

エ　Ich liebe dich(君を愛す)〔ベートーヴェン〕

5　この曲のような古典派以降のピアノ伴奏付きのドイツ歌曲のことを何というか。

(☆☆☆◎◎◎◎◎)

【2】次の文章は，ピアノについて述べたものである。下の1から4の問いに答えよ。

ピアノは，弦を[　①　]で叩くことによって音を出す鍵盤楽器の一種である。鍵盤を押すと，連動した[　①　]が対応する弦を叩き，音が出る。音の持続と強弱を調整する2～3本のペダルがついている。現在の標準的なピアノで[　②　]鍵と音域が非常に広く，オーケストラにも匹敵する。広い音域と豊かな表現力で，独奏や伴奏だけでなく教育現場などでも幅広く活躍する楽器である。クラシック音楽のみならず，ジャズやポピュラー音楽など様々なジャンルで重用されている。

1　[　①　]にあてはまる最も適切な語を答えよ。

2　[　②　]にあてはまる最も適切な数字を，次のアからエのうちから一つ選び，記号で答えよ。

ア　97　　イ　88　　ウ　68　　エ　61

3　ピアノとは発音機構が異なり，鍵盤を押すとそれに連動した爪が動き，弦をはじくことで音が出る鍵盤楽器を，次のアからエのうちから一つ選び，記号で答えよ。

ア　チェンバロ　　イ　オルガン　　ウ　クラヴィコード

エ　ダルシマー

4　次の楽譜のAの部分をピアノで伴奏するときに，コードに基づいて弾く音を，アルペジオの形で低音部譜表に記せ。

(☆☆☆◎◎◎◎)

【3】次のⅠ，Ⅱの楽譜は，それぞれドビュッシーのある楽曲の一部分である。下の1から4の問いに答えよ。

1　Ⅰは，文学にも造詣の深かったドビュッシーがフランス象徴派の詩人マラルメの詩から受けた印象を音楽にしたものである。

(1)　曲名を答えよ。

(2)　この旋律を演奏する楽器名を答えよ。

2　Ⅱは，『前奏曲集第1巻』の第2曲「ヴェール(帆)」の冒頭である。

(1)　この部分に使われている音階の名称を，次のアからエのうちから一つ選び，記号で答えよ。

ア　十二音音階　　イ　全音音階　　ウ　五音音階
エ　短音階

(2)　この曲と同じ『前奏曲集第1巻』に含まれる作品を，次のアからエのうちから一つ選び，記号で答えよ。

ア　喜びの島　　イ　月の光　　ウ　亜麻色の髪の乙女
エ　ゴリウォッグのケークウォーク

3　象徴派の詩人メーテルリンクの戯曲に基づいて創作された，ドビュッシーの歌劇の作品名を答えよ。

4　ドビュッシーが1905年に作曲した「三つの交響的素描『海』」は，

三つの楽章を通して海の様々な姿を描いた管弦楽作品であるが，初版の楽譜の表紙には，葛飾北斎の「富嶽三十六景」に似た波の絵が使われており，浮世絵の流行の影響を見ることができる。このように，当時のヨーロッパで見られた日本趣味を指す語を答えよ。

(☆☆☆◎◎◎◎◎)

解答・解説

【中高共通】

【1】1　①　同じ速さで演奏する　　②　たわむれるように，軽快に　⑥　次第に速く　　2　減4度　　転回音程…増5度　　3　Bm
4　As
5

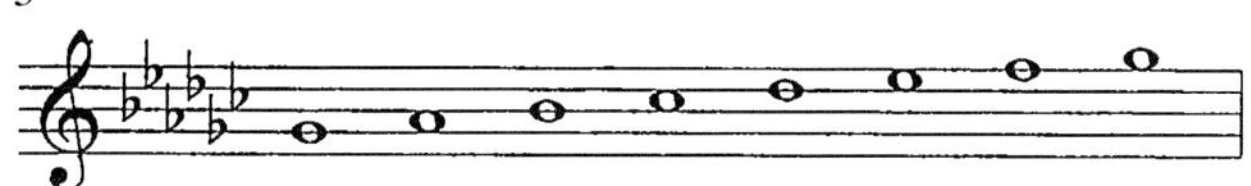

6　へ短調　または　f moll　　7　ritardando

〈解説〉提示したピアノ譜の中から音楽用語，音程，コードネームなど楽典の基本的な問題が出題されている。　1　①　L'istesso tempoは，曲の途中で1拍の単位になる音符が変更になった場合，1拍の長さを前と同じにしたいときに用いられる。　②　読み方はスケルツァンドで，曲想を表す用語。　⑥　読み方はストリンジェンドで，速度を表す用語。　2　C#とFの音程は減4度である。回転音程は，9－4で5度を導き出し，減を増に変え増5度となる。　3　コードネームを導き出すためには，まず，構成音を書き出す。BDF#でBmのコードになる。
4　ドイツ音名は「As」である。ちなみに，日本音名「ハニホヘトイロ」に該当するドイツ音名は「CDEFGAH」となる。⑦の場合は♭が付くので「As」になる。　5　⑦の音が第2音(As)Ges　durの音階を書くことになる(♭6つになる)。　6　Bが下属音ということは，4度下げるとその主調になり，F durになる。その同主調はfmoll (ヘ短調)である。
7「rit.」の正式な用語は，「ritardando」になる。

【2】1　Ⅰ　カ　Ⅱ　ア　Ⅲ　キ　Ⅳ　イ　2　エ　3　ドローン　4　トゥーランドット　5　ウ

〈解説〉民族楽器や音楽に関して，様々な視点から受験生の幅広い知識を問ように構成された問題である。　1　国や地域とそれぞれの代表的な楽器について理解していれば，比較的簡単な問題。Ⅰはハワイからウクレレ，Ⅱは北インドからシタール，Ⅲは中国から二胡，Ⅳは沖縄・奄美地方から三線である。その他で，京胡，三弦は「二胡」と同じ中国の楽器だが，Ⅲの説明内容には当てはまらない。京胡は京劇で用いられる楽器。ウードはネックの先が反った中近東の楽器。マンドリンはイタリアが発祥の楽器。　2　ハワイの歌は「アロハ・オエ」である。マライカはケニア，ホルディィリディアはスイス，ブンガワン・ソロはインドネシアの国を代表する歌である。　3　シタールの他にバッグパイプなどにもこの種の持続音を出す機能が付いて，音色の変化を創り出している。　4　テノールのアリアで有名な「誰も寝てはならぬ」が入っているオペラ「トゥーランドット」である。
5　琉球音階(沖縄音階)の五音階は「ドミファソシド」である。他に日本の音階としては，都節音階，律音階，民謡音階などがあるので覚えておくこと。

【3】1　八橋検校
2　平調子

3　①　ア　②　エ　③　ウ

〈解説〉過去に，「歌舞伎」，「雅楽」，「能楽」，「仏教音楽」，「文楽」と日

本の伝統音楽についての出題が続いており，これからも和楽器(三味線，尺八，篠笛，和太鼓等)についての出題が予測される。「六段の調」で押さえておきたいことは，作曲者の「八橋検校」，この曲の調弦の「平調子」，「箏の基本的な奏法」，「曲の構成(序破急)」などである。特に「平調子」は，十三弦の音名と糸(弦)の名称は書けるようにしておくことが必要である。また，「縦書き譜」の読み取りも学習しておくこと。奏法と記号だが，「オ」(強押し)，「ヲ」(弱押し)，「ｵ」(後押し)，「ス」(スクイ爪)，「ヒ」(引き色)，「ツ」(突き色)などがある。また，唱歌で表す技法として「シャン」(掻き爪)，「シャシャ」(割り爪)などもある。

【4】1 ケ　2 コ　3 ク　4 ウ　5 イ

〈解説〉比較的幅広い知識が必要される問題であるが，中には高等学校の教科書等で，目に触れる楽曲もあるので，それらを頼りにして選択を絞っていく。それぞれの説明文のキーワード挙げていく。 1 『一握の砂』「石川啄木」「越谷達之助」→「初恋」 2 「フォーレ」『3つの歌』「作品7の第1曲」，「ヴァイオリン(チェロ)で演奏」→「夢のあとに」 3 「映画の主題歌」「疎開先の友人との友情」「ロングセラーのヒット曲」→「少年時代」 4 「オッフェンバック」「オペレッタ」「フレンチ・カンカン」→「天国と地獄」 5 「尺八2本」「吹合わせ」「古典本曲」→「鹿の遠音」となる。その他の選択肢だが，アの「軽騎兵」はスッペ作曲。エの「シシリエンヌ」はフォーレの，チェロとピアノのために書いた曲。オの箏曲「みだれ(乱輪舌)」の作曲は八橋検校。カの「夢の中へ」は井上陽水作詞・作曲。キの「平城山(ならやま)」は北見志保子作詞，平井康三郎作曲である。

【中学校】

【1】1　サンタ　ルチア

5　(1)　①　ア　　②　イ　　(2)　ウ

〈解説〉1　教科書に掲載されている歌唱教材の譜例を提示して，そこから，様々な問題が出されている。過去2年間の教材を挙げると，「花の街」，「花」，そして本年は「サンタ　ルチア」である。　2　旋律の書き込みについて迷わず正しく解答できるには，普段から教科書に出ている曲を歌っていることが必要である。特に，階名唱でも歌っていると，このような問題への対策になる。　3　F管のホルンの楽譜への書き換えである。F管の記譜音を求める場合は完全5度上げて記譜をしなくてはならない。「花の街」をB♭管のトランペットに移調する，「花」をE♭管のアルト・サクソフォーンに移調するといった出題があるので，学習しておくこと。　4　「シ♭」のアルトリコーダーの運指は，後ろ指穴をサミングにして，12346の指穴を塗る。　5　(1)　ポピュラー・ソングの名称では，特に，イタリアのカンツォーネ，フランスのシャンソンは重要なので内容も理解しおくことが重要である。
(2)　アはベネチア，イはローマ，エはパレルモである。

【2】1　曲名…交響組曲「シェエラザード」　　作曲者名…リムスキー・コルサコフ　　2　①　オ　　②　ク　　③　エ　　④　カ

⑤　ケ　　3　エ

〈解説〉ここで提示された譜例は，交響組曲「シェエラザード」から第2楽章の部分である。管弦楽の楽曲について知識を増やすためには，まず，中学校，高等学校の教科書の内容を知ることから始めることを勧める。　2　タイトルの「シェエラザード」と「千夜一夜物語」の内容とその中に現れる主要な旋律の理解が必要な問題である。　3　「はげ山の一夜」は，未完成に終わっていた楽曲をムソルグスキーの死後，リムスキー・コルサコフによって補筆され初めて完成作品になった。また，リムスキー・コルサコフによって演奏会で演奏もされた。他の選択肢の楽曲の作曲者は，アはリムスキー・コルサコフ，イはボロディン，ウはプロコフィエフである。

【高等学校】

【1】1　歌曲集名…詩人の恋　　作曲者名…シューマン　　2　エ

3

4　ア　　5　リート

〈解説〉1　この曲はハイネの詩による連作歌曲集「詩人の恋」の第1曲目で，作曲者はシューマンである。　2　空欄Aにあてはまる音楽用語は，「Langsam,　zart」で，その意味は「ゆっくりと，優しく」である。その他の楽語の意味は，アは，中ぐらいの速さで，イは，愛らしく，ウは，速く。　3　高等学校の教科書には，この曲を始めイタリア歌曲，フランス歌曲，ドイツ歌曲の有名な作品が多く掲載されているので，どの曲も歌えるようにしておくことが，旋律の穴埋めにも役に立つ。　4　イはゲーテ，ウはオーヴァベック，エはヘロゼーである。

【2】1　ハンマー　　2　イ　　3　ア

4

〈解説〉3　問題文中で，鍵盤を押すとそれに連動した爪が動き，弦をはじくことで音が出る，というところが大切な部分である。チェンバロはジャックに付けられた爪を引っかいて音を出す，オルガンは空気の振動で音を出す，ダルシマーは弦を叩いて音を出す。　4　この楽曲は「涙そうそう」である。アルペジオの形で伴奏する指示があるので，それぞれのコードの構成音を基本にして，16分音符で奏でるよう記すとよい。

【3】1　(1)　牧神の午後への前奏曲　(2)　フルート　2　(1)　イ　(2)　ウ　3　ペレアスとメリザンド　4　ジャポニスム

〈解説〉1　楽譜Ⅰは高等学校の教科書にも掲載されている「牧神の午後への前奏曲」である。演奏している楽器はフルート。午後の牧場でなごやかに過ごしている様子を表しているような旋律である。　2　楽譜Ⅱは「ピアノ前奏曲集　第1巻」に含まれている「ヴェール(帆)」という楽曲である。ドビュッシーの作品は印象主義の音楽と呼ばれているが，この言葉は絵画からきている。音楽的には教会旋法や全音音階などを用いて，今までになかった多彩な音色や響きで作品をつくった。(1)　楽譜Ⅱの各音の関係を調べると，全て全音の関係になっている。つまり，全音音階でこの作品は作曲されている。　(2)　「前奏曲集第1巻」は12曲で構成されている。その中の第8曲目が「亜麻色の髪の乙女」である。その他によく知られた曲として第10曲目の「沈める寺」が入っている。その他，アはピアノ独奏曲，イがベルガマスク組曲第3曲，エがピアノのための組曲「子供の領分」である。　3　ドビュッシーが唯一完成させた歌劇が「ペレアスとメリザンド」である。
4　印象主義のフランスの画家たちが日本の浮世絵から日本趣味の影響を受け，新たな発想で絵画を制作した。それが音楽にも影響をもたらしていったのである。

2018年度　実施問題

【中高共通】

【1】次のⅠ，Ⅱ，Ⅲは交響詩「ローマの松」の一部分である。この楽譜について，あとの1から8の問いに答えよ。

1　①，②，③の音楽用語の意味を答えよ。

2　④の意味する弦楽器の奏法として正しいものを次のアからエのうちから一つ選び，記号で答えよ。

ア 「木で」の意。弓の毛の部分ではなく木部で弦をたたいて(あるいはこすって)演奏すること。

イ　1音ごとに弓を返して演奏すること。

ウ　弓を使わずに指で弦をはじいて演奏すること。

エ　弓をはずませながら，弓の中央部分を使って，急速に歯切れよく演奏すること。

3　⑤のドイツ音名を答えよ。

4　⑥の実音を根音とする減3和音の第1転回形を高音部譜表に記せ。

5　⑦の2音間の音程と振動数の比の組み合わせとして，正しいものを次のアからエのうちから一つ選び，記号で答えよ。

ア　完全5度　1：2

イ　完全5度　2：3

ウ　増5度　1：2

エ　増5度　2：3

6　⑧の実音を第3音とする短調の旋律的短音階を，臨時記号を用いて高音部譜表に記せ。

7　⑧の実音を主音とする長調の属調と平行調を答えよ。

8　Ⅲの旋律を完全5度下に移調し，臨時記号を用いて高音部譜表に記せ。

(☆☆☆◎◎◎)

【2】次の文は，中世及びルネサンス時代の音楽について述べたものである。あとの1から5の問いに答えよ。

中世は教会音楽の時代である。キリスト教が広まるにつれ，教会で礼拝のために聖歌が歌われるようになった。[　①　]は，無伴奏・単旋律によって歌われる，ローマ・カトリック教会のラテン語による聖歌である。言葉の抑揚に合わせた自由なリズムと現在の長調や短調といった調性が確立する以前に用いられていた[　②　]によって作られ，[　③　]という記号を用いて記譜されている。やがて[　①　]の一部を定旋律として，新たな声部を付け加えて歌う最も初期の多声音楽[　④　]が誕生し，13世紀頃にパリのノートルダム大聖堂で活躍した音楽家たちによって発展させられた。また，トルバドゥールやトルヴェールといった吟遊詩人による多くの世俗歌曲が生まれ，ヨーロッパ各地に広まっていった。

ルネサンス時代には，合唱音楽が最盛期を迎える。中世の[　④　]から発展してきた多声音楽は，声部数が増え各声部が独立するなどし，音楽がより豊かな響きになった。フランドル楽派を代表する作曲家[　⑤　]が，ミサ曲やモテットにおいて，各声部が互いに模倣しながら楽曲を展開する[　⑥　]を完成させた。

1 [　①　]から[　④　]にあてはまる最も適切な語句を次のアからクのうちからそれぞれ一つ選び，記号で答えよ。

ア　グレゴリオ聖歌　　イ　マドリガル　　ウ　オルガヌム
エ　コラール　　オ　タブラチュア　　カ　呂旋法
キ　教会旋法　　ク　ネウマ

2 [　⑤　]にあてはまる作曲家を次のアからエのうちから一人選び，記号で答えよ。

ア　パレストリーナ　　イ　マショー　　ウ　ラッソ
エ　ジョスカン・デプレ

3 [　⑥　]にあてはまる最も適切な語句を次のアからエのうちから一つ選び，記号で答えよ。

ア　多感様式　　イ　通模倣様式　　ウ　ギャラント様式
エ　モノディー様式

4 「礼拝堂風に」「教会風に」の意味を持ち，楽器の伴奏を伴わない合唱曲を指す語句を答えよ。

5 多声音楽をポリフォニーというが，単旋律の音楽を表す語句を答えよ。

(☆☆☆☆◎◎◎)

【3】次の文は，文楽に関する説明である。下の1，2の問いに答えよ。

文楽は，人形浄瑠璃ともよばれ，17世紀に[①]で成立した。文楽の音楽である[　A　]は，[②]と呼ばれる語り手と，三味線の奏者で演奏される。[②]は，人形の役により老若男女などさまざまな人物を声で表し演じ分ける。また，[②]が舞台上使う舞台用譜本を[③]といい，勘亭流のような字体で手書きで記されている。[　A　]に使う三味線は，[　B　]という種類の三味線を用いる。音の響きと余韻が特徴であり，情景描写や心理描写などさまざまなものを音にして表現する。

[　A　]の曲は，時代物と[④]に分けられる。時代物は，江戸時代より古い時代を舞台に武士や公家の生活を描いた作品であり，[④]は，江戸時代の町民の生活を描いた作品である。

1 [①]から[④]にあてはまる最も適切な語句を，次のアからシのうちからそれぞれ一つ選び，記号で答えよ。

ア　小十郎譜	イ　江戸	ウ　床本	エ　謡本
オ　詩吟	カ　丸本物	キ　京都	ク　祝言物
ケ　太夫	コ　世話物	サ　大阪	シ　地謡

2 [　A　]と[　B　]にあてはまる最も適切な語句を答えよ。

(☆☆◎◎◎)

【4】次の①から⑤の楽譜は，ある楽曲の一部分である。最も関係のあるものをあとのアからコのうちからそれぞれ一つ選び，記号で答えよ。

ア　軍隊行きを命じられたケルビーノをフィガロが，からかい励ます歌。

イ　映画「ピノキオ」の主題歌。

ウ　中村八大によって作曲された。海外では「SUKIYAKI」のタイトルで知られている。

エ　タンゴの革命児と呼ばれたピアソラによって作曲された。

オ　イングランド民謡で，自分の元を去って行った「緑の袖の女性」への追想を歌う。

カ　映画「モダンタイムス」のラストシーンで流れる曲。

キ　アメリカの民謡で，カンザス州の州歌。

ク　混声合唱と管弦楽のためのカンタータ「土の歌」の終曲。

ケ　夜の女王の復讐心の苛烈さを歌ったアリア。

コ　2008年のNHK全国学校音楽コンクールの課題曲として作曲された。

(☆☆◎◎◎)

【中学校】

【1】次の楽曲について，下の1から4の問いに答えよ。

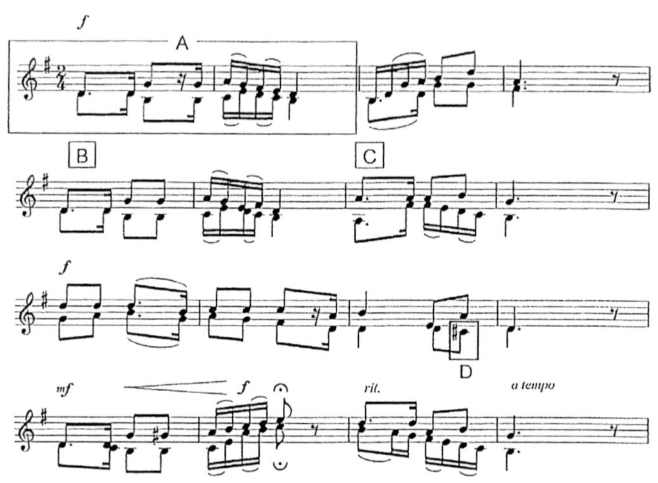

1　次の文は，この楽曲についての説明である。[①]，[②]，[③]にあてはまる最も適切な語句を下のアからケのうちからそれぞれ一つ選び，記号で答えよ。

　この曲は，1900(明治33)年に[①]の詩をもとに[②]によって作曲された。この曲は，組歌「四季」の第1曲「[③]」である。この組歌には他にも「納涼」「月」「雪」が含まれ，全4曲で構成されており，作詞者や演奏形態などがそれぞれの曲により異なる。

ア　岡野貞一　　イ　早春賦　　ウ　山田耕筰　　エ　滝廉太郎
オ　三木露風　　カ　花　　　　キ　林古溪　　　ク　春
ケ　武島羽衣

2　Aの旋律を，アルト・サクソフォーンの二重奏で演奏するときの楽譜に書き換えよ。ただし，調号を用いることとする。

3　[B]，[C]に入る適切な強弱記号を書け。

4　Dの音をバロック式アルトリコーダーで演奏するとき，運指はどのようになるか。閉じる穴を黒く塗れ。

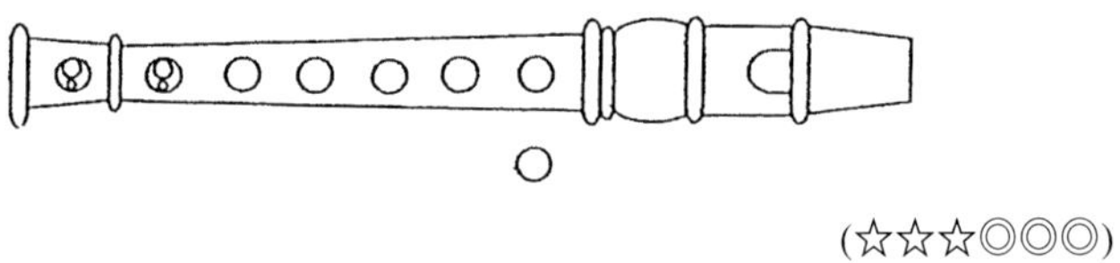

(☆☆☆◎◎◎)

【2】次の楽譜は，ある協奏曲の一部である。この楽曲について，下の1から4の問いに答えよ。

1　曲名を答えよ。

2　作曲者名を答えよ。

3　次の文は，この楽曲についての説明である。[　①　]から[　⑤　]にあてはまる最も適切な語句をあとのアからシのうちからそれぞれ一つ選び，記号で答えよ。

この楽曲の曲名には，[　①　]の首都近郊の地名が用いられている。[　②　]を独奏楽器とした協奏曲で，[　③　]つの楽章から成る。この楽譜は，第[　④　]楽章の冒頭部分であり，イングリッシュホルンで印象的な主題が演奏される。曲の終盤では，独奏者が伴奏なしで華やかに技巧を示す[　⑤　]がある。

ア　アゴーギク　　イ　2　　ウ　ブラジル
エ　ギター　　オ　即興　　カ　カデンツァ
キ　3　　ク　ピアノ　　ケ　イタリア
コ　ヴァイオリン　　サ　スペイン　　シ　4

4　※の和音をコードネームで答えよ。

(☆☆☆◎◎◎)

【高等学校】

【1】次の楽譜は，ある民謡の一部分である。下の1から5の問いに答えよ。

1　曲名を答えよ。

2　この民謡にも用いられている，歌の調子を整えたり，歌をひきたてたりするために歌詞に添えられる掛け声の部分を何というか。

3　この民謡は仕事歌の一つであるが，どのような作業の時に歌われていたか，簡潔に書け。

4　歌詞の音節を長く延ばして歌う場合に，長く延ばされる母音部分を何というか。次のアからエのうちから一つ選び，記号で答えよ。

ア　連吟　　イ　コブシ　　ウ　ユリ　　エ　産字

5　①民謡の名称と②その民謡と最も関係が深い県の組み合わせとして正しくないものを，次のアからエのうちから一つ選び，記号で答えよ。

ア　①よさこい節　－　②香川県
イ　①斎太郎節　－　②宮城県
ウ　①安来節　－　②島根県

エ　①郡上節　　－　②岐阜県

(☆☆☆◎◎◎)

【2】ギターについて，次の1から4の問いに答えよ。

1　ギターは次のうちどれに分類されるか。次のアからエのうちから一つ選び，記号で答えよ。

ア　ツィター属　　イ　リラ属　　ウ　リュート属

エ　ハープ属

2　次のタブ譜を調号を用いずに五線譜に書き換えよ。ただし，チューニングは低音側からE-A-D-G-B-Eとする。

3　移調して演奏するために用いる演奏補助器具で，ギターのフレットに装着して使用するものは何か。

4　ギターを独奏楽器とし，1939年にロドリーゴによって作曲された協奏曲名を答えよ。

(☆☆☆☆◎◎◎)

【3】次の文は，ミュージカルについて述べたものである。あとの1から4の問いに答えよ。

ミュージカルは，19世紀後半のアメリカで，ヨーロッパ由来のオペレッタなどから発展し，歌とせりふ，ダンスなど，様々な表現要素を含んだエンターテイメントの一つとして世界中で愛されている。

[　①　]のブロードウェイで上演されるミュージカルのほか，映画の都ハリウッドからは「虹の彼方へ」で知られる「オズの魔法使い」や「チム・チム・チェリー」で知られる「[　②　]」など，数々のミュージカル映画が生まれている。また，A「ウエスト・サイド物語」やB「サウンド・オブ・ミュージック」など，ブロードウェイ・ミュ

ージカルが映画化されヒットした例も多い。

1　[　①　]にあてはまる都市を答えよ。

2　[　②　]にあてはまる作品はどれか。次のアからエのうちから一つ選び，記号で答えよ。

ア　マイ・フェア・レディ　　イ　メリー・ポピンズ

ウ　オペラ座の怪人　　　　　エ　美女と野獣

3　次の楽譜は下線部Aの中の曲である。

(1)　曲名を答えよ。

(2)　作曲者名を答えよ。

(3)　下線部Aの元になっているシェイクスピアの作品はどれか。次のアからエのうちから一つ選び，記号で答えよ。

ア　ロミオとジュリエット　　イ　夏の夜の夢

ウ　ハムレット　　　　　　　エ　お気に召すまま

4　下線部Bに含まれる旋律を，次のアからエのうちから一つ選び，記号で答えよ。

ア

イ

ウ

エ

(☆☆☆◎◎◎)

解答・解説

【中高共通】

【1】1　①　行進曲の速さで，行進曲風に　②　しだいに消えるように　③　弱音器なしで　2　ウ　3　H

4

5　イ

6

7　属調…変ロ長調(B dur)　平行調…ハ短調(c moll)

8

〈解説〉1　①「marcia」は伊語で「行進曲」の意味である。②「perdendosi」はdecrescendo＋ritardandoの意味で速さと強さの変化を表す記号である。③「senza sordino」の略である。伊語で「senza」は「～なしで」，「sordino」は「弱音器」の意味。　2「pizz」は「pizzicato」の略語である。アは「col legno」，イは「detache」，エは「spiccato」の説明である。　3　ロ音なのでドイツ語音名H(ハー)となる。B(ベー)としないよう注意したい。　4　楽譜よりクラリネットB♭管の音なので，実音は記譜音より長2度低いロ音となる。これを根音として短3度と減5度をもつ減3和音は，ロ・ニ・ヘ音となる。第1転回形では第3音を最低音にするから，ニ音を最低音とする。　5　楽譜よりヘ音とハ音は完全5度音程と判断する。振動数の比1：2になるのは完全8度音程であるから，アは誤りでイが正しい。　6　楽譜よりF管

ホルンの音なので，実音は記譜音より完全5度低い変ホ音となる。これを第3音とする旋律的短音階はハ音を主音とする短音階になる。旋律的短音階では上行形は第6と7音を半音上げるが，下行形は自然短音階になる。　7　第6問より実音は変ホ音なので属調は変ホ長調の完全5度上，平行調は変ホ長調の短3度下の調になる。　8　楽譜より原調はト長調だから，完全5度下のハ長調に移調して記譜する。臨時記号音は原調において上がっているものは同じようにシャープで上げ，下がっているものはフラットをつけて下げる。

【2】1　①　ア　②　キ　③　ク　④　ウ　2　エ　3　イ
4　ア・カペラ　5　モノフォニー

〈解説〉1　①　選択肢の内，聖歌はアとエである。エはドイツ・プロテスタント，特にルター派教会の讃美歌でラテン語に代わりドイツ語で書かれたものだから誤り。　②　選択肢の内，旋法はカとキである。17世紀ごろにヨーロッパで確立された長調と短調の音楽より以前は教会旋法を多くもちいていた。カは日本の伝統音楽の音階だから誤り。
③　選択肢の内，記譜法に関する用語はオとクである。ネウマはグレゴリオ聖歌において，四線譜や五線譜が成立する以前に用いられていた楽譜記号で，旋律の上下の動きを表す。オは楽器固有の奏法を文字や数字，記号であらわすものだから誤り。　④　選択肢の内，多声音楽はイとウである。オルガヌムとは中世西洋音楽において，最初にハーモニーを伴った音楽。イはルネサンス期にイタリアで栄えた，リトルネロをもつ牧歌的叙情短詩で2～3声の多声声楽曲のため誤り。
2　エのジョスカン・デプレはルネサンス期に活躍した作曲家・声楽家で，ミサ曲などの宗教曲やシャンソンなどの世俗曲を多く生み出した。特定の主題が各声部に展開する通模様様式を確立したことで有名である。アはルネサンス末期に活躍し，フランドル楽派とは違いポリフォニーで簡潔かつ精密な教会音楽を多数作曲した。代表曲は「教皇マルチェルスのミサ曲」など。イは中世西洋音楽の代表的な作曲家・詩人である。代表曲は「ノートルダム・ミサ曲」など。ウはフランド

ル楽派の作曲家で，モテット(カトリック教会の合唱音楽)の大家である。代表曲は「ダヴィデの改悛詩篇集」など。　3　アは18世紀なかばから1770年代にかけてのドイツを中心とする音楽様式で，率直で自然な感情表現を重んじ，突然の気分の変化が特徴的である。ウは18世紀，バロック音楽の複雑さから古典派音楽の明晰さへと向かう中で生まれたもので，軽快で優雅な様式である。エは16世紀終わりにフィレンツェ・ローマを中心に生まれた新しい独唱様式の音楽で，詩を朗唱風に歌い，それを和声的に支える伴奏を楽器で行うという形式。
4　伊語「a cappella」で，元々は礼拝堂で歌われる宗教曲の様式を指していたが，楽譜に無伴奏で書かれているものが多かったことから，無伴奏のイメージが強くなり現在のように宗教曲に限らず，無伴奏の歌唱全般を指すようになった。　5　古代ギリシャ語のmonos(単一の)とphone(音)の合成語である。

【3】1　①　サ　②　ケ　③　ウ　④　コ　2　A　義太夫節
B　太棹

〈解説〉1　①　17世紀後半に大阪で竹本義太夫が「義太夫節」を始めて人気になり，大阪の町人文化を背景に発達した。　②　「太夫」と三味線に，人形を操る「人形遣い」を加えて「三業」と呼ぶ。　③　客席の上手側に位置する張り出した舞台を「床」と呼ぶことから「床本」と呼ぶ。　④　文楽の演目は「時代物」「世話物」「景事」に分けられる。　2　A　創始者の竹本義太夫にちなみ義太夫節と呼ばれた。
B　三味線は細棹，中棹，太棹の3種類に分けられるが，一番太くて重く，駒やバチも大きい太棹が文楽で用いられる。

【4】①　エ　②　イ　③　コ　④　キ　⑤　ア

〈解説〉①　出題はアストル・ピアソラ(アルゼンチン)作曲の「リベルタンゴ」である。それまでの踊るタンゴとは異なり，ロックのテイストやアドリブを盛り込んだ自由な，音楽自体が主役となった聴くためのタンゴである。　②　出題はネッド・ワシントン作詞，リー・ハーライン作曲の「星に願いを」である。映画「ピノキオ」の主題歌としてコオロギのジミニー・クリケットが歌った。　③　出題はアンジェラ・アキ作詞作曲の「手紙～拝啓十五の君へ～」である。2008年NHK全国学校音楽コンクールにおいて中学生の部課題曲として作曲された。　④　出題はアメリカ民謡「Home on the Range」である。邦題は「峠の我が家」。　⑤　出題はモーツァルト作曲の歌劇「フィガロの結婚」より，第1幕の最後にフィガロによって歌われるアリアで「もう飛ぶまいぞこの蝶々」である。

【中学校】

【1】1　①　ケ　　②　エ　　③　カ

2

3　B　*mf*　　C　*p*

4

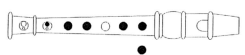

〈解説〉1　「花」は現行と同様，新中学校学習指導要領(平成29年3月告示)においても歌唱共通教材に挙げられている。歌唱共通教材の作詞者，作曲者，歌詞は頻出である。　2　アルト・サクソフォーンはE♭管なので記譜音は実音より長6度高くなる。よって調号は原調のト長調から長6度上のホ長調となり，各音を6度上げて記譜する。　3　楽譜より「花」の第3番の旋律と分かる。「花」は旋律や伴奏，強弱が日本語の抑揚に合わせて工夫がされていることが特徴的な楽曲である。

4　リコーダーの運指を答える問題では，バロック式・ジャーマン式の区別，ソプラノリコーダー・アルトリコーダーの区別に注意してミスがないようにしたい。

【2】1　アランフェス協奏曲　　2　ロドリーゴ　　3　①　サ
②　エ　　③　キ　　④　イ　　⑤　カ　　4　Bm

〈解説〉1，2　楽譜よりスペインの作曲家ホアキン・ロドリーゴによるクラシックギター協奏曲の「アランフェス協奏曲」の第2楽章と判断できる。　3　①スペイン内戦でスペイン各地が大きな被害を受けたことから，祖国と平和への思いを込め，その象徴として古都アランフェスを題材として取り上げた。　②　ギターの名曲として高い知名度があるが，ロドリーゴはピアニストであり，本人はギターを演奏していなかったといわれる。　③，④　3楽章からなる楽曲だが，哀愁をたたえた美しいメロディーから第2楽章が最もよく知られている。
⑤　奏法についての選択肢はアとカである。アは厳格なテンポやリズムから離れて，意図的な変化によって表情を与える方法のため誤り。
4　楽譜よりロ音を根音とする短三和音とわかる。

【高等学校】

【1】1　ソーラン節　　2　囃しことば，合いの手など　　3　網を引くとき，ニシン漁，沖揚げなど　　4　エ　　5　ア

〈解説〉1　楽譜より北海道渡島半島に伝わる民謡「ソーラン節」である。
2　ソーラン節の中には「ヤーレン　ソーラン　ソーラン…」のようにリズムを整えるための掛け声の部分でフレーズ自体にはほんど意味のないものがある。囃しことばは場を盛り上げる働きを持つことばなので，歌の主旨に沿って，つじつまが合う言葉が用いられていたが，長い年月を経て，元来の意味が不明となり単に言葉の発音のみが今日までに伝承され続けている。　3　ニシン漁で網からすくい上げる際に歌われる仕事歌である。　4　アは能の演目のクライマックス部分のみを数人で謡うこと，イは歌の中で節回しを強調するテクニックのこと，ウは「揺」と書き，旋律が波状に揺れるような音型や奏法のことを指すため誤り。　5　アの「よさこい節」は香川県ではなく高知

県民謡である。

【2】1　ウ

2

3　カポタスト(カポも可)　　4　アランフェス協奏曲

〈解説〉1　アは撥弦楽器ツィターのような，共鳴体に弦を平行に張ったもので，ネックをもたないものを指す。イは撥弦楽器リラのような，共鳴胴に2本の棒を立てて，横棒を取りつけて，この横棒と共鳴胴との間に，横棒に対して垂直になるように弦が張られたものを指す。エは狩猟に使う弓から発達した楽器とされ，弦は共鳴胴に垂直に向かって張られ，開放弦で演奏するタイプのものを指す。　2　ギターのタブ譜の横線はギターの弦を表しており，一番上が一番細い1弦，一番下が一番太い6弦となる。弦上の数字は押さえるフレット数を表し，「0」は開放弦を表す。音符の種類は5線譜と同じで音の長さを表す。例えば最初の音は第2弦の開放弦で一点ロ音となる。　3「capo」は伊語で「頭・先端」，「tasto」は「フレット，指板」の意味を持つ言葉で，ギターのネックのあるフレット上に取り付け，全弦を押さえキーを変えることができる器具である。　4　盲目の作曲家・ピアニストであったホアキン・ロドリーゴは数々の作品を通してクラシックギターの普及に貢献した。とりわけ「アランフェス協奏曲」はギター協奏曲という一旦廃れていた形態の復活，ギター再興に大きな役割を果たした。スペイン内戦で被害を受けた祖国と平和への思いを込めた曲で，内戦終結の年1939年に作曲され，翌年バルセロナで初演されている。

【3】1　ニューヨーク　　2　イ　　3　(1)　トゥナイト　　(2)　バーンスタイン　　(3)　ア　　4　ウ

〈解説〉1　ブロードウェイはニューヨーク市マンハッタンを走る通りの名で，特にタイムズスクエア付近では劇場街が広がっているため，ミュージカルの代名詞になっている。　2「チム・チム・チェリー」はイギリスの古い昔話で「煙突掃除人と握手をすると幸運が訪れる」という伝説を基に作られた歌詞で，煙突掃除人と家の煙突の意味である「チムニー」という言葉を使った言葉遊びにもなっている。「メリー・ポピンズ」の中で煙突掃除屋として健気に働く様子を描いた曲である。
3　(1)　楽譜より，ミュージカル「ウェスト・サイド物語」の劇中で使用される曲，「トゥナイト」である。対立関係にある2人の男女の恋の始まりを描いた曲として知られる。　(2)　レナード・バーンスタインの代表作の一つである。　(3)「ウエスト・サイド物語」は対立するグループの男女が愛し合い，二人の愛の成就とグループ同士の和睦を願いつつも運命のいたずらによって主人公の死を迎えるという，禁断の愛ゆえに生じた悲劇で，シェイクスピアの悲劇「ロミオとジュリエット」を現代版に置き換えたミュージカルである。　4　ウはミュージカル「サウンド・オブ・ミュージック」の「私のお気に入り」。劇中では雷に怯える子供たちをなぐさめ，「恐怖感を取り除くためには大好きなものを思い浮かべるとよい」と言って，マリアが子供たちに歌ってやる曲である。

2017年度　実施問題

【中高共通】

【1】次の楽譜は,「ヴォカリーズ」の一部分である。この楽譜について,下の1から8の問いに答えよ。

1　①,②,③の音楽用語の意味を答えよ。

2　楽譜中のa,b,cの音で構成される和音をコードネームで答えよ。また,その和音の種類は何か。次のアからエのうちから一つ選び,記号で答えよ。

ア　長三和音　　イ　減三和音　　ウ　増三和音　　エ　短三和音

3　④を第4音とする長調の平行調を答えよ。

4　3で求めた調の旋律的短音階を,調号を用いて高音部譜表に記せ。

5　⑤,⑥間の音程と,その転回音程を答えよ。

6　⑦を基音としたときの第3倍音を次のアからエのうちから一つ選び,記号で答えよ。

ア　Cis　　イ　Dis　　ウ　Fis　　エ　H

7　この曲の原調は嬰ハ短調である。Aの部分を原調に移調し,調号を用いて高音部譜表に記せ。

8　ヴォカリーズとはどのような歌唱法か,簡潔に答えよ。

(☆☆☆◎◎◎◎)

【2】次の文を読んで，下の1から4の問いに答えよ。

現行学習指導要領解説において，「音楽を形づくっている要素」として，音色，リズム，速度，旋律，テクスチュア，強弱，形式，構成などが挙げられている。このうち，形式に関連する学習としてはリート形式や$_A$ソナタ形式を扱うものが代表的であるが，それら以外にも$_B$ロンド形式や$_C$変奏曲形式など，諸外国の音楽に見られる様々な楽曲形式について指導することが考えられる。また，歌曲における形式を指導するにあたっては，有節歌曲や$_D$通作歌曲を対比させて鑑賞させることも考えられる。さらに，諸外国の音楽のみならず，$_E$我が国の伝統的な音楽に見られる楽曲形式についても適切に扱う必要がある。

1 下線部Aについて，次の(a), (b)にあてはまる適切な語を答えよ。

提示部	(a) 部	(b) 部
通例、二つの主題が提示される。	主題が様々な形で演奏される。	主題が提示部と同じような形で演奏される。

2 下線部A，B，Cの形式で作曲された最も適切な楽曲を，次のアからオのうちからそれぞれ一つ選び，記号で答えよ。

ア 幻想小曲集第2曲「飛翔」(シューマン)

イ 無伴奏チェロ組曲第1番前奏曲(バッハ)

ウ アイネ・クライネ・ナハト・ムジーク第1楽章(モーツァルト)

エ 即興曲第4番嬰ハ短調「幻想即興曲」(ショパン)

オ 無伴奏ヴァイオリンの為のパルティータ第2番第5楽章「シャコンヌ」(バッハ)

3 下線部Dについて，簡潔に説明せよ。

4 下線部Eについて，次の(1)，(2)はそれぞれ何を説明しているか，適切な語を答えよ。

(1) 木遣り歌などの民謡に見られる，先唱者の歌い出しに続いて，周囲が唱和する演唱形式。

(2) 雅楽で，楽曲を構成する三つの楽章。初部は非拍節的でゆったりとしている。中間部は緩徐で延拍子。終部は急速で早拍子。能楽やその他の芸能に取り入れられた。

(☆☆☆◎◎◎◎)

【3】我が国の伝統音楽について，次の文を読み下の1，2，3の問いに答えよ。

仏教音楽には，様々な種類の音楽がある。その中の一つに，A中国では梵唄と呼ばれる仏教声楽で，僧侶が法会などで節をつけて経文を唱える声楽曲がある。この声楽曲は，本来[　①　]の五明の一つで，言語や音声についての学問を意味しており，詞章は[　②　]で書かれていた。それがやがて中国に伝わり漢語のものが作られた。日本へは仏教と同時に伝来し，仏教を人衆に広めるために簡単な日本語で書かれたものが作られた。それらは平安中期から鎌倉時代にかけて流行した七五調の歌謡の[　③　]と影響し合い，仏教歌謡の[　④　]や御詠歌となり大衆に広がった。また，仏教の教えなどを語り物にした講式が，後のB語り物音楽へ影響を及ぼしたと考えられている。

1　下線部Aを日本では何というか答えよ。

2　[　①　]から[　④　]にあてはまる最も適切な語句を次のアからクのうちからそれぞれ一つ選び，記号で答えよ。

ア　アラビア語　　イ　古代ローマ　　ウ　梵語　　エ　延年
オ　古代インド　　カ　和讃　　キ　歌舞伎　　ク　今様

3　下線部Bの「語り物音楽」で，平家物語を語る音楽を何というか答えよ。また，伴奏に使用される楽器名を答えよ。

(☆☆☆◎◎◎◎)

【4】次の①から⑤の文は，ある作品について説明したものである。あとのアからコのうちから最も適切なものをそれぞれ一つ選び，記号で答えよ。

①　日本を代表する作曲家の一人武満徹が，1962年にラジオドラマの主題歌として作曲した歌曲。「青空みたら綿のような雲が～」という詞も作曲者自身によるもの。のちにこの作品を含む12の歌曲を

「混声合唱のための『うた』」としてまとめている。すべて無伴奏で，ソプラノ・アルト・テノール・バスがそれぞれ2パートに分かれる混声8部合唱によって歌われる。

② チャイコフスキーが作曲した3つのバレエ音楽の最後の作品「くるみ割り人形」の第2幕に演奏される。フランスのオルガン製作者によって考案・制作されたピアノのように鍵盤で鳴らす鉄琴の一種であるチェレスタによって主旋律が演奏される。

③ T.S.エリオットの詩集『The Old Possum's Book of Practical Cats』を原作にロイド・ウェッバーが音楽を付けたミュージカルの代表曲。夜のゴミ捨て場で開かれるジェリクル舞踏会で，ヒロインの猫グリザベラが歌うバラード。

④ 三線のリズムにのって歌われる踊り歌。男性は櫂，女性はザルを持ち男女異なった振り付けで踊る。歌詞は沖縄中北部の漁村の風景を歌ったもので，沖縄音階によって生み出される旋律に演奏者によって様々な囃子ことばも加わる。

⑤ リストが，パガニーニの『24の奇想曲』と『ヴァイオリン協奏曲』に基づき，演奏会用の練習曲として作曲した『パガニーニ大練習曲』の第3曲。ピアノの特性をいかしたトリルやトレモロなどの演奏技法を多く用いて，鳴り響く鐘の音を表現している。

ア　てぃんさぐぬ花　　イ　鐘の谷　　ウ　金平糖の精の踊り
エ　夢やぶれて　　オ　小さな空　　カ　メモリー
キ　翼　　ク　葦笛の踊り　　ケ　谷茶前
コ　ラ・カンパネッラ

(☆☆◎◎◎◎)

【中学校】

【1】次の楽曲について，下の1から7の問いに答えよ。

1　曲名を答えよ。

2　この楽曲の作曲者名を次のアからエのうちから一つ選び，記号で答えよ。

ア　中田　喜直　　イ　滝　廉太郎　　ウ　團　伊玖磨

エ　山田　耕筰

3　この楽曲の作曲者の代表的な合唱組曲を次のアからエのうちから一つ選び，記号で答えよ。

ア　土の歌　　イ　筑後川　　ウ　光と風をつれて

エ　地球に寄り添って

4　楽譜中の空欄にあてはまる正しい旋律を書き入れよ。

5　①の旋律をB♭管のトランペットで演奏するときの楽譜に書き換えよ。ただし，調号を用いることとする。

6　②に入る適切な強弱記号を書け。

7　③の音をバロック式アルトリコーダーで演奏するとき，運指はどのようになるか。閉じる穴を黒く塗れ。

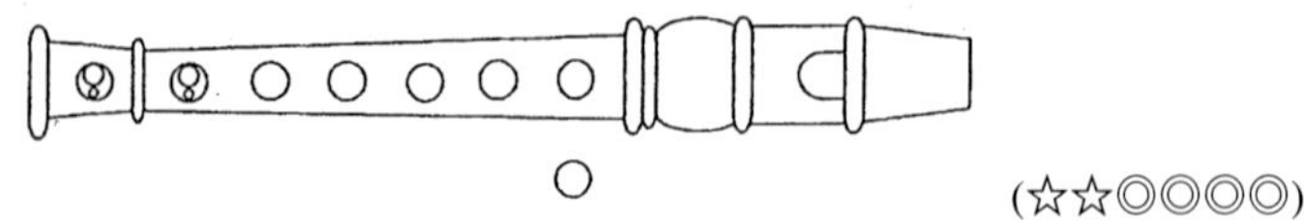

(☆☆◎◎◎◎)

【2】次の楽譜は，あるアリアの一部である。下の1から7の問いに答えよ。

1　このアリアが含まれる歌劇を次のアからエのうちから一つ選び，記号で答えよ。

ア　アイーダ　　　イ　椿姫　　ウ　仮面舞踏会

エ　ドン・カルロ

2　このアリアの作曲者名を答えよ。

3　このアリアを歌う登場人物名を次のアからエのうちから一つ選び，記号で答えよ。

ア　ヴィオレッタ　　イ　ラダメス　　ウ　アメリア

エ　ロドリーゴ

4　このアリアは，どの声の種類の歌手が歌うか。次のアからエのうちから一つ選び，記号で答えよ。

ア　ソプラノ　　イ　メッゾ・ソプラノ　　ウ　アルト

エ　テノール

5　この歌劇の主な舞台となる場所を現在の国名で答えよ。

6　楽譜の1段目から2段目6小節の最初の音にかけて，何調から何調に転調しているか答えよ。

7　この歌劇に含まれる旋律を次のアからエのうちから一つ選び，記号で答えよ。

ア

イ

(☆☆☆◎◎◎◎)

【高等学校】

【1】次の楽譜は，ある歌曲の一部分である。この楽曲について下の1，2，3の問いに答えよ。

1　次の文はこの歌曲についての説明である。下の(1)，(2)の問いに答えよ。

詩はG.A.チェザーレオの作品で，男性が恋人への思いを歌う愛の歌である。ギターをイメージさせるアルペジオの伴奏に乗せて歌われる。イタリア生まれの作曲者は，オペラ全盛の時代に歌曲の作曲に力を注ぎ，「Sogno(夢)」などイタリア語だけでなく英語，フランス語による作品を多く残している。

(1)　曲名と作曲者名を答えよ。

(2)　楽譜中の空欄にあてはまる正しい旋律を書き入れよ。

2　作曲家とその作品の組み合わせとして正しくないものを，次のアからエのうちから一つ選び，記号で答えよ。

ア	ドナウディ	Vaghissima sembianza	(かぎりなく優雅な絵姿)
イ	カルディッロ	Core 'ngrato	(カタリ・カタリ)
ウ	ベッリーニ	Vaga 1una, che inargenti	(優雅な月よ)
エ	デ・クルティス	Caro mio ben	(いとしいひと)

3　カンツォーネ(canzone)は，イタリア語では何を意味する言葉であるか。

(☆☆☆◎◎◎)

【2】次の文はリコーダーについて述べたものである。下の1から4の問いに答えよ。

ヨーロッパ各地で古くから演奏されていたリコーダーは，ルネサンスからバロックの頃に盛んに用いられた。ヴァイオリンと並ぶ独奏楽器としても活躍し，バッハやヴィヴァルディなどの作曲家が多くの作品を残している。

18世紀中頃に[　①　]が広まるとリコーダーは音量，音域などの点から演奏される機会は急速に減少したが，20世紀初頭にチェンバロなどの古楽器に対する関心が高まったことにより復活し，学校教育にも取り入れられた。

運指は伝統的なバロック式と[　②　]式の2つの方式がある。[　②　]式は教育用として考案され，運指がより平易であるため，学校教育でよく使用されている。[　③　]リコーダーに多く用いられている。

1　[　①　]は，リコーダーと同じエアリードの楽器である。楽器名を答えよ。

2　[　②　]，[　③　]にあてはまる最も適切な語句を答えよ。

3　次のアからエはリコーダーの奏法について説明したものである。ポルタートの説明にあたるものを次のアからエのうちから一つ選び，記号で答えよ。

ア　タンギングする前に軽く息を止める。

イ　息の流れを切らずに，滑らかにタンギングする。

ウ　タンギングしてすぐに息をとめ，音を短く切る。

エ　最初の音でタンギングをしたあと，息の流れを切らずに音を変える。

4　リコーダーの運指で，親指で裏穴(サムホール)の開き具合を操作することを何というか。

(☆☆☆◎◎◎)

【3】次のⅠからⅣはある交響詩の一部分である。この楽譜についてあとの1から6の問いに答えよ。

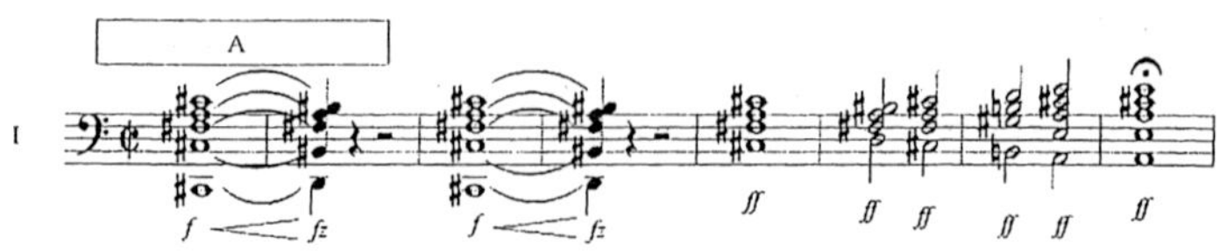

1　曲名を答えよ。

2　Ⅰはこの楽曲の冒頭である。[　A　]にあてはまる用語を次のアからエのうちから一つ選び，記号で答えよ。

ア　Allegro moderato　　イ　Allegro non troppo

ウ　Andante sostenuto　　エ　Andante con moto

3　Ⅱは，トランペットを中心とした金管楽器によって演奏される。原曲においてこの部分をトランペットと同じリズムで演奏する金管楽器を次のアからエのうちから一つ選び，記号で答えよ。

ア　ホルン　　イ　トロンボーン　　ウ　ユーフォニアム

エ　チューバ

4　Ⅲの部分を低音楽器とともに演奏する，音程を自由に変えることのできる打楽器を答えよ。

5　Ⅳは詩人のコスケンニエミによって歌詞が付けられ，作曲家自身によって合唱曲にも編曲され親しまれている。原曲においてこの部分を最初に演奏するダブル・リード楽器はオーボエと何か，楽器名を答えよ。

6　交響詩について簡潔に説明せよ。

(☆☆☆◎◎◎)

解答・解説

【中高共通】

【1】1　①　遅く，ゆっくり　②　きわめて歌うように　③　少し生き生きと　2　コードネーム…C♯m　種類…エ　3　嬰ト短調

4

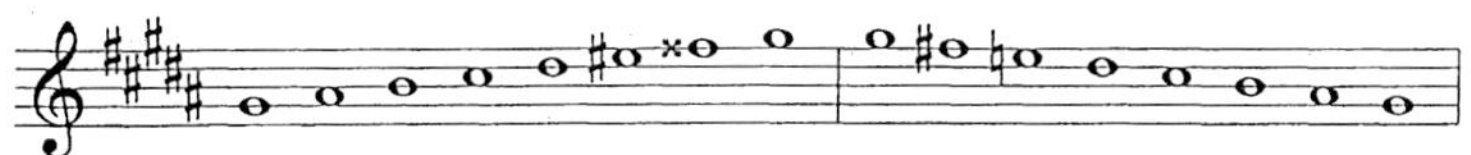

5　減4度　転回音程…増5度　6　イ

7

8　歌詞を用いず母音のみで歌う歌唱法

〈解説〉1　①はあまり目にしない音楽用語であるがおさえておきたい。②，③のように複数の言葉で構成される音楽用語は，それぞれの言葉の意味をおさえるという手もある。　2　構成音はC♯EG♯のC♯mの基本コードである。和音の種類はC♯(根音)とE(第3音)が短3度，C♯(根音)とG♯(第5音)が完全5度になっているので，短三和音である。

3　④　Eを第4音にする長調はロ長調である。その平行調は3度下がった音を根音とする嬰ト短調である。　4　旋律短音階の上行形は，第6音と第7音が半音高くなるので，第6音がE♯となり，第7音のF♯にもう一つ♯が付いてダブル♯になる。下行形は自然短音階と同じになるので，上行形で付けたそれぞれの♯を1つ取る。　5　まず，⑤のFisisと

⑥の2音間を求めると「減4度」になる。また，回転音程を「9－原音程＝回転音程」で求めと，増5度になる。　6　基音と第2倍音はオクターブの関係になる。第3倍音は第2倍音の完全5度上に現れるので，この場合Gisの完全5度上となるとDisになる。　7　譜例で示された楽譜は嬰へ短調である。その楽譜を原調の嬰ハ短調に移調するには完全5度上げて移調しなくてはならない。調号は♯が4つである。

【2】1　(a)　展開部　(b)　再現部　2　A　ウ　B　ア　C　オ　3　詩の各節に異なる旋律がつけられているもの　4　(1)　音頭形式，音頭一同形式　(2)　序破急

〈解説〉1　ソナタ形式は一般的に提示部，展開部，再現部で構成され，そこに序奏やコーダが入る。　2　提示された楽曲と各形式についての知識を必要とする問題。対策として，楽曲を学習する際は形式まで意識する必要がある。アはロンド形式，イはフーガ形式，ウはソナタ形式，エは自由な形式，オは変奏曲形式である。　3　「魔王」のように詩の内容の変化に即して旋律を付けた形の歌曲を通作歌曲という。一方，詩の各節を同じ旋律で反復する歌曲を有節歌曲といい，代表曲として「野ばら」などがある。　4　(1)　一人の音頭取りによるリードで会衆一同による斉唱を繰り返す形式を音頭同一形式という。新しい民謡では音頭形式という場合もある。　(2)　「序破急」は中学校学習指導要領の共通事項のイで示されており，「我が国の伝統音楽において，速度が次第に速くなる構成や形式上の3つの区分を表すものとして用いられているもの」(中学校学習指導要領解説)としている。

【3】1　声明　2　①　オ　②　ウ　③　ク　④　カ　3　平曲，平家琵琶，平家　楽器名…琵琶，平家琵琶

〈解説〉1～2　古墳時代後半から奈良時代にかけて，アジア大陸との交流を通して唐楽，伎楽，百済楽などの外来音楽，および仏教，そして仏教の経典を唱える声明(梵讃・漢讃など)も入ってきた。平安時代をむかえ，外来音楽は雅楽や歌謡など日本的なものへと変容し，今様(現代

的な歌)につながっていく。一方，声明も真言宗や天台宗の発展のもと，日本語による和讃・講式などに変化していった。　3　平家物語は武家社会の文化(鎌倉時代)から生まれた日本独特の音楽様式で，声明の要素を取り入れながら琵琶の伴奏で語る音楽(平曲)である。

【4】①　オ　②　ウ　③　カ　④　ケ　⑤　コ

〈解説〉各問についてはキーワードをとらえて，選択肢を選ぶこと。①は武満徹，ラジオドラマの主題歌，「混声合唱のための『うた』」，②はチャイコフスキー，「くるみ割り人形」，チェレスタ，③は『The Old Possum's Book of Practical Cats』(ミュージカル『キャッツ』)，ジェリクル舞踏会，ヒロインの猫，④は三線，男性は櫂，女性はザル，沖縄中北部の漁村，⑤はリスト，『パガニーニ大練習曲』の第3曲，鳴り響く鐘の音，が該当するだろう。

【中学校】

【1】1　花の街　2　ウ　3　イ

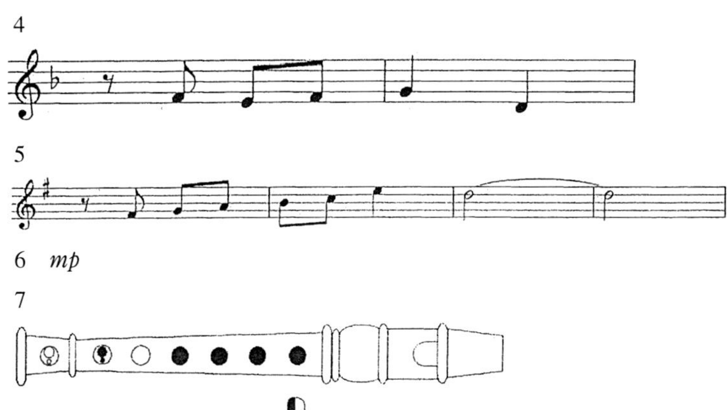

〈解説〉中学校の歌唱共通教材「花の街」からの出題である。7つある共通教材の曲名と作詞者と作曲者はもちろん，作曲者の他の作品等ついても調べておくことが必要である。譜面に関しても，どのような問題

が出題されても対応できるまで十分に学習しておきたい。　3　アの作曲者は佐藤眞，ウは木下牧子，エは鈴木憲夫である。　5　B♭で演奏するときは長2度上げて記譜し，調号は♯が2つ付くが，この原譜は♭1つのへ長調なので，♯1つを減じて，♯1つのト長調に移調する。　7　③の音はB♭なので，サミングを入れて12346の運指になる。

【2】1　ア　　2　ヴェルディ　　3　イ　　4　エ　　5　エジプト
6　B durからb moll (変ロ長調から変ロ短調)　　7　ア

〈解説〉1～4　提示されたのは，ヴェルディ作曲の歌劇「アイーダ」の第1幕で歌われるラダメスのアリア「清きアイーダ」である。参考までに登場人物と声の種類を記載しておくと，アイーダ(ソプラノ)，アムネリス(メッゾ・ソプラノ)，ラダメス(テノール)，アモナスロ(バリトン)，エジプト王(バス)である。　5　この楽曲は，エジプトのスエズ運河の開通を記念して建設された歌劇場(首都カイロ)で上演するために作曲された歌劇である。　6　最初は♭2つのB durである。次に2段目を見るとD♭，G♭が出てくるので，同主調のb moll(♭5つ)に転調している。　7　アは第2幕第2場でアイーダトランペットが活躍する「凱旋行進曲」である。

【高等学校】

【1】1　(1)　曲名…セレナータ　　作曲者名…トスティ
(2)

2　エ　　3　歌

〈解説〉イタリア歌曲についての問題である。譜面は「セレナータ(ラ・セレナータ)」で，パヴァロッティやカレーラスなどの有名な歌手のレパートリーになっているので，声楽を専攻している受験者にとっては馴染みのある曲だろう。この曲はトスティの作品として高等学校の教科書にも掲載されているので，「Sogno(ソーニョ：夢)」と同様に学習しておきたい。特に，高等学校を受験する人は教科書に出てくるイタリア・ドイツ・フランス歌曲は歌えるようにすることが必要である。

2　エの「Caro mio ben」の作曲者はトンマーゾ・ジョルダーニである。

3　「canzone(カンツォーネ)」はイタリア語で「歌」を意味するが，日本では特にナポリ風の歌(canzone napoletana)を「カンツォーネ」と呼んでいる。

【2】1　フルート　2　②　ジャーマン　③　ソプラノ　3　イ
4　サミング

〈解説〉1　リコーダーは，吹き込んだ空気が吹き口のウィンドウのエッジに当たって音を出す。フルートは，頭部管の歌口のエッジに息を当てて音を出す。どちらの楽器も発音原理は同じである。　2　教科書などに掲載されている運指表にはB・Gという表示があり，Bがバロック(イギリス)式，Gがジャーマン(ドイツ)式を意味している。　3　リコーダーには4種類のアーティキュレーションがある。アがノンレガート奏法，ウがスタッカート奏法，エがレガート奏法である。

4　サミングは高音を演奏するとき，音が安定するように用いる奏法である。

【3】1　フィンランディア　2　ウ　3　イ　4　ティンパニ
5　ファゴット　6　物語や情景をオーケストラによって表現する音楽

〈解説〉1　J.シベリウス作曲，交響詩「フィンランディア」である。Ⅳが有名である。　2　譜面の全音符，二分音符からなる旋律と強弱記号からフルサウンドで目いっぱい奏でる様子が推測される。　3　解答がわからなくとも，設問の「トランペットを中心とした金管楽器」をヒントに考えるとよい。オーケストラの配置でトランペットと並んでいるのはトロンボーンである。　4　打楽器の中で音程を自由に変えられる楽器は，木琴などの鍵盤系の楽器とティンパニである。低音楽器とともに演奏することから，ティンパニが適切である。　5　木管楽器でダブル・リードを使用するオーボエ系以外の楽器は，ファゴットが考えられる。　6　物語の内容や自然の情景などをモチーフに，作曲者が管弦楽を使って自由に表現する音楽を交響詩という。

2016年度　実施問題

【共通問題】

【1】音楽用語について，次の1，2の問いに答えよ。

1　次の(1)，(2)の意味を答えよ。

(1)　elegiaco　(2)　ritenuto

2　次の(1)，(2)に示した音楽用語と同じ意味を持つものをアからエのうちからそれぞれ一つ選び，記号で答えよ。

(1)　pauken

ア　gran cassa　イ　piatti　ウ　tam-tam　エ　timpani

(2)　Hum.

ア　B. F.　イ　D. S.　ウ　G. P.　エ　M. M.

(☆☆☆◎◎)

【2】次のⅠ，Ⅱの文は，それぞれシェーンベルクとストラヴィンスキーについて記述したものである。あとの1から5の問いに答えよ。

Ⅰ　シェーンベルクはオーストリアの作曲家であり[　①　]と[　②　]とともに新ウィーン楽派とよばれ，人間の内面性を描く表現主義の作品を生んだ。初期の作品は後期ロマン派風であるが，しだいに長調や短調を基礎とする調性に基づかない「無調」といわれる音楽を作曲するようになり，のちにオクターブ内の音をすべて均等に扱い作曲する[　③　]という新しい作曲技法を創案した。

無調の音楽の代表作のひとつ，「月に憑かれたピエロ」は1912年に作曲された。1人の女声と5人の楽器奏者のための作品であり，全体は3部構成で全21曲からなる。ピエロのイメージが無調の音楽と[　④　]によって綴られる。[　④　]は女声のパートのすべての音符の符尾(ぼう)に×印で指示されている。

Ⅱ　ストラヴィンスキーはロシアの作曲家であり，ロシア5人組の最年少者である[　⑤　]から管弦楽法を学び，初期にはロシアの民話を題材とし，ロシアの民謡を用いた優れたバレエ音楽を書いている。ディアギレフのロシア・バレエ団のために作曲した「[　⑥　]」は，「火の鳥」，「ペトリューシュカ」とともに，ストラヴィンスキーの三大バレエ音楽とよばれ，民族的な素材を用いて，強烈で鋭いリズムにより原始的な強さを表現しようとする原始主義音楽を代表する作品である。全体は2部構成で，ロシア異教徒の大地と太陽神への賛美の儀式が，絶えず揺れ動く拍子や異なる2つの調を重ね合わせる複調の手法によって描かれている。

1　[　①　]，[　②　]にあてはまる作曲家を次のアからオのうちから二人選び，記号で答えよ。

ア　マーラー　　イ　ウェーベルン　　ウ　ケージ
エ　R.シュトラウス　　オ　ベルク

2　[　③　]にあてはまる作曲技法を答えよ。

3　[　④　]にあてはまる声の表現法を次のアからエのうちから一つ選び，記号で答えよ。

ア　シュプレッヒシュティンメ　　イ　ファルセット
ウ　フラッターツンゲ　　エ　コロラトゥーラ

4　(1)　[　⑤　]にあてはまる作曲家を答えよ。
　(2)　[　⑤　]の作曲家以外のロシア5人組の作曲家を一人答えよ。

5　(1)　[　⑥　]にあてはまる作品名を答えよ。
　(2)　⑥の作品の初演が行われた都市はどこか。次のアからエのうちから一つ選び，記号で答えよ。

ア　ウィーン　　イ　ロンドン　　ウ　パリ　　エ　ニューヨーク

(☆☆☆☆◎◎)

【3】次の1，2，3の問いに答えよ。

1　次の①から⑧の音について，下の(1)から(6)の問いに答えよ。

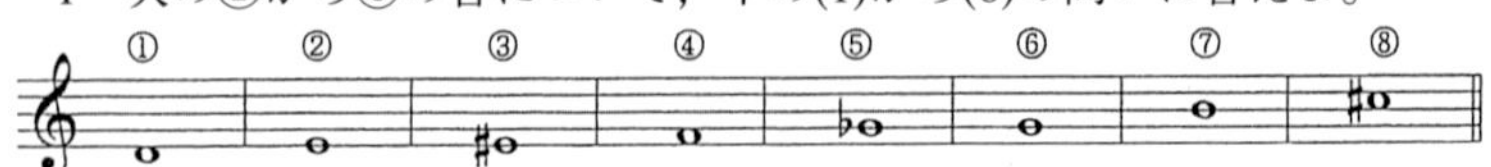

(1)　完全協和音程になる音の組合せをアからエのうちから一つ選

び，記号で答えよ。

ア　②と⑥　　イ　③と⑧　　ウ　①と⑤　　エ　②と⑦

(2)　②と⑤の2音の転回音程を答えよ。

(3)　③の音を導音とする短調の下属調の和声的短音階の上行形を調号を用いて高音部譜表に記せ。

(4)　①の音を第5音とする減七の和音を低音部譜表に記せ。

(5)　①②⑥⑦の4音を音階の中に含む長調をすべて答えよ。

(6)　⑦の音を終止音とするイオニア旋法をアルト譜表に臨時記号を用いて記せ。

2　次の楽譜を反復記号に従って演奏すると何小節になるか。

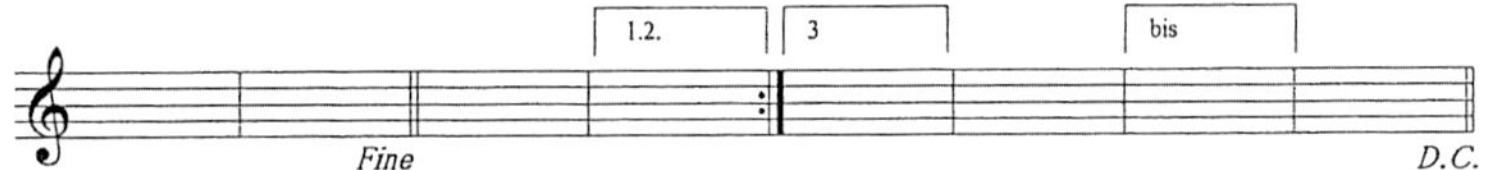

3　次のA，Bの部分の旋律を移動ド唱法で歌うときの階名を書き入れよ。

〔　　　　　　〕　　　　〔　　　　　　〕

(☆☆☆◎◎)

【4】次の文は，能に関する説明である。あとの1から4の問いに答えよ。

能は，「音楽」，「演劇」，「舞踊」の三要素からなる歌舞劇で，室町時代に，観阿弥・世阿弥父子によって大成された。音楽は，[　①　]と呼ばれる声楽と，囃子と呼ばれる器楽で構成されている。楽器は笛，小鼓など使われるものが決まっているが，[　②　]は曲目によって，入らない場合もある。

主役を中心に物語が展開する能は，演者の多くが[　③　]を使い，その角度を変化させることで喜びや悲しみの感情を表している。また，演技でも，登場人物の心情を表す<u>「型」</u>と呼ばれるものがある。

能の代表的な作品である「羽衣」のキリでは，主人公が天界の舞を舞う部分で，音楽・演技・舞踊すべてが披露され，能の醍醐味を十分味わうことができる。

栃木県が舞台となった作品には，「殺生石」や，「遊行柳」がある。

1 [　①　]，[　②　]，[　③　]にあてはまる最も適切な語句を答えよ。

2 能では主役の相手役のことを「ワキ」という。主役のことは何というか。

3 「型」のうち，泣く場面で表現するものを何というか。次のアからエのうちから一つ選び，記号で答えよ。

ア　クセ　　イ　ユウケン　　ウ　テラス　　エ　シオリ

4 能の特徴について正しいものを，次のアからカのうちから二つ選び，記号で答えよ。

ア　能の中で狂言方が演じるものを「本狂言」という。

イ　声楽については，定められた音高があるわけではなく，演者が音高を決定する。

ウ　楽器は，一つの楽器につき2名で演奏される。

エ　登場人物が入退場するときは，「花道」と呼ばれる廊下のような舞台が使われる。

オ　四拍子(しびょうし)とは，楽器のリズムのことを意味する。

カ　能舞台の四隅にある柱は，主人公の動作の目印としての役目がある。

(☆☆☆◎◎)

【5】次の①から⑤の文は，ある作品を説明したものである。あとのアからコのうちから最も適切なものをそれぞれ一つずつ選び，記号で答えよ。

① 「美しき水車小屋の娘」と同様にミュラーの詩集による連作歌曲集。第5曲「菩提樹」などが含まれる。

② 富山県五箇山地方の民謡。伴奏に長さ7寸5分に切った竹や「ささら」を使用する。

③ 「プレリュード」「メヌエット」「月の光」「パスピエ」の4曲からな

る，ピアノのための楽曲。

④　次の旋律を含むイギリスのグループの曲。

⑤　ホルスト作曲，組曲「惑星」中の1曲で「神秘主義者」の副題がつけられている。女声合唱が含まれる。

ア　Hey Jude　　イ　Let It Be　　ウ　斎太郎節
エ　ベルガマスク組曲　　オ　白鳥の歌　　カ　海王星
キ　火星　　ク　こきりこ節　　ケ　フランス組曲
コ　冬の旅

(☆☆◎◎)

【中学校】

【1】次の楽譜は，ある楽曲の一部分である。この楽曲について，下の1から7の問いに答えよ。

1　曲名を答えよ。

2　この曲の作詞者・作曲者の組合せを，次のアからエのうちから一つ選び，記号で答えよ。

ア　吉丸 一昌・中田　章　　イ　島崎 藤村・大中 寅二
ウ　野口 雨情・中山 晋平　　エ　江間 章子・團　伊玖磨

3　楽譜中のAの部分にあてはまる1番の歌詞を書き入れよ。

4　楽譜中の空欄にあてはまる正しい旋律を書き入れよ。

5　楽譜中の②のドイツ音名を答えよ。

6　この曲をC durに移調し，バロック式アルトリコーダーで演奏するとき，①の音の運指はどのようになるか。閉じる穴を黒く塗れ。(解答例：閉じる→●)

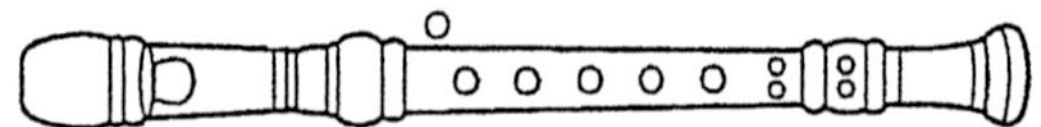

7　次のアからエのうち，この曲に関するものを一つ選び，記号で答えよ。

ア　作詞者が発表した詩集「落梅集」に収められている。この曲の舞台になったのは，愛知県の渥美半島の先端にある伊良湖岬である。

イ　作詞者が1913年8月に東京音楽学校の校友会誌「音楽」に寄稿した。幼少期を過ごした海岸をイメージしてこの詩を書いたといわれている。

ウ　1949年，NHKのラジオ歌謡として作曲し，放送された。群馬県片品村には記念の歌碑が建っている。

エ　1900年に作曲された。組歌の中の1曲で，現在も中学生の歌唱教材とし広く親しまれている。

(☆☆☆◎◎)

【2】次のA～Dは，ドヴォルザークが作曲した交響曲の一部分である。この楽譜について，下の1から5の問いに答えよ。

1　第1楽章の24小節目に第1主題であるAが演奏され，ここから拍子や速度が変化する。原曲において，この部分の拍子と速度はどのように指示されているか，次のアからエのうちから一つ選び，記号で答

えよ。

ア　8分の4拍子　Molto vivace　　イ　8分の4拍子　Allegro molto

ウ　4分の2拍子　Molto vivace　　エ　4分の2拍子　Allegro molto

2　Bは，日本では堀内敬三が作詞をし，歌唱曲としても親しまれている。その曲名を書きなさい。

3　Cにおいて，この調の属調の平行調を書きなさい。

4　原曲において，Dを最初に演奏する楽器の組合せとして正しいものを次のアからエのうちから一つ選び，記号で答えよ。

ア　ヴァイオリン と ヴィオラ　　イ　クラリネット と オーボエ

ウ　ホルン と トランペット　　エ　トロンボーン と チューバ

5　次の文は，この楽曲や作曲者についての説明である。[　①　]から[　④　]にあてはまる適切な語句を答えよ。

この楽曲は，交響曲第[　①　]番ホ短調作品95で，「[　②　]から」と題されている。

19世紀後半は，民族的な意識が高まり，祖国への思いなどを音楽で表そうとする作曲家が生まれ，さまざまな作品が作られた。このように，19世紀後半から20世紀の東欧，北欧，ロシア等において，歴史や生活文化，伝統を作品に取り入れた音楽家たちを[　③　]楽派と呼び，ドヴォルザークは，同じチェコ出身の作曲家である[　④　]から強い影響を受けた。

(☆☆☆◎◎)

【高等学校】

【1】次の楽譜は，ある歌曲の冒頭部分である。この楽譜について，あとの1から5の問いに答えよ。

1　作曲者名を答えよ。

2　*sempre sotto voce* の意味を答えよ。

3　楽譜中の空欄にあてはまる正しい旋律を書き入れよ。

4　次の文は，この歌曲を指導する際の評価規準の一つである。この評価規準は下のアからエのうち，どの評価の観点にあてはまるか。

知覚・感受しながら，曲想を歌詞の内容や楽曲の背景と関わらせて感じ取り，楽曲にふさわしい音楽表現を工夫し，どのように歌うかについて思いや意図をもっている。

ア　音楽への関心・意欲・態度　　イ　音楽表現の創意工夫

ウ　音楽表現の技能　　エ　鑑賞の能力

5　次の文の[　　]にあてはまる語句を下のアからエのうちから一つ選び，記号で答えよ。

この歌曲を授業で歌い，その録音物を学校のホームページで公開する場合，日本において音楽作品を創作した著作者の権利は著作者の死後[　　]年まで存続するので，著作権管理者の許可は必要である。

ア　30　　イ　40　　ウ　50　　エ　60

(☆☆☆◎◎)

【2】次の①から⑤の奏法を説明したものを，下のアからオのうちからそれぞれ一つ選び，記号で答えよ。また，それぞれの奏法に関係の深い楽器を下のaからeのうちから一つ選び，記号で答えよ。(解答例：サ・k)

①　メリ　　②　セーハ　　③　合わせ爪　　④　コル・レーニョ

⑤　ゲシュトップ

ア　親指と中指で2つ以上の音を出す。

イ　ベルの中に入れた右手で音の出口をしっかりとふさぎ，音色を変える。

ウ　弓の背で弦をたたく。

エ　あごを引いて低めの音を出す。

オ　一本の指で同フレット上の複数の弦を同時に押さえる。

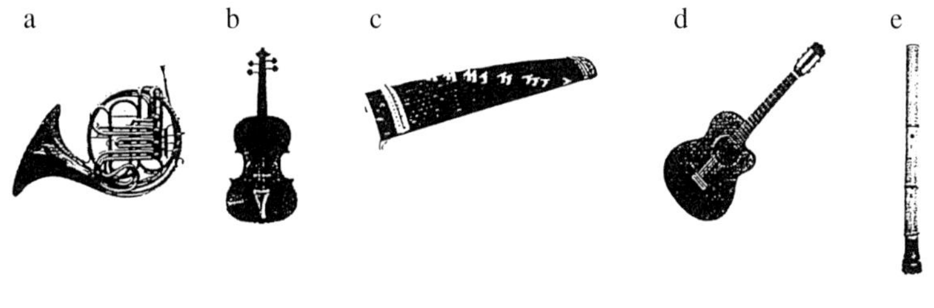

(☆☆☆◎◎)

【3】次の楽譜は，あるドイツの作曲家の作品の一部分である。下の1から4の問いに答えよ。

1　次の文はこの作品についての説明である。[　①　]，[　②　]，[　③　]にあてはまる最も適切な語句を，下のアからキのうちからそれぞれ一つ選び，記号で答えよ。

この舞台祝典劇「[　①　]」は北欧の神話やドイツの叙事詩などをもとにし，[　②　]によって作曲された。全4部で構成されるが，全上演に十数時間を要するため，序夜を含めて通常4日にわたって上演される。楽譜はそのうちの第1日「[　③　]の第3幕の前奏曲である。

ア　ベルリオーズ

イ　ワーグナー

ウ　パルジファル

エ　ニュルンベルクのマイスタージンガー

オ　ニーベルングの指輪

カ　ブラームス

キ　ヴァルキューレ

2　この作曲家が提唱し，音楽，文学，舞踊，造形芸術などを総合した芸術作品のことを何というか。

3　この作曲家が用いた手法で，楽曲中において特定の人物や状況などと結びつけられ，繰り返し使われる短い主題や動機を何というか。

4　この作品の全4部作を通しての初演(1876年)が行われた音楽祭を答えよ。

(☆☆☆☆◎◎)

解答・解説

【共通問題】

【1】1　(1)　悲しく　(2)　すぐに遅く　2　(1)　エ　(2)　ア

〈解説〉1　(1)　伊語エレジアコで「悲しく，悲しそうに」という意である。　(2)　伊語リテヌートで「すぐに遅く」という意味である。

2　(1)「pauken」は独語でティンパニーのこと。　アは伊語グランカッセで大太鼓，イは伊語ピアッティでシンバル，ウは英語タムタムで金属製の銅鑼を指す。　(2)「Hum.」はハミングで歌うことの略記。アのように仏語「bouche fermee」(閉じた口)とも書く。　イは伊語ダル･セーニョでセーニョ記号に戻って再度演奏すること，ウは英語「general pause」の略記で演奏者全員の休止，エは独語「metronom malzel」の略記でメトロノームの速さを意味する。

【2】1　①　イまたはオ　②　オまたはイ　2　12音技法　3　ア　4　(1)　リムスキー・コルサコフ　(2)　バラキレフ，キュイ，ムソルグスキー，ボロディンのうち1人　5　(1)　春の祭典　(2)　ウ

〈解説〉1　①～②「新ウィーン楽派」とは1900年代初頭にウィーンで活躍した現代音楽の作曲家集団で，シェーンベルクを師として，その弟子であるベルク，ウェーベルンの3人を指す。　アとエは後期ロマン派の作曲家，ウはアメリカの現代音楽の作曲家である。　2　1オクターブ内の12の音を均等に用い，調性にとらわれずに作曲する技法であ

る。　3「月に憑かれたピエロ」はフランス語の詩をドイツ語翻訳したものに曲付けした連作歌曲で，詩の雰囲気を補うために語るように歌う技法を取り入れた。この発声法では概略の音高を×印で表す。ウイは高いピッチに対応するために作りだす声色・発声技法のこと，ウは舌の細かい動きにより音を震わせる管楽器のトレモロ奏法のこと，エは速いフレーズの中に装飾音やトリルを多用し，玉が転がるように軽快に音階を上下する歌唱法である。　4　ロシア5人組はバラキレフ，キュイ，ムソルグスキー，ボロディン，リムスキー・コルサコフであり，1844年生まれのリムスキー・コルサコフが最年少者である。
5「火の鳥」の仕上げを行っていた時に見た幻から着想したバレエ音楽で1913年に完成し，バレエ団創設者と付き合いのあった興行師の劇場の柿落としとしてパリで初演された。

【3】1　(1)　エ　　(2)　増6度

(3)

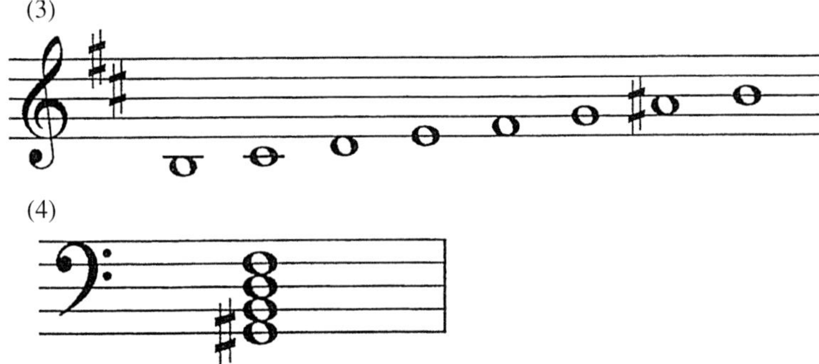

(5)　ハ長調，ト長調，ニ長調

(6)

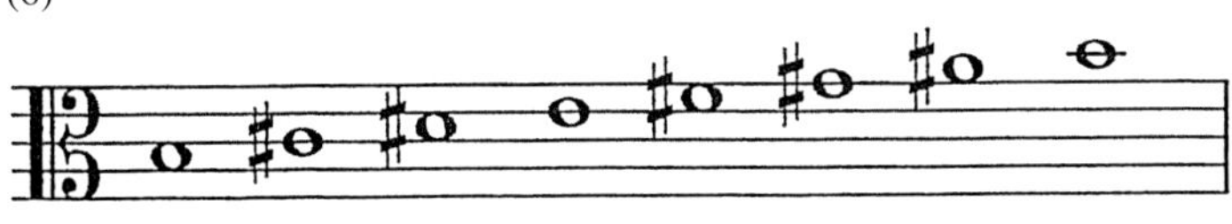

2　18小節

3　A

B

〈解説〉1　(1)「完全協和音程」は完全1･4･5･8度なのでエの完全5度音程が正解となる。　アは短3度音程で不完全協和音程，イは短6度音程で不完全協和音程，ウは減4度音程で不協和音程。　(2)　原音程は減3度なので，転回音程の度数は9－原音程の度数となり6度，種類は増音程となる。　(3)　③を導音とする短調は嬰ヘ短調で，その下属調は完全5度下のロ短調となり，和声的短音階なので導音イ音を半音上げた上行形となる。　(4)　減七和音は減三和音に根音から減七度の音を加えた和音なので，①を第5音とすると根音は減5度下の嬰ト音，第三音はその短3度上のロ音，第七音は根音から減7度上のヘ音となる。

(5)　⑦に♭がついていないことから♭系の調ではないことがわかる。♯系の調号のつく順番から考えると⑥に♯がないことから，調号が♯2つまでの長調と♯も♭もつかない長調とわかる。　(6)「イオニア旋法」とはいわゆる長音階のことなので，⑦音を主音とするロ長調の音階となる。　2「bis」はその小節を2回繰り返す記号である。

3「移動ド唱法」とは各調の主音をドとして歌うこと。楽譜よりAは変ホ長調なので変ホ音をド，Bはハ長調なのでハ音をドとして階名で考える。

【4】1　①　謡　　②　太鼓　　③　面(能面)　　2　シテ　　3　エ　4　イ，カ

〈解説〉1　①　登場人物によって謡われるものと地謡によって謡われるもの，セリフも含めて声によって謡われるもの全体を指す。　②　笛，

小鼓，大鼓，太鼓の4種類の楽器が使われるが，太鼓か大鼓(太鼓が入らなければ)が音楽全体を統率する役割をする。 ③ 能は能面をつけて演じる一種の仮面劇。能面をつけない場合でも表情で演技をすることはない。 2 仕手，為手などの字を当て，演技する人をさしていた。 3 アは能の特定の見せ所を舞と謡いだけで見せる「仕舞」で行う舞のこと。 イは型の一つで喜びや興奮，怒り，勇み立つ様子などを表現するもの。 ウは面をやや上に向けることで，喜びや心が晴れやかな時に用いられる。 4 ア 能の演目の中で能の一部として演じられるのは「間狂言」という。 ウ 囃子方のそれぞれの楽器は専門に分かれていて，演奏はひとり一役である。 エ 花道は歌舞伎の舞台機構の一つである。能舞台の「橋掛り」から次第変化したものとも言われる。 オ 「四拍子」は笛，小鼓，大鼓，太鼓の4楽器の総称である。

【5】① コ ② ク ③ エ ④ イ ⑤ カ

〈解説〉① シューベルトの歌曲集で「菩提樹」が含まれているものを選ぶ。 ② 日本で最も古い民謡で五穀豊穣を祝う唄である。日本伝統芸能である田楽や田踊りとして発展した。なお，ウは宮崎県松島湾一帯に伝わる大漁唄である。 ③ ドビュッシー作曲の組曲である。なお，ケはJ.S.バッハ作曲。 ④ ビートルズの「レット·イット・ビー」の旋律である。 ⑤ 組曲の最後の曲で神秘的な和音が特徴的。キは戦争をもたらす者という副題がある。

【中学校】

【1】1 椰子の実 2 イ 3 なれはそもなみにいくつき

4

5 Cis

6

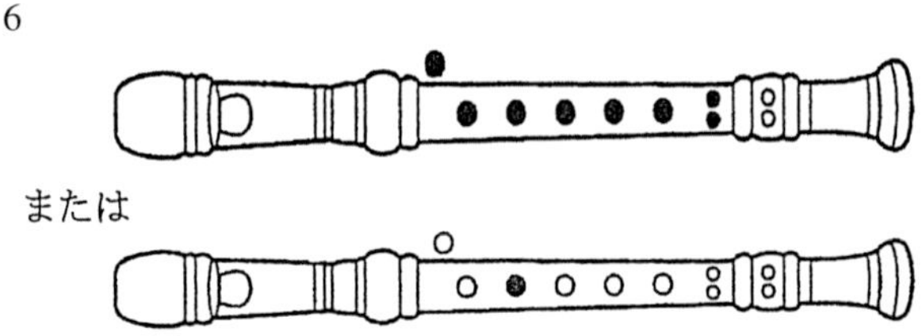

7　ア

〈解説〉1　歌唱教材に使われる唱歌や民謡，童謡はメロディーや歌詞を覚えておく必要がある。　3　1番は波に乗ってやってきたヤシの実を見て，ヤシの実のふるさとはどんなところかと思いやっている歌詞で，Aの部分はヤシの実はそもそも波に何か月浮かんでいたのかという意味。　4　メロディーを覚えていれば調性が変わっても旋律を書くことはできるだろう。　5　ドイツ語の♯系の音名は幹音名の後に「is(イス)」がつく。　6　原調のイ長調からハ長調に移調すると①音はト音になる。　7「椰子の実」は柳田國男が愛知県伊良湖岬に滞在した際の体験を元に島崎藤村が詩を詠んだもの。　イは林古溪作詞，成田為三作曲の「浜辺の歌」，ウは江間章子作詞，中田喜直作曲の「夏の思い出」，エは滝廉太郎作曲の組歌「四季」より武島羽衣作詞の「花」である。

【2】1　エ　　2　遠き山に日は落ちて　　3　嬰ト短調(gis moll)
4　ウ　　5　①　9　　②　新世界　　③　国民(民族)　　④　スメタナ

〈解説〉1　Aは交響曲第9番ホ短調「新世界より」の第一楽章の第1主題。8分の4拍子Adagioの序奏から始まり4分の2拍子Allegro moltoの主部に入っていく。　2　Bは第二楽章の主題で，ドヴォルザークの死後に弟子がこの旋律に歌詞をつけ歌曲として発表したものが日本にも伝播し，さまざまな歌詞がつけられて唱歌として歌われるようになった。なお,「家路」は野上彰作詞である。　3　♯4つの調号を持つ調で，導音が半音高くなっていないことからホ長調と判断する。その完全5

度上の属調はロ長調で，その短3度下が平行調となる。　4　フィナーレにふさわしく第四楽章の第一主題は金管楽器を中心に力強く演奏される。　5　①②　ドヴォルザークの最後の交響曲で以前は出版順により第5番と呼ばれていたが，その後作曲順に整理され，現在は第9番「新世界より」となっている。　③④　19世紀後半にドイツロマン派音楽がロシアやボヘミヤなどに普及し，その国々の民族的要素と融合した新しい音楽様式が生まれた。チェコ国民楽派を代表する作曲家にはスメタナ，ドヴォルザーク，ヤナーチェクをあげることができる。

【高等学校】

【1】1　山田耕筰　　2　常に静かに押さえた声で

3

4　イ　　5　ウ

〈解説〉1　楽譜の旋律より北原白秋作詞，山田耕筰作曲の「からたちの花」と判断する。　2　伊語の「センプレ・ソット・ヴォーチェ」で常に小声で，和らげたひそかな声でという意味である。　3　この曲は同じ形のフレーズがなく，全て少しずつ違う形をとっていることに注意。通常はト長調のものが多いが楽譜は変ホ長調なので，全体の音高を長3度下げて考える。　5　著作権の保護期間は原則，著作者の死後50年までとしている(著作権法第51条第2項)。

【2】①　エ・e　　②　オ・d　　③　ア・c　　④　ウ・b
⑤　イ・a

〈解説〉①　尺八の奏法で顎を沈める(メリ)ことにより，歌口と唇の距離を変え音程を下げること。　②　スペイン語で「糸受け」，つまりギターのナットの部分を指した言葉。転用されて指でナットの状態を作り出すことから1本の指で複数の弦を押さえる方法に用いる。
③　右手の親指･中指にツメをはめて演奏する箏の基本奏法のこと。

④　伊語「木で」という意味で，弦楽器の弓の木の部分で弦をたたく特殊な奏法である。　⑤　ホルンの特殊奏法の一つで，ベルの中に右手を入れその加減によって音程を変えるストップ奏法である。

【3】1　①　オ　②　イ　③　キ　2　楽劇　3　ライトモティーフ(示導動機)　4　バイロイト音楽祭

〈解説〉1　楽譜よりワーグナー作曲の「ニーベルングの指輪」の「ヴァルキューレ」の「ヴァルキューレの騎行」(日本語ではワルキューレ)と判断する。なお，ウはワーグナー作曲の楽劇でスペインが，エもワーグナー作曲の楽劇でドイツのニュルンベルクが舞台となっている。

2　ワーグナーは当時主流だったイタリアオペラではなく，ドイツオペラの伝統を引き継ぎ更に革新，発展させた。　3　ベルリオーズが用いた「イデー・フィクス(固定観念)」の手法をワーグナーが発展させ「ライトモティーフ(示導動機)」という新しい手法を生み出した。

4　この音楽祭はワーグナーが自作の楽劇を上演するために創設した音楽祭で，毎年夏にワーグナー主要作品のみ上演される。

2015年度　実施問題

【中学校】

【1】音楽用語について，次の1，2の問いに答えよ。

1　次の(1)，(2)の意味を答えよ。

(1)　comodo　　(2)　con grazia

2　次の(1)，(2)に示した音楽用語と同じ意味を持つものをアからエのうちからそれぞれ一つ選び，記号で答えよ。

(1)　semibreve

ア　half note　　イ　dotted note　　ウ　quarter note

エ　whole note

(2)　gleichnamige Tonart

ア　remote key　　イ　parallel key　　ウ　principal key

エ　subdominant key

(☆☆☆☆◎◎)

【2】次のⅠからⅤの文は，ヨーロッパの民族音楽及び民族楽器について述べたものである。あとの1から5の問いに答えよ。

Ⅰ　[　①　]は，通常の低い胸声と高い頭声，仮声(ファルセット)とを急激に交替させて歌う特別な唱法。スイスで歌われるものが有名である。

Ⅱ　(　a　)はアルプスの牧畜地帯で用いられるトランペット属管楽器である。管の長さは長いものでおよそ5メートルのものもある。

Ⅲ　(　b　)は口吹き式とふいご式の2種類がある。Aスコットランドのものが有名であるが，ヨーロッパや中近東諸国に広く分布している。

Ⅳ　Bハンガリーの舞踏音楽である[　②　]は，ハンガリー語で「酒場」という意味を持つ。モンティ作曲のものが有名。ヴァイオリンやCツィンバロムで演奏されることもある。

V　ロシアの民族楽器である。(　c　)はフレットのついた棹と，三角形の共鳴胴を持つD撥弦楽器である。

1　[　①　]，[　②　]にあてはまる最も適切な語句を答えよ。

2　(　a　)，(　b　)，(　c　)にあてはまる楽器名を答えよ。

3　下線部Aの民謡は我が国の唱歌にも取り入れられたが，それは次のうちどれか。アからエのうちから一つ選び，記号で答えよ。ただし，曲名は現在の表記である。

ア　むすんでひらいて　　イ　蛍の光　　ウ　蝶々

エ　きらきら星

4　下線部Bの作曲家で，「ハンガリー民謡『孔雀は飛んだ』による変奏曲」を作曲し，民族音楽学者，教育家としても名高い人物は誰か。また，その人物が作曲し，第3曲と第5曲に下線部Cの楽器を使用した組曲名を答えよ。

5　下線部Dに分類されるものは次のうちどれか。アからエのうちから一つ選び，記号で答えよ。

ア　リュート　　イ　サーランギ　　ウ　サントゥール

エ　胡弓

(☆☆☆◎◎◎◎)

【3】次の楽曲について，下の1から6の問いに答えよ。

1　①の2音間の音程を答えよ。

2　1で答えた音程はどれに該当するか。次のア，イ，ウのうちから一つ選び，記号で答えよ。

ア　完全協和音程　　イ　不完全協和音程　　ウ　不協和音程

3　②の音で構成される和音の種類を次のアからエのうちから一つ選び，記号で答えよ。

ア　短三和音　　イ　減三和音　　ウ　増三和音　　エ　長三和音

4　③の音を属音とする短調の和声的短音階を，調号を用いて高音部譜表に記せ。

5　③の音の増4度上の音をテノール譜表に記せ。

6　④におけるイの音は非和声音であるが，その種類を次のアからエのうちから一つ選び，記号で答えよ。

ア　刺繍音　　イ　倚音　　ウ　逸音　　エ　先取音

(☆☆☆☆◎◎◎)

【4】次の楽譜は，ある楽曲の原曲である。この楽譜について，下の1から6の問いに答えよ。

1　曲名を答えよ。

2　作詞者，作曲者名を答えよ。

3　楽譜中の空欄にあてはまる正しい旋律を書き入れよ。

4　楽譜中の[　B　]にあてはまる1番の歌詞とその意味を答えよ。

5　楽譜中の［A］にあてはまる速度用語を，次のアからエのうちから一つ選び，記号で答えよ。

ア　Largo　　イ　Adagio　　ウ　Andante　　エ　Moderato

6　歌詞のリズムがこの曲と同じ楽曲を，次のアからエのうちから一つ選び，記号で答えよ。

ア　浜辺の歌(成田為三作曲)　　イ　椰子の実(大中寅二作曲)

ウ　故郷(岡野貞一作曲)　　エ　背くらべ(中山晋平作曲)

(☆☆◎◎◎)

【5】次の楽譜Ⅰ，Ⅱ，Ⅲは，J.S.バッハ作曲の作品の一部分である。これらの楽譜について，下の1から5の問いに答えよ。

1　①，②の2音の転回音程を答えよ。

2　Ⅱにおいて，冒頭から6小節目に現れる第2声部の主題を2小節記せ。

3　Ⅰ，Ⅱの曲は，パイプオルガンで演奏される。パイプオルガンの鍵盤の横にあり，音色を変化させることができる装置を何というか。

4　③の記号の名称を次のアからエのうちから一つ選び，記号で答えよ。

ア　トリル　　イ　プラルトリラー　　ウ　ターン

エ　モルデント

5　次の文は，Ⅰ，Ⅱ，Ⅲについての説明文である。この文について，あとの(1)，(2)の問いに答えよ。

Ⅰの曲は，「[　a　]とフーガト短調[　＊　]542」である。Ⅱの曲は

[　*　]578で，同じト短調で書かれたフーガであるが，Ⅰの曲と区別するために，「小フーガ」の愛称で親しまれている。

Ⅲの曲は，15曲からなる「2声の[　b　]」から第1番[　*　]772である。幼い長男のために作曲された教育用小品集の一つで，当時はチェンバロなどの鍵盤楽器によって演奏されていた。

(1)　[　a　]，[　b　]にあてはまる適切な語句を答えよ。

(2)　[　*　]に入る略号をアルファベットで答えよ。

(☆☆☆☆◎◎◎)

【6】次の文は，雅楽に関する説明である。下の1，2，3の問いに答えよ。

雅楽の起源や系統はさまざまで，中国や朝鮮半島から伝来した舞楽や国風歌舞などの種類がある。我が国における雅楽の基礎は，楽制改革が行われた[　①　]時代に確立した。今日よく知られている平調「越天楽」は，管絃という演奏形態で，楽器だけで演奏される器楽曲である。楽器は，三管【篳篥・[　②　]・笙】両絃【琵琶(楽琵琶ともいう)・[　③　]】三鼓【鞨鼓・[　④　]・太鼓(釣太鼓または，楽太鼓ともいう)】の8種類が用いられる。また，それぞれの楽器には役割や特徴があり，平調「越天楽」はこれらの楽器の特徴を十分に生かすため，ゆったりとした速度で演奏される。

長い歴史をもつ雅楽は，日本の伝統音楽に与えた影響も大きく，「越天楽」の旋律を基に声楽曲「越天楽今様」や，福岡県民謡「[　⑤　]」などが作られた。近年では，東儀秀樹など新しい時代の演奏家による活躍もあり，雅楽が多くの人々に身近に感じられるようになった。

1　[　①　]から[　⑤　]にあてはまる最も適切な語句を答えよ。

2　次の(1)，(2)は楽器の役割や特徴について述べたものである。それぞれに該当する楽器をあとのアからエのうちから一つずつ選び，記号で答えよ。

(1)　全体のテンポをリードし，終わりの合図を出すなど合奏を統率する役割も担う。

(2)　音質のよさを保つため，楽器内を乾燥させて演奏する。平調

「越天楽」では和音を担当する。

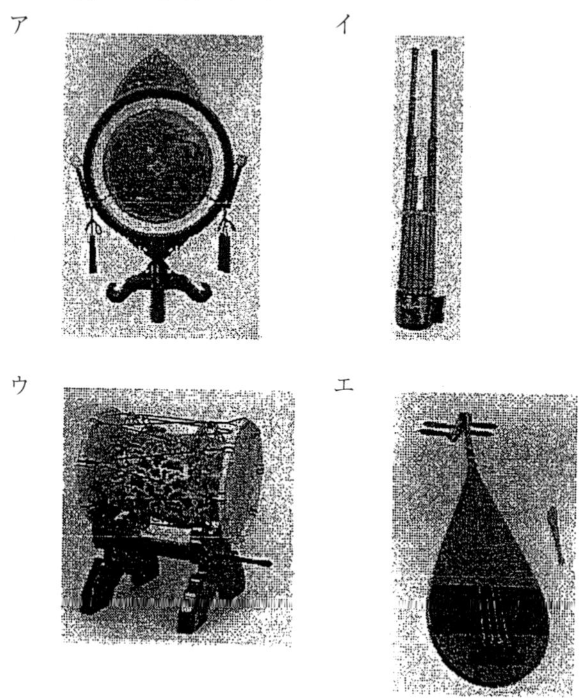

3　下線部で，唐楽に関連するものを次のアからエのうちから一つ選び，記号で答えよ。

ア　納曽利　　イ　狛楽　　ウ　右舞　　エ　左舞

(☆☆☆◎◎◎◎)

【7】次の楽譜は，それぞれある楽曲の一部分である。この中には同じ作曲者による楽曲が3組含まれている。それら3組の楽曲を次のアからシのうちから二つずつ選び，記号で答えよ。また，その作曲者名も答えよ。

ア

イ
Lento
ウ
Allegretto grazioso
エ
Lento
オ
Andante non troppo
カ
Allegro
キ
Moderato
ク
Vivace
ケ
Allegretto grazioso
コ
Modéré

(☆☆☆☆◎◎)

解答・解説

【中学校】

【1】1　(1)　気軽に(気楽に)　　(2)　優美さをもって　　2　(1)　エ　(2)　イ

〈解説〉1　(1)　コモドは「気楽に」の意。コン・モート(con moto，動きを持って，速く)とは違うので要注意。　(2)　graziaはgraziosoと同じ意味で「優雅に，優美に」の意である。　2　(1)　「全音符」の意の英語およびイタリア語の出題で，正答はエの英訳である。全休符はwhole rest(英)である。　(2)　出題の語句は「同主調」の独訳である。英訳ではイである。ウのprincipal keyとは「主調」のこと。音楽に関する用語の出題であり，全国的にも変わった設問なので要注意である。

【2】1　①　ヨーデル　　②　チャールダーシュ　　2　a　アルプホルン　　b　バグパイプ　　c　バラライカ　　3　イ
4　コダーイ　　ハーリ・ヤーノシュ　　5　ア

〈解説〉1　①　ヨーデルはスイスのアルプス地方やオーストリアのチロル地方の特殊な民謡とその歌い方などの総称である。　②　チャールダーシュはジプシー民族発祥のハンガリー民族舞曲。

2　a　アルペン・ホルンとも呼ぶ自然倍音だけで奏する管楽器。
b　バグパイプは革などの空気袋に口またはふいごで空気を送り，それを押し出してリード管を鳴らす気鳴楽器である。　c　バラライカはリュート属のロシア民俗楽器で，3本のガット弦を持つ。大小5種類に分かれる。　3　「蛍の光」の原曲はスコットランド民謡で「遠い昔」という古い友人との再会を意味する歌のこと。その歌の詩に中国の故事「蛍雪の功」を当てたもの。旋律もいわゆるヨナ抜きの音階である。　4　コダーイ(ハンガリー・1882～1967)はバルトークと共に，ハンガリー民謡の体系的な収集と研究で知られる。コダーイ作曲「ハーリ・ヤーノシュ」は音楽劇(歌芝居)であるが，6曲にまとめた管弦楽組曲がよく知られる。ハンガリーなど中欧一帯の民族楽器「ツィンバロム」は，平板な胴に張られた弦を木づちで打ち鳴らす打弦楽器である。　5　撥弦楽器は弦をはじくことで音を出す弦楽器の中で最も古いもの。ギリシアのリラやキタラ，ウード，リュート，マンドリン，ギターなど多種である。正答はリュートであり，サーランギは北インドの弓奏楽器，サントゥールはペルシャ(イラン)の打弦楽器，胡弓は日本で唯一の擦弦楽器(弓奏楽器)である。

【3】1　短6度　　2　イ　　3　エ

4

5

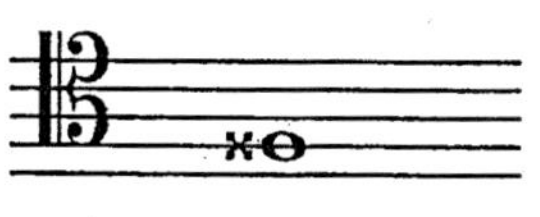

6　イ

〈解説〉示された楽譜は，ショパン作曲「円舞曲」嬰ハ短調　op.64－2の冒頭である。問いの1～6は作曲者や曲名に関連せず，すべて楽曲についての設問である。　1　①は低音がfisis(重嬰ヘ音)，高音がdis(嬰ニ音)である。この音程では両方の音の#を1つずつ消して，嬰1点へ音と2点二音の形にして五線に書くのが分かり易い。短6度が正答である。2　長・短の3度および6度がイの不完全協和音程である。　3　②は低い音から嬰ニ・嬰ト・嬰ロである。すべての#を消すとニ・ト・ロの各音になり，ト・ロ・ニの長三和音(第3転回形)と分かる。　4　③の音はcisでそれを属音とする短調はfis moll(嬰ヘ短調)である。和声的短音階では第7音に#を付けるのを忘れないこと。　5　③のcis音の増4度上はfisisである。テノール記号では1点ハ音が第4線であり，正答のように記入したい。　6　非和声音のうち倚音(いおん)は，和声音に対して2度上(下)から引っかける音である。④の和音(G#・H#・F#のG#$_7$)の次の音で和声音に解決している。

【4】1　荒城の月　　2　作詞者…土井晩翠　　作曲者…滝廉太郎

3

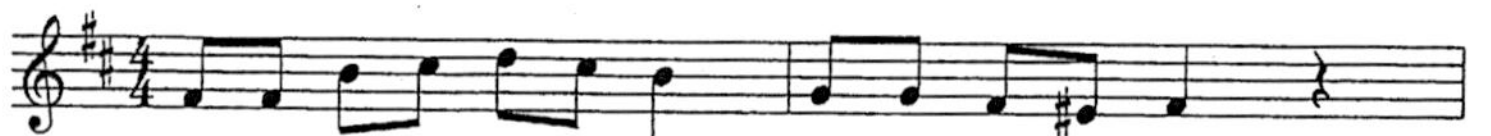

4　歌詞…ちよのまつがえわけいでし　　意味…古い松の枝をかきわけるように差し込んでいた　　5　ウ　　6　エ

〈解説〉1～2　示された楽譜は，滝廉太郎が作曲した「荒城の月」の原曲である(後に山田耕筰が補作編曲)。作詞は土井晩翠である。

3　2小節目の3番目の音が半音高くなっている。　4　共通歌唱教材曲であり，正答できるのが当然である。　5　ウのややゆっくりの速度が適する。　6　正答はエの「背くらべ」となっているが,「背くらべ」と「故郷」は3拍子であり,「浜辺の歌」は6拍子である。設問の「歌詞のリズム」とは何なのか疑問が残るが，昔のことを思い出している詩を「歌詞のリズム」としているならば,「背くらべ」が正答となるであろう。リズムとは音楽の3要素であり，施律と組み合わせたならば「荒城の月」と「椰子の実」が共に4拍子である。

【5】1　増2度

2

3　ストップ　　4　イ　　5　(1)　a　幻想曲(前奏曲)　　b　インヴェンション　　(2)　BWV

〈解説〉示されたⅠ～Ⅲの楽譜はすべてJ.S.バッハ作曲で，Ⅰは「幻想曲とフーガ」ト短調　BWV542，Ⅱは「小フーガ」ト短調　BWV578，Ⅲは「2声のインヴェンション」第1番BWV772 である。　1　①と②の音程は減7度であり，その転回音程は増2度である。　2　「小フーガ」ト短調の楽譜は中学校教科書でもよく掲載されているので，第1声部を属音調で追いかける第2声部の一部も記入できるようにしておきたい。　3　「ストップ」はオルガンの音色や音量を組織的に変化させるための装置で，種々のスイッチやボタンの形で取り付けられている。　4　③の記号はプラルトリラーである。装飾音は，旋律を飾るために付加された音符で，トリル(tr)，ターン(∾)，モルデント(𝆗)やアルペッジョ(𝆃)などがある。　5　(1)　aはⅠの楽譜の曲名の「幻想曲」が入る。bにはⅢの曲名「インヴェンション」が入る。

(2)　作曲家の作品番号とその略記であり，次のように使われる。BWV…J.S.バッハのジャンル別作品目録　　K(K.V.)…モーツァルトの年代順の番号　　D.(ドイチュ番号)…シューベルトの年代順作品目録　　ホーボーケン番号…ハイドンのジャンル別作品目録　　最も多く使われる作品番号はop.(opus)である。

【6】1　①　平安　　②　龍笛(竜笛・横笛)　　③　箏(楽箏)　　④　鉦鼓　　⑤　黒田節　　2　(1)　ウ　　(2)　イ　　3　エ

〈解説〉雅楽の歴史，「越天楽」に使われる楽器の特徴などの出題で知っている必要のある設問である。　1　①平安時代の雅楽寮による楽制改革，管弦(器楽曲)の②「龍笛(竜笛・横笛)」，③「箏(楽箏)」，④「鉦鼓」など，さらに，「越天楽」が「今様」として歌われ，民謡化して⑤「黒田節」になったことなどを正答したい。　2　示されたア～エの写真の楽器は，アは釣太鼓，イが笙，ウは鞨鼓，エが楽琵琶である。(1)　合奏のリード役は「鞨鼓」である。　(2)　和音を奏することを合竹(あいたけ)と言い，「笙」は5～6本の音を出すことができる。笙は吹いても吸っても管のリードにより音が出せる。　3　唐楽は唐代に中国から伝来した音楽に，楽制改革により林邑楽(りんゆうがく＝ヴェトナムなど)が統合され，「左方の舞」(左舞)として整備された。これに対して「右方」は高麗楽(こまがく＝朝鮮系の音楽)で「右舞(右方の舞)」という。

【7】楽曲…イ，コ　　作曲者…サティ　　楽曲…ウ，シ　　作曲者…メンデルスゾーン　　楽曲…オ，キ　　作曲者…チャイコフスキー

〈解説〉ア～シの12曲の楽譜から同じ作曲者による作品2つが3組あるので，それを作曲者名と共に答えよ，との設問である。これは12曲の曲名や作曲者名すべてを知らないと正答が難しいため，かなりの難問である。12曲の種類も交響曲，管弦楽曲，ピアノ曲，歌曲など多岐にわたる。かなり多くの曲に接したり鑑賞していないと，すべての曲名は分からない。

〔正答〕・イおよびコ…サティ(仏・1866～1925)　ドビュッシー(仏・1862～1918)とほぼ同時代の作曲家。バレエ音楽，「3つのジムノペディ」や「家具の音楽」などで現代音楽に影響を及ぼしたとされるが，一般にその作品に親しむ機会はほとんどない。コの楽譜はサティのシャンソン(歌)「あなたが欲しいの」である。　・ウおよびシ…メンデルスゾーン(独・1809～47)作曲　ウは無言歌集第6曲「春の歌」。シは交響曲第4番「イタリア」第1楽章第1テーマ。　・オおよびキ…チャイコフスキー(露・1840～93)作曲　オは「弦楽セレナード」第1楽章の序奏。キは「スラヴ行進曲」(管弦楽作品)。

〔正答以外の曲〕ア…ヘンデル(独→英・1685～1759)の「王宮の花火の音楽」より「歓喜」。　エ…リムスキー・コルサコフ(露・1844～1908)

の交響組曲「シェエラザード」のテーマ。　カ…サン・サーンス(仏・1835～1921)の組曲「動物の謝肉祭」より第1曲。　ク…ブラームス(独・1833～97)の「ハンガリア舞曲」第6番。　ケ…ドボルジャーク(チェコ・1841～1904)の「スラヴ舞曲」第10曲。　サ…ビゼー(仏・1838～75)の「アルルの女　第2組曲」の「牧歌」。

2014年度　実施問題

【中高共通】

【1】音楽用語について，次の1，2の問いに答えよ。

1　次の(1)，(2)の意味を答えよ。

(1)　pomposo　　(2)　bruscamente

2　次の(1)，(2)に示した音楽用語のうち，性質の異なるものをアからエのうちからそれぞれ一つ選び，記号で答えよ。

(1)　ア　neumes　　イ　alto clef　　ウ　great staff
エ　rondo form

(2)　ア　con sordino　　イ　con spirito　　ウ　con espressione
エ　con anima

(☆☆☆☆◎◎◎)

【2】次の文は，交響曲について述べたものである。下の1から4の問いに答えよ。

交響曲は，一般的に管弦楽で演奏される多楽章形式の大規模な器楽曲を指す。古典派の時代に，ハイドン，モーツァルトにより一応の完成を見て，基本的な形式が整い，$_{A}$<u>ベートーヴェンが更に斬新な手法を加え発展させていった</u>。ロマン派や国民楽派の時代は，形式上の大きな発展は見られないものの，より規模の大きな交響曲が生まれ，シューマン，メンデルスゾーン，ブラームス，ドボルザーク，$_{B}$<u>チャイコフスキー</u>などが秀作を残している。しかし，この頃から従来の交響曲の枠組みを超える作品が生まれ，$_{C}$<u>ブルックナー</u>，マーラーらによって，管弦楽の拡大，叙事詩・小説的次元への傾倒などあらゆる手法が用いられるようになっていった。その後20世紀になって，その多様性はより多岐に渡り，調性からの脱却，個性的な音響の追求などと相まって，$_{D}$<u>形式・内容とも統一性は無くなることとなった</u>。

1　ハイドン作曲の交響曲第94番　ト長調「驚愕」について，次の

[　1　]から[　5　]にあてはまる最も適切な語句を下のアからスのうちから一つずつ選び，記号で答えよ。

この交響曲は4楽章で構成されている。第1楽章はソナタ形式で，提示部における第1主題は[　1　]調，続く第2主題は[　2　]調で書かれている。第2楽章は[　3　]，第3楽章は[　4　]を挟んだ[　5　]，第4楽章は再びソナタ形式という基本的な構成である。

ア　下属	イ　ワルツ	ウ　トリオ
エ　主	オ　リトルネッロ形式	カ　マーチ
キ　属	ク　フーガ	ケ　平行
コ　メヌエット	サ　同主	シ　緩徐楽章
ス　トッカータ		

2　下線部Aについて，ベートーヴェンが主に交響曲の第3楽章に用いた，3拍子の急速で快活な曲を答えよ。

3　下線部B，Cの作曲家の交響曲を次のアからキのうちから一つずつ選び，記号で答えよ。

ア　交響曲第3番　イ短調「スコットランド」
イ　交響曲第1番　ニ長調「巨人」
ウ　アルプス交響曲
エ　交響曲第1番　ト短調「冬の日の幻想」
オ　交響曲第1番　ニ長調「古典交響曲」
カ　交響曲第4番　変ホ長調「ロマンティック」
キ　交響曲第7番　ハ長調「レニングラード」

4　下線部Dに関連して，メシアンが1946～1948年にかけて作曲した交響曲を答えよ。

(☆☆☆☆◎◎◎)

【3】次の楽譜は，アルトサクソフォーンとピアノのための楽曲の一部分である。この楽譜について，下の1から6の問いに答えよ。

1　この曲の作曲者，ミヨーはフランス6人組の一人である。ミヨー以外の作曲家から二人を答えよ。

2　①の音を主音とする長調の属調の同主調の和声的短音階を，調号を用いて高音部譜表に記せ。

3　②の部分の和音をコードネームで答えよ。

4　③の2音を転回したときの音程を答えよ。

5　Samba はどこの国の音楽か，次の地図中のアからエのうちから一つ選び，記号で答えよ。

6　Aの部分をB♭管クラリネットで奏する場合の楽譜を，調号を用いずに高音部譜表に記せ。

(☆☆☆◎◎◎)

【4】次の①から⑤の文は，ある作品を説明したものである。下のアからケのうちから最も適切なものをそれぞれ一つずつ選び，記号で答えよ。

①　全6部からなる連作カンタータ集で，作品番号はBWV248である。

②　旧約聖書「士師記」第13章から第16章の物語に基づきサン＝サーンスが作曲した。

③　《第1年：スイス》《第2年：イタリア》《ヴェネツィアとナポリ》《第3年》の4集で構成され，リストにより作曲された。

④　ムソルグスキーが二十数年にわたり改訂し続けた作品を，リムスキー＝コルサコフが管弦楽曲に編曲した。

⑤　ミュラーの詩による20曲からなり，ドイチェ番号D795が付けられている。

ア　美しき水車小屋の娘　　イ　サムソンとデリラ
ウ　白鳥の歌　　エ　はげ山の一夜
オ　寄港地　　カ　心と口と行いと生活で
キ　巡礼の年　　ク　スペイン狂詩曲

ケ　クリスマス・オラトリオ

(☆☆☆☆◎◎◎)

【中学校】

【1】次の楽譜は，ある楽曲の一部分である。下の1から8の問いに答えよ。

1　曲名を答えよ。

2　作曲者名を答えよ。

3　上の楽譜の空欄にあてはまる正しい旋律を書き入れよ。

4　[　A　]にあてはまる1番の歌詞を答えよ。

5　「ときにあらずと」の歌詞の意味を答えよ。

6　上の楽譜のBに入る最も適切な強弱記号を答えよ。

7　上の楽譜における最低音と最高音の音程を答えよ。

8　次に示す楽譜は，この楽曲の伴奏譜の一部分である。これを長2度下に移調し，調号を用いて記せ。

(☆☆◎◎)

【2】次の楽譜は，ある楽曲の一部分である。この楽譜について，下の1から6の問いに答えよ。

1　曲名を答えよ。

2　小太鼓で演奏される冒頭の部分の空欄に入るリズムを書き入れよ。

3　最初に主題Aを受け持つ楽器を次のアからエのうちから一つ選び，記号で答えよ。

ア　ヴァイオリン　　イ　フルート　　ウ　クラリネット

エ　イングリッシュホルン

4　主題Bの空欄に正しい旋律を書き入れよ。

5　次の文は，この楽曲について説明した文である。[　a　]から[　c　]にあてはまる最も適切な語句を答えよ。

作曲者は，「オーケストラの魔術師」と称されている[　a　]である。全曲を通して演奏される小太鼓のリズムパターンにのって，主題A，主題Bの2つの旋律パターンが楽器を交代しながら繰り返し演奏される。9回目の主題演奏の際には，ピッコロ2本を調性を異にして演奏させ，ホルン，[　b　]を組み合わせている。

また，楽曲全体を通して，オーボエダモーレ，ソプラノサクソフォーン，[　c　]サクソフォーン，ピッコロトランペットなど，一般的にはオーケストラであまり使用されない楽器が用いられており，多彩なオーケストレーションが魅力である。

6　この作曲者の他の作品を次のアからエのうちから一つ選び，記号で答えよ。

ア　恋は魔術師　　イ　コッペリア　　ウ　ダフニスとクロエ

エ　ペトルーシュカ

(☆☆☆☆◎◎◎)

【3】次の文は，歌舞伎に関する説明である。下の1，2，3の問いに答えよ。

歌舞伎は，音楽，舞踊，演技の要素が一体となった総合芸術であり，2005年にユネスコの無形文化遺産に登録された。音楽では主に長唄が用いられ，「唄方」，「三味線方」，鳴物担当の「[①]」によって演奏される。演奏形式には，舞台下手で演奏する下座音楽や，奏者が舞台の雛壇に並ぶ[②]がある。演技では，役者が一瞬動きを止めて目を中央に寄せて睨む[③]が特徴的である。また，役者の登退場などの際に演劇的な効果を高めるため，せり，すっぽん，舞台から観客席を貫いて設けられた[④]などが考案された。

日本の伝統的な舞台芸術の一つである能から題材を得たものも多く，中でも「勧進帳」は，その代表的なものとして広く親しまれている。

1 [①]から[④]にあてはまる最も適切な語句を答えよ

2 下線部に関して，次の(1)，(2)の問いに答えよ。

(1) 「勧進帳」のもととなった能の作品名を答えよ。

(2) 能に倣った舞台様式で，背景に松を描いた羽目板のみで上演する演目のことを何というか。

3 「勧進帳」の作曲者名をアからエのうちから一つ選び，記号で答えよ。

ア 八橋検校　　イ 杵屋六三郎　　ウ 宮城道雄

エ 杵屋弥三郎

(☆☆☆☆◎◎◎)

【高等学校】

【1】次のⅠ，Ⅱ，Ⅲの文は，アフリカの民族音楽及び民族楽器について述べたものである。あとの1から4の問いに答えよ。

Ⅰ 西アフリカには$_A$コラなどを奏でながら，氏族の系譜や，歴史，物語などを語り継いでいく世襲制の音楽家がおり，現地語ではジャリ，フランス語では[ ]と呼ばれる。

Ⅱ　$_{B}$トーキングドラムは主にメッセージを伝えるために用いられたので，「話し太鼓」と呼ばれるようになった。

Ⅲ　カリンバやムビラなどは$_{C}$親指ピアノと呼ばれている。

1　[　　]にあてはまる最も適切な語句を答えよ。

2　下線部Aの楽器を次のアからエのうちから一つ選び，記号で答えよ。

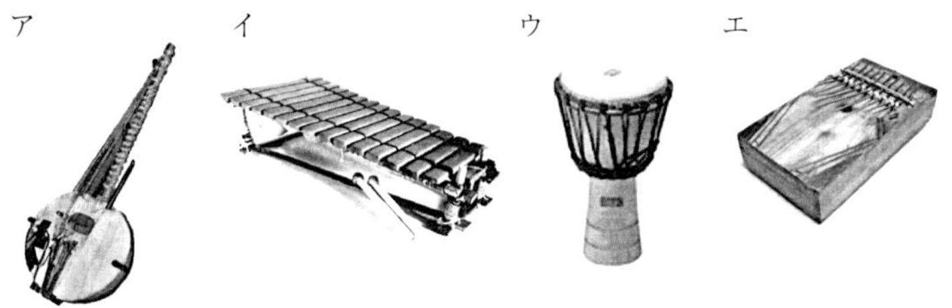

3　下線部Bの楽器はホルンボステル・ザックス分類法ではどれにあてはまるか，次のアからエのうちから一つ選び，記号で答えよ。

ア　体鳴楽器　　イ　膜鳴楽器　　ウ　弦鳴楽器　　エ　気鳴楽器

4　次の楽器のうち下線部Cにあてはまるものはどれか，次のアからエのうち一つから選び，記号で答えよ。

ア　モリンホール　　イ　コムンゴ　　ウ　サンザ　　エ　バリハ

(☆☆☆☆◎◎◎)

【2】次の楽譜は，あるオペラで歌われるアリアの一部分である。下の1，2，3の問いに答えよ。

1　この楽曲名と，オペラの作品名を答えよ。

2　この作曲者の作品を次のアからエのうちから一つ選び，記号で答えよ。

ア　リゴレット　　イ　西部の娘　　ウ　愛の妙薬

エ　カヴァレリア・ルスティカーナ

3　楽譜中のAの部分にあてはまる正しい旋律を書き入れよ。

(☆☆☆☆◎◎◎)

【3】次の楽譜はあるミサ曲の一部分である。下の1から4の問いに答えよ。

1　作曲者の生まれた都市名を答えよ。

2　A，Bのパートはそれぞれ何の楽器で演奏するか，作曲者が指定した楽器名を答えよ。

3　〔　C　〕にあてはまる速度記号を，次のアからエのうちから一つ選び，記号で答えよ。

ア　Allegro　　イ　Adagio　　ウ　Andantino　　エ　Lento

4　次のアからエは，このミサ曲を構成する14曲のうちの4曲である。ミサの中で演奏される順に，記号で答えよ。

ア　Sanctus　　イ　Lux aeterna　　ウ　Lacrimosa　　エ　Dies irae

(☆☆☆☆◎◎)

解答・解説

【中高共通】

【1】1 (1) 華やかに (2) 乱暴に，粗雑に 2 (1) エ
(2) ア

〈解説〉1 (1)・(2)ともにイタリア語が語源だが，用いられることが少ない楽語である。特に(2)は「荒々しく，乱暴に」などは，よく知られていないといえる。なお，(1)は「盛大に」という意味もある。

2 (1) アはグレゴリオ聖歌などの単旋律の記譜に用いられた記号の楽譜，イはアルト記号(ハ音記号)，ウは大譜表，つまり楽譜に関するもの，エはロンド形式を指す。 (2) アは弱音器を付けての意。他は曲想や速さを表す楽語で，イは元気よく，ウは表情をもって，エは活発に，元気よくの意味である。

【2】1 1 エ 2 キ 3 シ 4 ウ 5 コ
2 スケルツォ 3 B エ C カ 4 トゥランガリラ交響曲

〈解説〉1 ハイドンの交響曲第94番「驚愕」について，第1楽章から第4楽章までの曲の構成をソナタ形式と関連させた設問である。第2楽章の「びっくり」させる突然のフォルテ音の知識だけでなく，緩徐楽章のこと(第2楽章は変奏曲である)や第3楽章がメヌエットであることなどの知識が必要である。交響曲にメヌエットを最初に入れたのもハイドンといわれている。 2 スケルツォは「諧謔(かいぎゃく)曲」ともいわれ，冗談とかいたずらの意を持つ3拍子の快活な曲。メヌエットの典雅な舞曲をスケルツォの名で作曲したのは，ベートーヴェンの交響曲第2番第3楽章からである。しかし，交響曲第1番第3楽章もメヌエットとは名ばかりで，実質はスケルツォの快活さが暴れ回る曲になっている。 3 Bはエの「冬の日の幻想」，Cはカの「ロマンティック」が正答。アはメンデルスゾーン，イはマーラー，ウはR.シュトラウスの交響詩ともいうべき作品。オはプロコフィエフ，キはショスタコー

ヴィッチの作曲である。　4　「トゥランガリラ交響曲」は10楽章であり，ピアノや電子楽器であるオンド・マルトノとオーケストラの作品。2つのサンスクリット語をつなぐタイトルで愛の賛歌が歌いあげられる。

【3】1　オーリック，デュレ，オネゲル，プーランク，タイユフェールから2人

2

3　F_7　　4　減5度　　5　イ

6

〈解説〉1　ミヨー(仏・1892～1974)はフランス6人組の一人として，第1次世界大戦後パリで反ロマン主義，反印象主義の立場で新しい音楽の創造をめざした。ミヨーとともに指導的地位にあったのがオネゲルである。また，プーランク，オーリックもよく知られる。　2　①の音とはホ音でその属調はロ長調。そしてその同主調はロ短調である。　3　②のコードネームはF・A・C・E♭のF_7である。　4　③の音程は増4度。それを転回すると減5度である。　5　サンバはブラジルのポピュラー音楽。ブラジルは地図のイである。　6　アルトサクソフォーンはE♭管であり，その記譜が実音の長6度上になっている。Aの楽譜をまず長6度低く下げると実音楽譜になる。次にクラリネットB♭管は，記譜が実音の長2度上である。したがって，実音楽譜を長2度高く書くのが正答となる。

【4】① ケ　② イ　③ キ　④ エ　⑤ ア

〈解説〉① 作品番号のBWVとは，J.S.バッハのジャンル別作品目録。ア～ケの曲ではケの「クリスマス・オラトリオ」が該当する。曲は6つの教会カンタータ(全64曲)からなる。　② サン＝サーンスの歌劇「サムソンとデリラ」3幕は，旧約聖書に基づく台本で作曲された。　③ リストのピアノ曲集「巡礼の年」は，4集26曲からなる。　④ ムソルグスキーの交響詩「はげ山の一夜」は，作曲者の死後リムスキー＝コルサコフが管弦楽編成を修正した。　⑤ ドイチェ(D)とはシューベルトの年代順による作品目録。「美しき水車小屋の娘」は20曲からなる連作歌曲である。

【中学校】

【1】1 早春賦　2 中田章

3

4 春は名のみの風の寒さや　5 まだその時ではないと

6 ***p***

7 1オクターブと完全4度

8

〈解説〉1～3 共通教材曲「早春賦」であり，作詞・作曲者名や空白部分の旋律など正答できなければならない。　4～5 1番の歌詞だけでなく，2～3番も歌えるようにしたい。　7 冒頭の音符が最低音で「変ロ」，次の小節の4番めの音符が最高音で「二点変ホ」音，その音程は「完全11度」＝1オクターブと完全4度となる。

【2】1　ボレロ

2

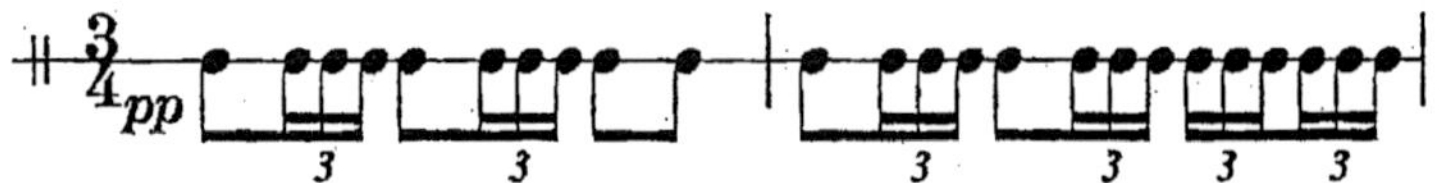

3　イ

4

5　a　ラヴェル　　b　チェレスタ　　c　テナー　　6　ウ

〈解説〉1～2　ラヴェルの1幕のバレエ音楽「ボレロ」で，3拍子・2小節のリズムが340小節からなる全曲の中で，169回打ち鳴らされる。　3～4　2小節のリズム打ちに乗って，主題Aの16小節がまずフルートで奏され，主題Bの16小節が楽器を替えて奏されるなど，独奏や合奏の楽器法を変えつつ反復されていく。　5　「ボレロ」の曲についての説明文のa～cにあてはまる語句を答える設問であるが，bやcは難しい。特に，bのチェレスタがピッコロやホルンと組み合わされて演奏することはわからない人も多いだろう。　6　ラヴェル作曲「ダフニスとクロエ」は全3幕のバレエ音楽。「恋は魔術師」はファリャのバレエ音楽。「コッペリア」はドリーブのバレエ音楽。「ペトルーシュカ」はストラヴィンスキーのバレエ音楽である。

【3】1　①　囃子方　　②　出囃子　　③　見得　　④　花道

2　(1)　安宅　　(2)　松羽目物(本行物)　　3　イ

〈解説〉1　①　囃子方とは笛，小鼓，大鼓，太鼓を中心とした楽器を演奏する人のこと。　②　出囃子は，演奏者たちが舞台に登場して演奏すること。長唄の舞踊劇の場合に多い。　③　見得とは，芝居，舞踊の中で動きを停止して身体を固定し，一定の形をとること。　④　花道は，舞台に向かって左手寄りに観客席を貫通するようにまっすぐに延びている一本の道である。享保(1716～35年)中期以後，次第に常設されるようになった。花道の七三の位置にある小型の切穴をすっぽんといい，忍者や妖術使い，幽霊などが多く出入りする。

2 (1) 「勧進帳」は，能の「安宅(あたか)」を歌舞伎化した長唄で，四世杵屋六三郎作曲，初演は天保11(1840)年である。 (2) 歌舞伎舞踊で能舞台を模した装置で，主に能・狂言の演目を題材に演ずる舞台様式を「松羽目物(まつばめもの)」という。歌舞伎舞台の正面に老松，左右の袖に竹の羽目板，下手に五色の揚幕などで，七世市川団十郎が「勧進帳」で初めてとり入れたといわれる。

【高等学校】

【1】1 グリオ 2 ア 3 イ 4 ウ

〈解説〉1～2 「グリオ」は吟遊詩人のような役割をもち，その歌の伴奏として用いたのがアのコラ(撥絃楽器)である。 3 「トーキングドラム」はアフリカの太鼓，音によって通信手段としても使われた膜鳴楽器である。 4 親指ピアノとも呼ばれる「サンザ」はアフリカの代表的な楽器。ムビラあるいはカリンバの名で呼ばれることもある。

【2】1 曲名…私の愛しいお父様 作品名…ジャンニ・スキッキ

2 イ

3

〈解説〉1 示された楽譜は，プッチーニのオペラ《三部作》の第3作「ジャンニ・スキッキ」でラウレッタ(sp)が歌うアリア「私の愛しいお父様」である。 2 プッチーニの作品はこの中ではオペラ「西部の娘」である。1850年頃のアメリカ・カリフォルニアのゴールド・ラッシュに沸く鉱山の町が舞台である。 3 空白部分の旋律は，このアリアは有名ではあるが，正しく記譜するのは難しいであろう。

【3】1　ザルツブルク　　2　A　バセット・ホルン　　B　ファゴット
3　イ　　4　エ→ウ→ア→イ

〈解説〉1　示された楽譜は，モーツァルトの辞世の死者のためのミサ曲「レクイエム」ニ短調　KV.626第1曲「イントロイトゥス」序奏である。　2　AとBのパートの楽器名は，この曲を深く知っていないと正答できない。Aのバセット・ホルンとはクラリネット属で1770年頃ドイツで作られ，音色が温和でモーツァルトが愛好した楽器とのことであるが，現在ではほとんど使用されない。Bはファゴットである。　4　この曲及びミサ曲をよく知らないと正答は困難である。エは第3曲の第1部，ウが第6部に演奏される。アは第5曲で，イは第8曲(終章)コムニオで演奏される。

2013年度　実施問題

【中高共通】

【1】音楽用語について，次の1，2の問いに答えよ。

1　次の(1)，(2)の意味を答えよ。

(1)　rinforzando　　(2)　con tenerezza

2　次の(1)，(2)に示した音楽用語のうち，性質の異なるものをアからエのうちからそれぞれ一つ選び，記号で答えよ。

(1)　ア　smorzando　　イ　slargando　　ウ　religioso
　　エ　slentando

(2)　ア　appoggiature　　イ　mordent　　ウ　nachschlag
　　エ　tre corde

(☆☆☆◎◎◎)

【2】次のⅠからⅤの文は，アジアの民族音楽及び民族楽器について述べたものである。あとの1から6の問いに答えよ。

Ⅰ　[　①　]物語は，「マハーバーラタ」と並ぶ古代インドから伝わる二大長編叙事詩であり，東南アジア一帯で演劇や舞踏，音楽，絵画，彫刻などの題材として深く浸透している。

Ⅱ　朝鮮半島に見られる[　②　]は，古い伝統をもつ語り物音楽で，一人の演者が< a >の伴奏に合わせて物語を演じる。2003年にはユネスコの世界無形文化遺産にも登録された。

Ⅲ　ホーミーは，地声と[　③　]を利用して複数の声を出す特殊な発声法による民謡である。

Ⅳ　< b >は，中をえぐって調律した複数の竹筒とそれをつなぐ竹枠からなり，ゆすって竹筒と竹筒をぶつけて音を出す。音程は竹の長さや太さによって異なる。

Ⅴ　西アジアでは$_{B}$<u>ズルナ</u>などの$_{C}$<u>2枚リードの楽器</u>が広く分布している。

1　[　①　], [　②　], [　③　]にあてはまる最も適切な語句を答えよ。

2　[　①　]物語に関連し，インドネシアのバリ島で演じられる男声合唱劇を何というか。

3　<a>, <b>にあてはまる楽器名を答えよ。

4　<a>の楽器を次のアからエのうちから一つ選び，記号で答えよ。

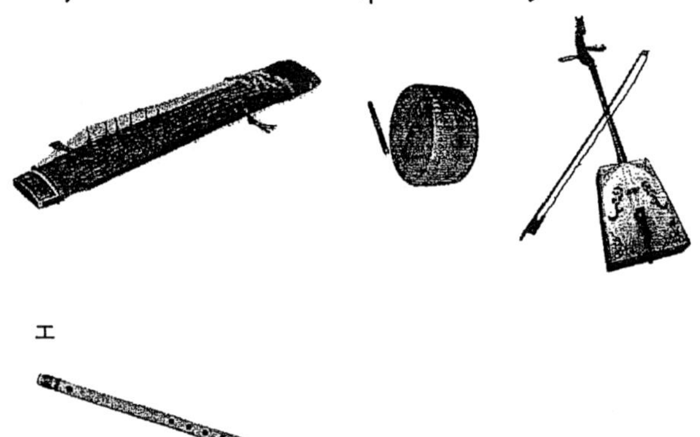

5　下線部Bの楽器を使用する，16世紀から17世紀のトルコの軍楽隊を何というか。

6　下線部Cに該当する楽器を，次のアからエのうちから一つ選び，記号で答えよ。

ア　篳篥　　イ　一節切　　ウ　笙　　エ　能管

(☆☆☆☆◎◎◎◎)

【3】次の6音音階について，下の1から6の問いに答えよ。

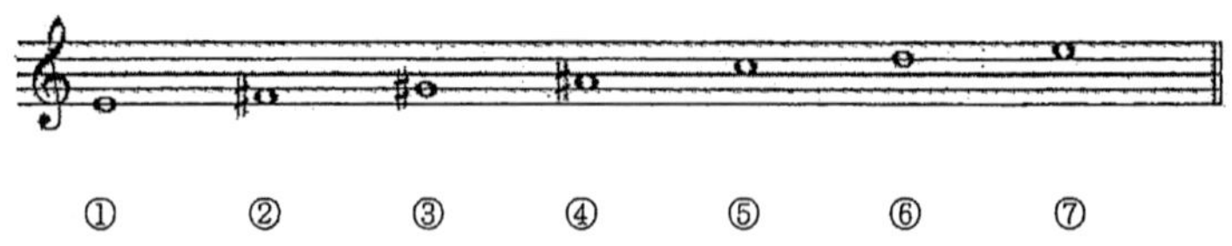

1　この音階の名称を答えよ。

2　③，⑤，⑦の音で構成される和音の種類を次のアからエのうちから一つ選び，記号で答えよ。

ア　短3和音　　イ　減3和音　　ウ　増3和音　　エ　長3和音

3　②，⑥間の音程と，その転回音程を答えよ。

4　3で答えた音程はどれに該当するか。次のア，イ，ウのうちから一つ選び，記号で答えよ。

ア　完全協和音程　　イ　不完全協和音程　　ウ　不協和音程

5　③の音を下属音とする短調の旋律的短音階上行形を，調号を用いて高音部譜表に記せ。

6　③の音の異名同音を主音とする長調の平行調を答えよ。

(☆☆☆◎◎◎◎)

【4】次の楽譜は，ある協奏曲の第1楽章の冒頭部分である。この楽譜について，あとの1，2，3の問いに答えよ。

1　この楽曲の作曲者と同じ時代に活躍していた作曲家を，次のアからエのうちから一つ選び，記号で答えよ。

ア　ボッケリーニ　　イ　ジョスカン・デ・プレ　　ウ　ヘンデル

エ　イベール

2　楽譜に書かれた低音パートの上に和音を加えながら，即興的に伴奏する奏法を何というか。

3　次の文は，この楽曲についての説明である。下の(1)，(2)，(3)の問いに答えよ。

この楽曲は，[　①　]協奏曲集「和声と創意の試み」の第1曲である。この協奏曲集は全12曲で構成され，第1曲から第4曲は，A14行の詩に基づいて作曲された。

第1楽章は，全合奏の部分と独奏の部分とが交互に現れる[　②　]形式で構成されている。全合奏の部分が同じ主題を繰り返すのに対して，独奏部分は様々に変化するのが特徴である。

(1)　[　①　]，[　②　]にあてはまる最も適切な語句を答えよ。

(2)　下線部Aを何というか。

(3)　次のⅠ，Ⅱ，Ⅲは，下線部Aの訳詩の一部である。Ⅰ，Ⅱ，Ⅲが付されている楽譜を下のアからカのうちからそれぞれ一つずつ選び，記号で答えよ。

Ⅰ　火の傍らで静かな満ち足りた日々を送り，その間，外では雨が万物を潤す。

Ⅱ　夜明けに狩人たちは角笛と鉄砲を持ち，犬たちを連れて狩りに出かける。

Ⅲ　空は雷鳴をとどろかせ，稲妻を光らせ，ひょうを降らせながら，熟した穂や穀物の頭をみな引きちぎる。

(☆☆☆☆◎◎◎)

【5】次の文は，三味線に関する説明である。この文について，下の1，2，3の問いに答えよ。

中国から渡来した[①]が三線となり，それがさらに改良され今日の三味線になったと考えられている。太棹，中棹，細棹などの種類があり，楽種によって使い分けられている。

上駒に乗っていない一の糸を弾くと，三味線特有のビリビリとした響きが得られ，これを[②]と呼ぶ。また，音高を変えるために，左手で糸を押さえるときの正しいポジションを[③]という。

三味線の調弦法には，本調子など6種類あり，曲の途中で調弦を変化させることもある。

1 [①]，[②]，[③]にあてはまる最も適切な語句を答えよ。

2 文中の下線部「本調子」を表しているのはどれか。次のア，イ，ウのうちから一つ選び，記号で答えよ。

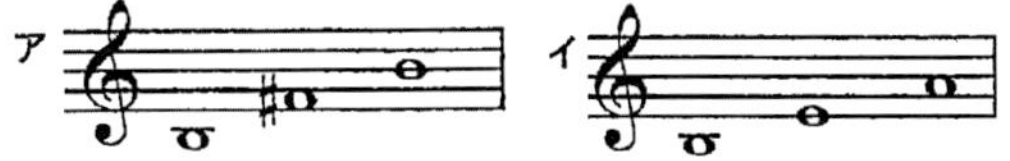

3　日本音楽の中で三味線を用いるものを，次のアからオのうちから二つ選び，記号で答えよ。

ア　浄瑠璃　　イ　雅楽　　ウ　声明　　エ　能楽　　オ　長唄

(☆☆☆◎◎◎◎)

【6】次の表の作曲者名とその作品名の組み合わせが正しくなるように，①から⑤の欄にあてはまる作曲者名を，下のアからコのうちから一つ選び記号で答えよ。また，その出生国も併せて答えよ。

作曲者名	作品名
①	弦楽六重奏曲「浄められた夜」
②	歌劇「ルスランとリュドミラ」
③	交響曲第3番ハ短調「オルガン付き」
④	演奏会用組曲「中国の不思議な役人」
⑤	歌劇「ポッペアの戴冠」

ア　ヒンデミット　　イ　パレストリーナ　　ウ　バルトーク
エ　ノーノ　　オ　モンテヴェルディ
カ　グリンカ　　キ　サン＝サーンス　　ク　プッチーニ
ケ　シェーンベルク　　コ　バラキレフ

(☆☆☆☆◎◎◎)

【7】次の楽譜はある楽曲の一部分である。マズルカ，ラプソディに該当する楽曲をアからキのうちからそれぞれ一つ選び，記号で答えよ。

(☆☆☆☆☆◎◎◎)

【中学校】

【1】次の楽譜は，ある楽曲の一部分である。この楽譜について，下の1から7の問いに答えよ。

1 曲名を答えよ。

2 作詞者を次のアからエのうちから一つ選び，記号で答えよ。

ア 林古渓　イ 北原白秋　ウ 土井晩翠　エ 武島羽衣

3 A の部分にあてはまる音楽用語は何か。次のアからエのうちから一つ選び，記号で答えよ。

ア con moto　イ accel.　ウ a tempo　エ rit.

4 (B)にあてはまる1番の歌詞を答えよ。

5 この調の下属調の同主調を答えよ。

6　楽譜中のCに正しい旋律を書き入れよ。

7　Dの旋律を，アルトサクソフォーンで演奏するときの楽譜に書き換えよ。ただし，調号は用いないこととする。

(☆☆☆◎◎◎)

【高等学校】

【1】次の楽譜は，ある交響曲の第1楽章の主題と，第2楽章以降の主題である。この楽譜について，下の1から5の問いに答えよ。

第1楽章　主題

Allegro agitato e appassionato assai (𝅗𝅥 = 132)

A

B

Allegro (♩. = 112)

C

Adagio (♪= 84)

p espress.

D

Valse. Allegro non troppo (♩. = 60)

1　この楽曲の作曲者と出生国を答えよ。

2　AからDの楽譜を楽章順に並び替えて，記号で答えよ。

3　Bの旋律を奏する楽器名を答えよ。

4　この交響曲に代表される，ある動機を全曲を通して反復することによって標題音楽に統一性を与える技法を，作曲者は何と呼んだか。

5 Valse. は3拍子の舞曲である。次のアからキのうちから3拍子の舞曲を二つ選び，記号で答えよ。

ア loure　イ courante　ウ siciliano　エ habanera

オ bourrée　カ gaillarde　キ gigue

(☆☆☆☆☆◎◎◎)

【2】次の楽譜は，ある合唱曲の一部分である。この楽譜について，下の1から4の問いに答えよ。

1 曲名を答えよ。

2 [A]にあてはまる最も適切な語句を，次のアからエのうちから一つ選び，記号で答えよ。

ア Lieblich　イ Ziemlich langsam　ウ Fröhlich

エ Belebt

3 この楽曲の作曲者のピアノ作品を，次のアからエのうちから一つ選び，記号で答えよ。

ア 舞踏への勧誘　イ パガニーニの主題による超絶技巧練習曲

ウ 謝肉祭　エ 組曲「ドリー」

4 Bの部分のソプラノパートを書き入れよ。

(☆☆☆◎◎◎)

【3】次の楽譜はある楽曲の一部である。この楽譜について，下の1から4の問いに答えよ。

1　Aの部分の実音を，高音部譜表に全音符で記せ。

2　ギターでGコードを奏する時のダイヤグラムを記せ。(●：押さえる位置，○：開放弦　とする)

3　リコーダーで親指孔にわずかな隙間を作り，高音を奏する運指を何というか。

4　次の文は，この楽曲についての説明である。[　①　]，[　②　]にあてはまる最も適切な語句を答えよ。

　この主旋律は[　①　]民謡の一つである。作曲家[　②　]は1928年に完成した歌劇「恋するサー・ジョン」第3幕の間奏曲でこの民謡の旋律を用いた。

(☆☆☆☆◎◎◎)

解答・解説

【中高共通】

【1】1　(1)　一つの音または和音を急激に強める　　(2)　優しさをもって

2　(1)　ウ　　(2)　エ

〈解説〉1　(1)　rinforzando(リンフォルツァンド)は，音の強さに関する用語である。　(2)　con tenerezza(コン・テネレッツァ)は，発想に関する用語で，conは「～をもって」，tenerezzaは「優しさ，愛情」という意味である。　2　(1)　ウのreligioso(レリジオーソ)は「敬虔に」という意味で，それ以外の3つはすべて速さの変化(だんだん遅くという意味を含むもの)についての用語である。　(2)　エのtre corde(トレ・コルデ)は「3本の弦で」という意味で，「ピアノの弱音器なしで」ということである。それ以外の3つは，すべて装飾音の名称である。

【2】1　①　ラーマーヤナ　　②　パンソリ　　③　倍音　　2　ケチャ
3　a　プク　　b　アンクルン　　4　イ　　5　メヘテルハーネ
6　ア

〈解説〉1　①　『ラーマーヤナ物語』は全7巻から成る長編叙事詩である。ヒンドゥー教の神話と伝説をまとめたものであり，絵画，映画，音楽など，さまざまな芸術の題材となっている。　②　「パンソリ」は，朝鮮の伝統的民俗芸能の1つである。　③「ホーミー」はとくにモンゴルの民族によって伝承されてきた。　2　ケチャは『ラーマーヤナ物語』を題材とする舞踏劇である。　3　a「パンソリ」は1人の歌い手とプク(太鼓)奏者の2人で演じられる。　b「アンクルン」はインドネシアの竹製の打楽器である。ハンドベルのように複数で分担して音階を作る。　4「パンソリ」が理解できていれば，選択肢の中で打楽器はイしかないので，容易に判断できよう。　5　メヘテルハーネでは，主にズルナ(管楽器)とダウル(太鼓)が楽器として用いられる。
6　ア～エはいずれも日本の伝統楽器である。アの篳篥(ひちりき)は雅楽などで使う管楽器の1つ。イの一節切(ひとよぎり)は竹製の笛で，一節の竹から作られることからこの名がある。尺八の前身ともいわれている。ウの笙(しょう)は雅楽の管楽器の1つ。エの能管は歌舞伎などで用いられる横笛のことをいう。

【3】1　全音音階　　2　ウ　　3　音程…短6度　　転回音程…長3度
4　イ

5

6　ヘ短調(f moll)

〈解説〉1　全音音階は全音だけからなる音階，つまり1オクターヴを6つの全音に等分した音階のことである。ドビュッシーが多用したことで知られる。　2　③，⑤，⑦の音を基本形に並び替えるとC，E，Gisとなり，増3和音である。　3　転回音程は1オクターヴ以内で考える。転回音程は，9－原音程(初めの音程)で求められる。したがって，6度の転回音程は3度となる。音程の種類は，原音程が短音程であれば転回音程は長音程，原音程が増音程であれば転回音程は減音程となる。完全音程は転回させても完全音程である。　4　音程は「協和音程」「不協和音程」に分類され，「協和音程」はさらに「完全協和音程」「不完全協和音程」に分けられる。不完全協和音程は長3度，短3度，短6度，長6度のことをいう。　5「下属音」とは音階の4番目の音のこと。解答は嬰ニ短調(dis moll)となる。　6　③の音(嬰ト，Gis)の異名同音は変イ(As)であり，変イ長調(As dur)の平行調はヘ短調(f moll)である。

【4】1　ウ　　2　通奏低音(Basso continuo)　　3　(1)　①　ヴァイオリン　②　リトルネッロ　　(2)　ソネット　　(3)　Ⅰ　ウ　　Ⅱ　イ　Ⅲ　ア

〈解説〉示された楽譜は，ヴィヴァルディ作曲『春』の一部である。中学校の鑑賞共通教材としてあげられているので，十分に教材研究をしておきたい。　1　選択肢中の作曲家の年代をみると，ボッケリーニ(1743～1805年)，ジョスカン・デ・プレ(1440?～1521年)，ヘンデル(1685～1759年)，イベール(1890～1962年)で，作曲者ヴィヴァルディ(1678～1741年)と同時代に活躍していたのはウのヘンデルといえる。2「通奏低音」は，主にバロック音楽で行われる伴奏の形態である。低音部の旋律のみ示され，それをもとに，演奏者が即興的に和音をつけていく。　3　(1)　②　リトルネッロ形式はバロック時代の協奏曲に多くみられた。　(2)　ソネットとは，14行で成るヨーロッパの定型詩。この曲のもとになったソネットは作者不詳である。　(3)　Ⅰは

『冬』の第2楽章でウ，Ⅱは『秋』の第2楽章でイ，Ⅲは『夏』の第3楽章でアのソネットである。細かい出題だが一部は中学校の教科書にも掲載されているので，おさえておく必要がある。示された楽譜のエは『秋』の第1楽章，オは『春』の第1楽章，カは『夏』の第1楽章である。

【5】1　①　三弦(サンシエン)　②　サワリ　③　勘所(ツボ)
2　ウ　3　ア，オ

〈解説〉1　和楽器の中でも三味線に関する問題は頻出である。歴史や奏法などを詳しく学習しておかなければならない。　②　一の糸は上駒に乗せず，棹の一部にわずかに触れるようになっている。　2　三味線の調弦のうち主なものは「本調子」「二上がり」「三下がり」の3つである。選択肢のアは二上がり，イは三下がりの調弦である。
3「浄瑠璃」では義太夫三味線が，「長唄」では長唄三味線が用いられる。イの「雅楽」で用いられる弦楽器は琵琶と箏(そう)，エの「能楽」には弦楽器ではなく，お囃子で笛や太鼓が使われる。

【6】(作曲者名，出生国の順) ①　ケ，オーストリア　②　カ，ロシア
③　キ，フランス　④　ウ，ハンガリー　⑤　オ，イタリア

〈解説〉作曲家とその代表作及び出生国は必ず対にして覚えておこう。
①　弦楽六重奏曲『浄められた夜』はシェーンベルクの初期の作品で，最も重要な作品の1つである。　②　歌劇『ルスランとリュドミラ』はグリンカ作曲のメルヘン・オペラである。　③　交響曲第3番ハ短調『オルガン付き』はサン＝サーンスの5番目の交響曲である。
④　演奏会用組曲『中国の不思議な役人』はバルトークの作品。
⑤　歌劇『ポッペアの戴冠』はモンテヴェルディ作曲のオペラ・セリアである。

【7】マズルカ…キ　ラプソディ…ウ

〈解説〉選択肢中，キがショパン作曲の『マズルカ』第23番 ニ長調 Op.33，ウがリスト作曲の『ハンガリー狂詩曲』第6番 変ニ長調 S244-6である。

選択肢はピアノ曲から管絃楽曲まで幅広い楽曲の旋律があげられているので判断が難しい。とくにラプソディには形式的な特徴がない(ラプソディとは，曲の構成方法，表現方法を指す言葉である)ので，リストやラフマニノフなどの代表的な作品を知っていないと解答しづらい。できる限り多くの楽曲を日頃から耳にしておくことが重要である。

【中学校】

【1】1　浜辺の歌　　2　ア　　3　エ　　4　風の音よ(かぜのおとよ)
5　変ロ短調(b moll)

6

7

〈解説〉1・2　示された楽譜は，『浜辺の歌』の一部である。中学校学習指導要領解説では，「音楽文化に理解を深める」ことから，『浜辺の歌』『荒城の月』『花』『赤とんぼ』『早春賦』『夏の思い出』『花の街』の7曲を歌唱共通教材とし，各学年で1曲以上を含めるとしている。歌唱共通教材については，作詞者名，作曲者名はもちろん，弾き歌いができるまでにしておく必要がある。　3　正答はエのrit.(リット)で，「しだいに遅く」という意味。アのcon moto(コン・モート)は「動きをつけて」，イのaccel.(アッチェレ)は「しだいに速く」，ウのa tempo(ア・テンポ)は「もとの速さで」という意味で，いずれもこの曲の終わりにはふさわしくない。　4　教材となっている楽曲は，一度歌詞をすべて書いておくとよい。　5　この楽曲は♭1つを調号とする長調，ヘ長調(F dur)である。ヘ長調(F dur)の下属調は変ロ長調(B dur)，変ロ長調(B dur)の同主調は変ロ短調(b moll)である。　6　旋律も正しく書けるように，知っている曲でも一度楽譜を見ながら書く練習をしてお

こう。　7　アルトサクソフォーンはEs管で，実音は記譜より長6度低い。

【高等学校】

【1】1　作曲者…ベルリオーズ　　国名…フランス　　2　(D) → (C) → (A) → (B)　　3　クラリネット　　4　イデーフィクス(固定楽想)
5　イ，カ

〈解説〉示された楽譜は，ベルリオーズ作曲『幻想交響曲』の各楽章の主題である。　1　ベルリオーズは1803年にフランスで生まれた。
2『幻想交響曲』は5楽章構成ですべての楽章に標題がつけられている。それぞれに特徴があり，実際に曲を聴いておくと判断しやすい。必ずスコアを見ながら一度楽曲を聴いておこう。　4　イデーフィクスは，ベルリオーズが『幻想交響曲』の中で用いた手法で，曲の中で同じ旋律が繰り返される。『幻想交響曲』においては，ベルリオーズの恋愛対象を表す旋律とされている。固定楽想，固定観念と訳される。
5　3拍子なのはイのcourante(クーラント)とカのgaillarde(ガイヤルド)。舞曲の種類は，名称，発祥国，拍子などの音楽的特徴をあわせて覚えておこう。他の選択肢の拍子と発祥国は次の通り。loure(ルール)…6拍子・フランス，siciliano(シチリアーノ)…6拍子・イタリア(スペイン説もある)，habanera(ハバネラ)…2拍子・キューバ，bourrée(ブレー)…2拍子・フランス，gigue(ジーグ)…6拍子・イギリス

【2】1　流浪の民(Zigeunerleben)　　2　エ　　3　ウ
4

〈解説〉1 『流浪の民』は，シューマン作曲の歌曲。合唱曲として歌われることが多い。　2　アのLieblichは「愛らしく」，イのZiemlich langsamは「かなり遅く」，ウのFröhlichは「楽しげに，快活に」，エのBelebtは「生き生きと，活気をもって」という意味。ウとエは紛らわ

しいがこの曲においてはエのBelebtが表記されている。　3　アの『舞踏への勧誘』はウェーバー，イの『パガニーニの主題による超絶技巧練習曲』はリスト，エの『組曲「ドリー」』はフォーレの作品である。

【3】1　　　　2

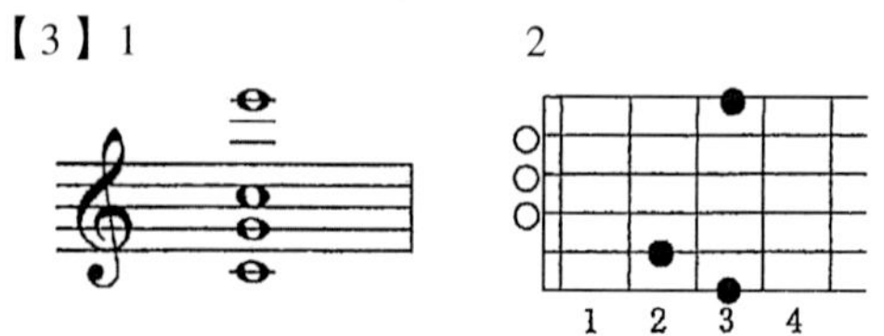

3　サミング　　4　①　イングランド(イギリス)　　②　ヴォーン・ウィリアムズ

〈解説〉示された楽譜は『グリーンスリーヴス』の一部である。

1　リコーダーやギターの音高と実音での表記を理解しているかどうかを問う問題である。記譜と実音の関係を意識しながら学習しておくことが必要である。　2　代表的なコードに関してはダイヤグラムを書けるようにしておこう。　4　①『グリーンスリーヴス』は作曲者不詳のイングランド民謡である。　②　イギリスの作曲家ヴォーン・ウィリアムズの作品には，イギリスの民謡を題材としたものが多くみられる。

2012年度　実施問題

【中高共通】

【1】音楽用語について，次の1，2の問いに答えよ。

1　次の(1)，(2)の意味を答えよ。

(1)　affettuoso　　(2)　tranquillo

2　次の(1)，(2)に示した音楽用語のうち，性質の異なるものをアからエのうちからそれぞれ一つ選び，記号で答えよ。

(1)　ア　loco　　イ　mesto　　ウ　attacca　　エ　simile

(2)　ア　col legno　　イ　détaché　　ウ　con pedale
　　エ　sul ponticello

(☆☆☆☆☆◎◎)

【2】次の文は，日本における西洋音楽の受容について述べたものである。あとの1，2，3の問いに答えよ。

1879年，文部省に後の東京音楽学校となる[　①　]が設置されたことから，本格的な西洋音楽の移入が始まる。ここで学び，組歌「四季」などを作曲した[　②　]は，日本における作曲活動の先駆者となった。また，山田耕筰は，留学したドイツで和声法・対位法などを学び，大正・昭和における楽壇最大の指導者となった。

第二次世界大戦以降になると，A気鋭に溢れた作曲家たちが日本の音楽活動を担うようになり，日本人作曲家の作品も少しずつ海外で認められるようになった。多くの作曲家が，シェーンベルクの創始した十二音音楽，日常的な音響をテープで合成したミュージックコンクレート(具体音楽)，シュトックハウゼンによる電子音楽等，西洋の前衛的な作曲技法を精力的に取り入れていった。一方，[　③　]が作曲した「合唱のためのコンポジション」や，[　④　]が作曲したB「ノヴェンバー・ステップス」など，日本の新たな方法論として自らの伝統に注目した作品も生まれた。

1　[　①　]から[　④　]にあてはまる最も適切な語句を答えよ。

2　Aについて，次の(1)，(2)，(3)の三人の作曲家の代表作をアからクのうちから一つずつ選び，記号で答えよ。

(1)　芥川　也寸志　　(2)　黛　敏郎　　(3)　團　伊玖磨

ア　オペラ「夕鶴」

イ　映画音楽「キングコング対ゴジラ」

ウ　合唱組曲「水のいのち」

エ　童声合唱とオーケストラのための「響紋」

オ　管弦楽のための木挽歌

カ　涅槃交響曲

キ　催馬楽によるメタモルフォーゼ

ク　エローラ交響曲

3　Bは二つの独奏楽器とオーケストラのための楽曲である。二つの独奏楽器名を答えよ。

(☆☆☆☆☆◎◎)

【3】次の楽譜は，ある楽曲の一部分である。この楽譜について，あとの1から6の問いに答えよ。

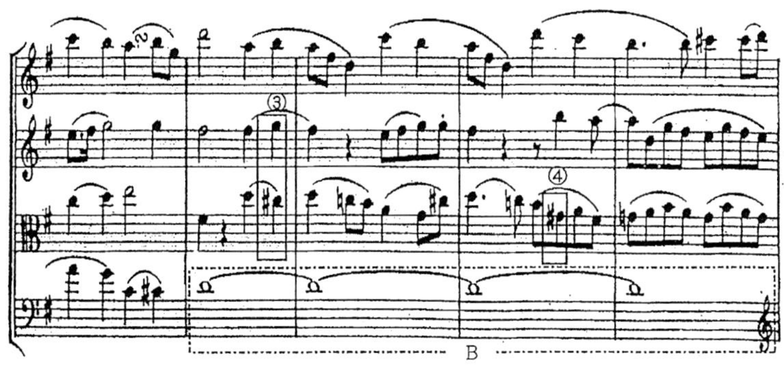

1　①の記号の名称と，奏法を記せ。

2　②の部分の和音をコードネームで答えよ。

3　③の2音を転回したときの音程を答えよ。

4　④の音を主音とする短調の下属調の和声的短音階を，調号を用いて高音部譜表に記せ。

5　Aを属調に移調し，調号を用いてアルト譜表に記せ。

6　Bのように，長く同度を続けて動かない音を何というか。次のアからエのうちから一つ選び，記号で答えよ。

ア　オスティナート　　　イ　ハーモニックス

ウ　オルゲルプンクト　　エ　オプス・ポストゥムス

(☆☆☆☆◎◎◎)

【4】次の文は，箏の歴史についての説明である。あとの1，2の問いに答えよ。

奈良時代に唐より伝わった箏は，雅楽の中で用いられていた。室町時代末から安土・桃山時代には，九州久留米の僧の賢順が，中国の琴楽，在来の独奏箏曲や寺院雅楽などをまとめて，[　①　]を創出した。

江戸時代に入ると，盲目の音楽家[　②　](1614～85)は，A<u>平調子</u>・雲井調子など半音を含んだ新たな調弦法を考案した。彼は，箏組歌や段物を制定するなど，楽器としての箏および箏曲の基礎を大成させた。

明治時代になると，箏曲の地歌からの独立が進み，《明治新曲》と呼ばれる箏のみの曲が多く作られた。その後，[　③　](1894～1956)は，西洋音楽の影響を受けて「春の海」などの新たな曲を多数発表した。このことは，大正から昭和初期にかけての《[　④　]》と呼ばれる新しい作曲運動の盛りあがりのきっかけとなり，現代箏曲の発展に繋がった。

1　[　①　]から[　④　]にあてはまる適切な語句を答えよ。

2　Aの調弦を五線譜に全音符で書き入れよ。

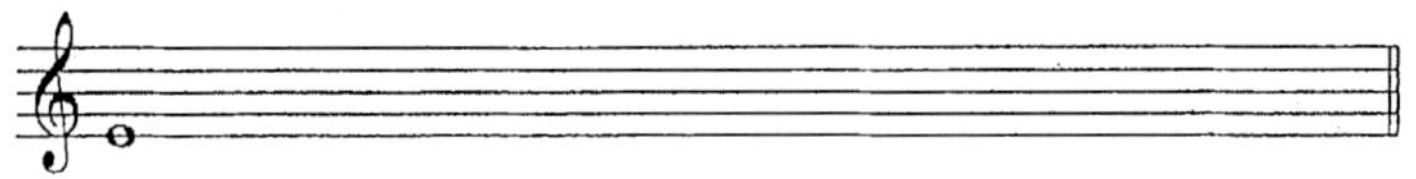

一　二　三　四　五　六　七　八　九　十　斗　為　巾

(☆☆☆☆◎◎)

【5】次のⅠ，Ⅱの文は，ある作曲家についての説明である。下の1から4の問いに答えよ。

Ⅰ　〔　A　〕の作品は交響曲と歌曲が主体である。「交響曲第8番」には〈[　①　]の交響曲〉という副題がついているが，8人の独唱者，2群の合唱および童声合唱，そして管弦楽による大規模な編成の曲である。「[　②　]の歌」は，漢詩をベートゲがドイツ語訳したものに作曲された，声楽と管弦楽の曲である。また，代表的な歌曲には「さすらう若人の歌」や「子供の魔法の[　③　]」などがある。

Ⅱ　〔　B　〕は，[　④　]音楽初期の作曲家で，その後のドイツ音楽に大きな影響を与えた。1609年に[　⑤　]に留学し，複合唱様式，コンチェルト様式や通奏低音書法を学び，それをドイツにもたらした。オラトリオ「十字架上の7つの言葉」，「マタイ受難曲」，「ヨハネ受難曲」などの作品に，彼独自の宗教的なモノディ様式の確立がみられる。

1　[　①　]から[　③　]にあてはまる最も適切な語句を答えよ。

2　[　④　]にあてはまる語句を次のアからエのうちから一つ選び，記号で答えよ。

ア　ルネサンス　　イ　バロック　　ウ　古典派　　エ　ロマン派

3 [　⑤　]にあてはまる語句を次のアからエのうちから一つ選び，記号で答えよ。

ア　パリ　　イ　ローマ　　ウ　ウィーン　　エ　ヴェネツィア

4 〔　A　〕,〔　B　〕にあてはまる作曲家名をそれぞれ答えよ。

(☆☆☆☆◎◎)

【中学校】

【1】次の楽譜は，ある楽曲の一部分である。この楽譜について，下の1から8の問いに答えよ。

1 曲名を答えよ。

2 作曲者を次のアからエのうちから一つ選び，記号で答えよ。

ア　中田章　　イ　成田為三　　ウ　中山晋平　　エ　中田喜直

3 [A]にあてはまる最も適切な強弱記号は何か。次のアからエのうちから一つ選び，記号で答えよ。

ア　*mp*　　イ　*pp*　　ウ　*f*　　エ　*mf*

4 〔　B　〕にあてはまる1番の歌詞を答えよ。

5 この楽曲の形式は何か。次のアからエのうちから一つ選び，記号で答えよ。

ア　三部形式　　イ　複合三部形式　　ウ　二部形式

エ　ロンド形式

6 調を答えよ。

7 Cの階名を，移動ド唱法で答えよ。

8 Dにあてはまる正しい旋律を書き入れよ。

(☆☆☆◎◎◎)

【2】次の楽譜は，〈ヴルタヴァ(モルダウ)〉の一部分である。この楽譜について，下の1から5の問いに答えよ。

1　Aは，弦を指先ではじいて演奏するが，この奏法を何というか。

2　ア，イのパートはそれぞれ何の楽器で演奏されるか，楽器名を答えよ。

3　次の文の[　①　]から[　③　]にあてはまる適切な語句を答えよ。

この曲は，全部で[　①　]曲からなる連作交響詩「[　②　]」の第[　③　]曲目である。

4　この作曲者の他の作品を，次のアからエのうちから一つ選び，記号で答えよ。

ア　歌劇「売られた花嫁」　　イ　スラヴ舞曲　　ウ　兵士の物語
エ　交響詩「タピオラ」

5　この作曲者と同国出身の作曲家を，次のアからエのうちから一つ選び，記号で答えよ。

ア　ショスタコーヴィチ　　イ　ボロディン　　ウ　バルトーク
エ　ヤナーチェク

(☆☆☆☆☆◎◎)

【高等学校】

【1】次の楽譜は，バード(1543～1623)作曲，「3声のためのミサ曲」から〈アニュス・デイ〉の一部分である。この楽譜について，下の1，2，3の問いに答えよ。

1 作曲者の出身地は現在のどの国にあたるか。次のアからエのうちから一つ選び，記号で答えよ。

ア イタリア　イ イギリス　ウ スペイン　エ オランダ

2 次の文は，この楽曲について述べたものである。[①]から[③]にあてはまる最も適当な語句を答えよ。

このミサ曲は，〈キリエ〉〈[①]〉〈クレド〉〈[②]&ベネディクトゥス〉〈アニュス・デイ〉の5曲で構成されている。各曲に共通の主題を取り入れて，全曲を通して作品の一貫性を強く印象づける[③]ミサの形式がとられている。

3 Aを完全4度上に移調し，調号を用いずに大譜表に記せ。

(☆☆☆☆◎)

【2】次の楽譜は，フォーレ(1845～1924)作曲による，ある歌曲の一部分である。この楽譜について，あとの1から4の問いに答えよ。

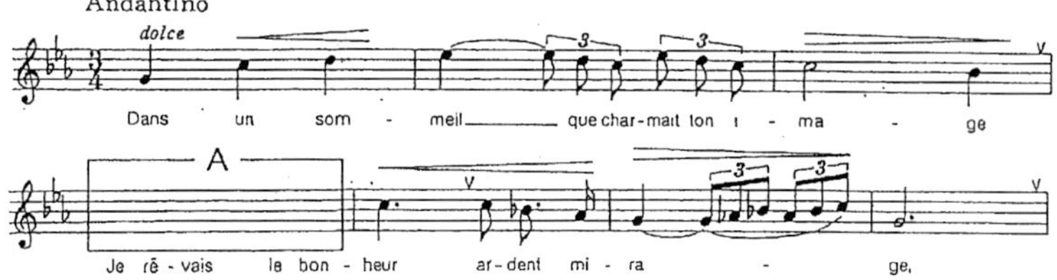

1　曲名を，次のアからエのうちから一つ選び，記号で答えよ。

　ア　楽に寄す　　イ　歌の翼に　　ウ　最後の歌

　エ　夢のあとに

2　この作曲者の作品を次のアからエのうちから一つ選び，記号で答えよ。

　ア　付随音楽「マスクとベルガマスク」

　イ　バレエ音楽「シルヴィア」

　ウ　組曲 第4番「絵のような風景」

　エ　歌劇「ペレアスとメリザンド」

3　この調の平行調の下属調の第4音を主音とする長調は何調か答えよ。

4　Aにあてはまる正しい旋律を書き入れよ。

(☆☆☆☆◎◎)

【3】次の楽譜は，ドビュッシー(1862～1918)作曲，「小組曲」から〈小舟にて(En bateau)〉の一部分である。この楽譜について，あとの1から4の問いに答えよ。

1　この楽譜は，管弦楽用に編曲されたものである。原曲の演奏形態を答えよ。

2　a，bのパートはそれぞれ何の楽器で演奏されるか，楽器名を答えよ。

3　cにあてはまる最も適切な速度記号を，次のアからエのうちから一つ選び，記号で答えよ。

ア　Allegro giusto　　イ　Adagietto　　ウ　Andantino　　エ　Lento

4　この曲は組曲の第1曲である。これに続く次のア，イ，ウの3曲を，作曲者が付した番号順になるように並べ替えて，記号で答えよ。

ア　行列 (Cortège)　　イ　バレエ (Ballet)

ウ　メヌエット (Menuet)

(☆☆☆☆◎◎)

解答・解説

【中高共通】

【1】1　(1)　愛情をこめて　　(2)　静かに　　2　(1)　イ　　(2)　ウ

〈解説〉1　どちらもよく使われる楽語。正確に覚えておこう。

2　(1)　イのmestoは「悲しげに」という表情を表す。その他の選択肢は演奏方法を表すもので，アのlocoは「もとのポジションで」，ウのattaccaは「続けて」，エのsimileは「同様に」という意味。　(2)　ウのcon pedale(ペダルを用いて)はピアノの演奏指示で，その他の選択肢は弦楽器の演奏指示である。アのcol legnoは，弓の毛ではなく棒の部分で弾く(叩く)奏法，イのdétachéは，1音ごとに弓を返して各音を際立たせて弾く奏法，エのsul ponticelloは弓を駒に近づけて弾く奏法のことである。

【2】1　①　音楽取調掛　②　滝 廉太郎　③　間宮 芳生　④　武満 徹　2 (1)　ク　(2)　カ　(3)　ア　3　尺八，琵琶(順不同)

〈解説〉1　①　音楽取調掛は，音楽教育の調査と研究のために開設された文部省所属の機関であった。　②　組歌「四季」は滝廉太郎の代表作品であり，第一曲の「花」は最も有名である。　③　間宮芳生の「合唱のためのコンポジション」は，現在第17番まである合唱曲。当初は日本の伝統音楽，わらべうたが作品構成の中心におかれていた。　④　武満徹は日本の現代音楽における代表的な作曲家であり，特に「ノヴェンバー・ステップス」はオーケストラと邦楽を融合させた作品として有名である。　2　選択肢はいずれも邦人作曲家による作品。アのオペラ「夕鶴」は團伊玖磨，カの「涅槃交響曲」は黛敏郎，イの映画音楽「キングコング対ゴジラ」は伊福部昭，ウの合唱組曲「水のいのち」は高田三郎，エの童声合唱とオーケストラのための「響紋」は三善晃，オの「管弦楽のための木挽歌」は小山清茂，キの「催馬楽によるメタモルフォーゼ」は松平頼則，クの「エローラ交響曲」は芥川也寸志の作品。　3　オーケストラと邦楽の融合，あるいは拮抗が特徴である「ノヴェンバー・ステップス」では，尺八と琵琶がいずれも独奏楽器として用いられる。

【3】1　名称：ターン　奏法：

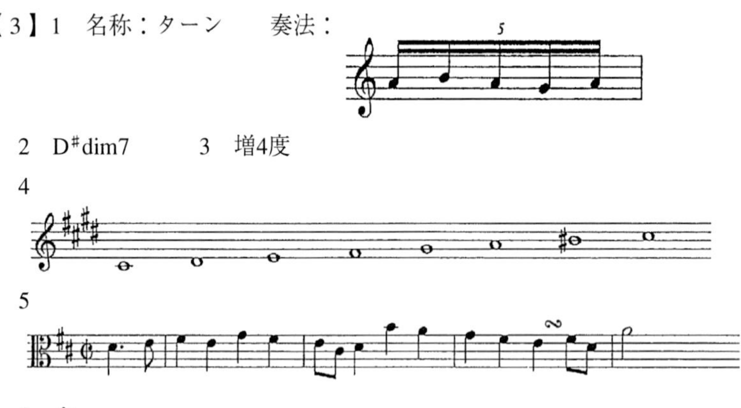

2　D#dim7　3　増4度

4

5

6　ウ

〈解説〉2　ハ音記号の3段目の音は，2分音符がのびているものとして考える。構成音はD♯，F♯，A，Cとなり，D♯を根音とする減七の和音であることから，コードネームはD♯dim7。　3　③の2音はC♯とGなので，もともとは減5度。転回音程は，減音程は必ず増音程となり，度数は9-(もとの度数)となる。したがって正答は増4度。　4　G♯を主音とする短調は嬰ト短調。下属調とはその調の下属音を主音とする調(主調と同種の調)のことなので，ここでは嬰ハ短調となる。和声的短音階なので，第7音を半音上げるのを忘れないように。　5　Aの部分はト長調。属調はト長調の属音を主音とする調なので，ニ長調である。#2つの調号によりアルト譜表に記せばよい。　6　特に最低音部において，長く同度を続ける音をオルゲルプンクト(持続低音)と呼ぶ。アのオスティナートは，ある一定の音型を繰り返し演奏すること。イのハーモニックスは，弦楽器で倍音を出す演奏方法。エのオプス・ポストゥムスは，作曲者の死後に出版された作品のことである。

【4】1　①　筑紫流箏曲(筑紫箏)　　②　八橋 検校　　③　宮城 道雄
④　新日本音楽

2

一　二　三　四　五　六　七　八　九　十　斗　為　巾

〈解説〉1　①　筑紫流箏曲とは，北九州地方に流布していた箏曲を，筑紫の善導寺の僧，賢順がまとめたものである。　②　八橋検校は筑紫流箏曲をもとに日本の箏の基礎を築き上げた，近世箏曲の創始者であるといえる。　③　宮城道雄は，洋楽の形式に邦楽を融合させ，十七弦，八十弦などの新楽器を創始した。　④　宮城道雄と尺八の吉田晴風を中心とした，大正から昭和初期にかけての邦楽革新運動，またその作品を新日本音楽という。　2　平調子は箏の標準的調弦法として最も多用される。

【5】1　①　一千人　　②　大地　　③　角笛　　2　イ　　3　エ
　4　A　マーラー　　B　シュッツ

〈解説〉文中のキーワードから，先に作曲者名が明らかになるだろう。細かい語句を間違えないように解答したい。　1　①　マーラーの交響曲第8番は，マーラーの作品の中で最大規模のものである。
②「大地の歌」はその構成から交響曲として分類される場合もある。
③「子供の魔法の角笛」は12曲から成る歌曲集である。マーラーの他にも様々な作曲家によって曲がつけられている。　2　ハインリヒ・シュッツ(1585～1672)は，初期のドイツ・バロック音楽における主要な作曲家である。　3　シュッツはギムナジウム(ヨーロッパの伝統的な中等学校)卒業後，1609年から4年間イタリアのヴェネツィアに留学している。

【中学校】

【1】1　夏の思い出　　2　エ　　3　イ　　4　しゃくなげいろにたそがれる　　5　ウ　　6　ニ長調(D dur)　　7　ミミミソシラ
　8

〈解説〉1　示された楽譜は，江間章子作詞，中田喜直作曲の「夏の思い出」の一部。　3　*mp*からクレッシェンド，ディクレッシェンドを経ていることから，適切なのは*pp*。　5　形式は，その曲がいくつの楽節から成っているかによって決まる。楽節には「完結した1曲」として成立する最小単位である8小節の「大楽節」と，4小節の「小楽節」がある。形式を考える場合には大楽節がいくつあるかで考える場合が多い。この曲では，A(a，a)，B(b，a')という構成で，大きく分けて前半(A)と後半(B)の二つの大楽節から成っているので，二部形式となる。
6　調性は♯2つの長調なのでニ長調である。　7　その音階の何番目の音かを考えればよい。

【2】1　ピッツィカート　　2　ア　フルート　　イ　クラリネット
3　①　6　　②　我が祖国　　③　2　　4　ア　　5　エ

〈解説〉2　これらの楽器は，ヴルタヴァの二つの水源を表現していると言われている。　3　この作品には，作曲当時オーストリア帝国から独立しようとしていた祖国に対する作曲者スメタナ(1824～1884)の思いが込められていると言われている。「ヴルタヴァ」とは，ボヘミア地方に流れるヴルタヴァ川(ドイツ語圏ではモルダウ川)のこと。
4　選択肢の中でスメタナの作品はアの歌劇「売られた花嫁」。イのスラヴ舞曲はドヴォルザーク，ウの兵士の物語はストラヴィンスキー，エの交響詩「タピオラ」はシベリウスの作品である。　5　選択肢の中で，スメタナと同じチェコ出身の作曲家はエのヤナーチェク。アのショスタコーヴィチ，イのボロディンはいずれもロシア，ウのバルトークはハンガリーの作曲家である。

【高等学校】

【1】1　イ　　2　①　グローリア　　②　サンクトゥス　　③　循環
3

〈解説〉1　ウィリアム・バードはイギリスの作曲家で，エリザベス朝の宮廷・教会音楽家として活躍した。　2　ミサ曲の構成は決まっているので覚えておきたい。これら5つをミサ通常文という。　3　この楽曲は♭3つの長調なので変ホ長調(Es dur)である。これを完全4度上に移調すると♭4つの変イ長調(As dur)となる。

【2】1　エ　　2　ア　　3　変ロ長調(B dur)

4

〈解説〉1　選択肢はいずれも歌曲で，アの「楽に寄す」はシューベルト，イの「歌の翼に」はメンデルスゾーン，ウの「最後の歌」はトスティの作品。「夢のあとに」は，フォーレの歌曲集『3つの歌』の第1曲である。　2　付随音楽「マスクとベルガマスク」がフォーレの作品。イのバレエ音楽「シルヴィア」はドレープ，ウの組曲第4番「絵のような風景」はマスネの作品。エの歌劇「ペレアスとメリザンド」はドビュッシーの作品で，同題の他の作曲家による劇付随音楽や交響詩も存在するが，歌劇をのこしたのはドビュッシーだけである。　3　この曲は♭3つの短調なのでハ短調(c moll)。ハ短調(c moll)の下属調はヘ短調(f moll)であり，その第4音は変ロ(B)である。

【3】1　ピアノ連弾(4手のピアノ曲)　　2　a　フルート　　b　ハープ
3　ウ　　4　(ア)→(ウ)→(イ)

〈解説〉1　ドビュッシー作曲の「小組曲」は，1888年から1889年にかけてピアノ連弾曲として作曲され，1907年頃にアンリ・ビュッセルによって管弦楽用に編曲された。　2　組曲の第1曲である「小舟にて」は，ハープの分散和音とフルートによる旋律が印象的である。　3　曲を知っていると解答しやすい。AndantinoはAndante(歩くような速さで)の派生語である。

2011年度　実施問題

【中高共通】

【1】音楽用語について，次の1，2の問いに答えよ。

1　(1)，(2)の意味を答えよ。

(1)　Adagio assai　　(2)　Tempo giusto

2　次の(1)，(2)に示した音楽用語のうち，性質の異なるものをアからエのうちからそれぞれ一つ選び，記号で答えよ。

(1)　ア　tenuto　イ　staccato　ウ　tanto　エ　marcato

(2)　ア　arioso　イ　calando　ウ　cantabile　エ　cantando

(☆☆☆◎◎◎◎)

【2】次の文は，オペラの誕生とその発展についての説明である。あとの1から3の問いに答えよ。

オペラは，16世紀末イタリアの[　①　]で誕生した。当時この都市を支配していたメディチ家は，さまざまな芸術家を支援していた。[　②　]と呼ばれる詩人や音楽家，文化人たちのグループは，ギリシャ悲劇を復興させるため試行錯誤を重ね，新しいスタイルの音楽劇を創出した。これが今日のオペラの始まりといわれている。完全な楽譜が現存する最古のオペラは，リヌッチーニの台本によりペーリとカッチーニが作曲し，1600年に初演された「[　③　]」である。

その後，オペラの中心はヴェネツィアに移り，17世紀末には10を越える劇場が存在し栄えた。ヴェネツィア派最大の作曲家モンテヴェルディは劇的効果を音楽に表した。18世紀になるとオペラはナポリで盛んになり，アレッサンドロ・スカルラッティや$_A$<u>ペルゴレージ</u>のような優れた作曲家が現れた。

オペラは次いで各国に移り，フランスではリュリ，ラモーなどが現れ，フランスオペラの様式を確立し，イギリスでは[　④　]が「ディドーとエネアス」を作曲した。ドイツでは，[　⑤　]が劇と音楽との統一という観点から大改革を行い，「アルチェステ」，「タウリスのイフィゲニア」などを作曲した。モーツァルトはイタリア・オペラの形式の中にドイツ音楽の精神をもって，「フィガロの結婚」など多くのオペラを作曲した。

19世紀のイタリアに目を向けると，ロッシーニ，ドニゼッティ，ベッリーニが現代に続くイタリア・オペラの様式を完成させ，[　⑥　]は「椿姫」や「アイーダ」など多くの作品を残した。B19世紀末になると，イタリア・オペラに起こった新しい運動の影響をうけて，マスカーニが「カヴァレリア・ルスティカーナ」を，レオンカヴァッロが「道化師」を作曲した。

1　[　①　]から[　⑥　]にあてはまる最も適切な語句を答えよ。

2　Aの代表作，歌劇「奥様女中」のように，18世紀のイタリアで発展した喜劇的なオペラの総称を次のアからエのうちから，また，それに属するロッシーニの作品名をオからクのうちからそれぞれ一つずつ選び，記号で答えよ。

　ア　オペラ・ブッファ　　　イ　オペラ・セリア
　ウ　ジングシュピール　　　エ　オペレッタ
　オ　歌劇「ウィリアム・テル」　カ　歌劇「オテロ」
　キ　歌劇「タンクレーディ」
　ク　歌劇「セヴィーリャの理髪師」

3　Bの名称を答えよ。

(☆☆☆◎◎◎◎)

【3】次の楽譜について，あとの1から4の問いに答えよ。

1　①の音程を答えよ。

2　②の音を主音とする長調の平行調の旋律短音階を，調号を用いて高音部譜表に記せ。

3　③の部分の和音をコードネームで答えよ。

4　この楽譜は，変イ長調からある調に転調し，再び変イ長調に戻っている。何調に転調しているか。

(☆☆☆◎◎◎)

【4】楽譜Ⅰ，Ⅱの音について下の1から4の問いに答えよ。

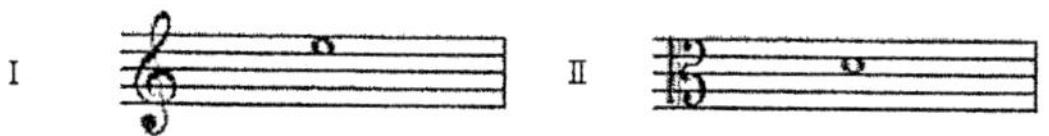

1　楽譜Ⅰの音が倍音列の第8倍音にあたる場合，基音を低音部譜表に全音符で記せ。

2　楽譜Ⅱの音を導音にもつ短調の下属調とエンハーモニックの関係にある調を答えよ。

3　実音と異なる調やオクターブで記譜される楽器を何というか。

4　楽譜Ⅰで記譜された音を演奏したとき，楽譜Ⅱの音が実音となる楽器を，次のアからエのうちから一つ選び，記号で答えよ。

ア　バス・クラリネット　　イ　アルト・サクソフォーン
ウ　フリューゲルホルン　　エ　アルト・フルート

(☆☆☆☆◎◎◎)

【5】次の文は，日本の民謡に関する説明である。[　1　]から[　8　]にあてはまる最も適切な語句を答えよ。ただし，[　4　]と[　5　]，[　6　]から[　8　]はそれぞ順不同とする。

民謡は，労働，信仰，娯楽といった民衆の生活の中で生まれ，口伝え(口承)によって歌い継がれてきた音楽である。その中には，田植歌や木挽き歌などの[　1　]，長持歌や酒盛歌などの[　2　]，また，子どもの遊び歌である[　3　]などの種類がある。

民謡の様式は，音楽的な特徴によって，[　4　]様式と[　5　]様式の2種類に分類することができる。また，音階は，律音階，[　6　]音階，[　7　]音階，[　8　]音階の4種類が用いられている。

(☆☆☆◎◎◎◎)

【6】次の表の作曲者名とその作品名の組み合わせが正しくなるように，①から⑤の欄にあてはまる作曲者名を下のアからコのうちから一つ選び，記号で答えよ。

作曲者名	作品名
①	バレエ音楽「三角帽子」
②	交響詩「海」
③	バレエ音楽「春の祭典」
④	歌劇「ヴォツェック」
⑤	戦争レクイエム

ア　ブリテン　　イ　ベルク　　ウ　ミヨー
エ　ファリャ　　オ　リゲティ　　カ　プロコフィエフ
キ　ヤナーチェク　　ク　ストラヴィンスキー
ケ　シェーンベルク　　コ　ドビュッシー

(☆☆☆◎◎◎)

【中学校】

【1】次の楽譜は，ある楽曲の一部分である。この楽譜について，下の1から8の問いに答えよ。

1　曲名を答えよ。

2　作曲者を次のアからエのうちから一つ選び，記号で答えよ。

ア　三善　晃　　イ　佐藤　眞　　ウ　平吉　毅州
エ　木下　牧子

3　Aの部分にあてはまる音楽用語は何か。次のアからエのうちから一つ選び，記号で答えよ。

ア　Pesante　　イ　Maestoso　　ウ　Grazioso　　エ　Grandioso

4　第1小節から第5小節3拍目までについて，次の問いに答えよ。

(1)　歌詞を答えよ。

(2)　作曲技法は何か。次のアからエのうちから一つ選び，記号で答えよ。

ア　モノフォニー　　イ　ポリフォニー　　ウ　ホモフォニー
エ　ヘテロフォニー

5　調を答えよ。

6　Bの部分の和音を和音記号で答えよ。

7　Cの部分のソプラノパートとバスパートの正しい旋律を書き入れよ。

8　ソプラノパートの第1小節から第3小節までの階名を，移動ド唱法で答えよ。

(☆☆☆◎◎◎)

【2】次の楽譜は，ブラームスが作曲したある楽曲の第2楽章の一部分である。この楽譜について下の1から5の問いに答えよ。

1　曲名を次のアからエのうちから一つ選び，記号で答えよ。

ア　弦楽六重奏曲第1番　　イ　大学祝典序曲

ウ　セレナード第2番イ長調　　エ　ハイドンの主題による変奏曲

2　この楽章の形式は何か。次のアからエのうちから一つ選び，記号で答えよ。

ア　ロンド　　イ　ソナタ

ウ　フーガ　　エ　ヴァリエーション

3　原曲の演奏で使用される楽器名をすべて答えよ。

4　ブラームスの他の作品を，次のアからエのうちから一つ選び，記号で答えよ。

ア　スラブ舞曲集　　イ　ノルウェー舞曲

ウ　スペイン舞曲集　　エ　ハンガリー舞曲集

5　ブラームスと同国生まれの作曲家を，次のアからキのうちから二つ選び，記号で答えよ。

ア　バッハ　　イ　オルフ　　ウ　ヴィヴァルディ

エ　リスト　　オ　ショパン　　カ　シューベルト

キ　ドボルザーク

(☆☆☆☆◎◎◎)

【高等学校】

【1】次の楽譜は，ある楽曲の一部分である。この楽譜について，下の1から3の問いに答えよ。

1　この楽曲の曲名と作曲者名を答えよ。

2　この楽曲は作曲者と同国出身の文豪による戯曲の劇付随音楽として作曲された。戯曲名とその作者名を答えよ。

3　空欄Aの部分に正しい旋律を書き入れよ。

(☆☆☆◎◎◎)

【2】次の楽譜Ⅰ，Ⅱは，ある楽曲の一部分である。この楽譜について，下の1から4の問いに答えよ。

1　楽譜Ⅰ，Ⅱはどちらも同じ作曲者による作品である。作曲者名を答えよ。

2　楽譜Ⅰについて次の問いに答えよ。

(1)　a，bのパートはそれぞれ何の楽器で演奏されるか，楽器名を答えよ。

(2)　Aの部分の実音を，調号を用いないで高音部譜表に記せ。

3　楽譜Ⅱの楽曲について次の問いに答えよ。

(1)　曲名を答えよ。

(2)　空欄Bの部分に正しい旋律を書き入れよ。

4　次の文は，楽譜Ⅰ，Ⅱの作曲者についての説明である。[　①　]から[　⑤　]にあてはまる最も適切な作曲家名(①，②，⑤)または数字(③，④)を答えよ。

1833年ハンブルクに生まれた彼は，若い頃はピアニストとして活躍したが，後に[　①　](1810～1856)と出会い，作曲家としてその作風から影響を受けた。ロマン派音楽の中にありながら[　②　](1813～1883)とは一線を画して純音楽の伝統を固執し，歌劇や標題音楽を手がけることはなかった。全部で[　③　]曲ある交響曲は，彼が特に力を注いだ分野のひとつである。「交響曲第[　④　]番ハ短調」の作曲にあたっては，[　⑤　](1770～1827)の交響曲に匹敵するものをめざして，完成までに20年以上もの歳月を費やしたといわれている。

(☆☆☆☆◎◎◎)

解答・解説

【中高共通】

【1】1　(1)　非常にゆったりと　　(2)　正確な速さで　　2　(1)　ウ　(2)　イ

〈解説〉音楽用語は集中的に正確に覚えたい。　2の(1)tantoは速さを示す用語に添えるもので「多く」の意でmoltと同じ。他のア・イ・エは各音の奏法上の記号・用語。　2の(2)のイcalandoは「弱くしながらだんだんおそく」の意で速さと強さの変化を示すもので，smorzandoやmorendo，perdendosiも同じ。他のア・ウ・エは同じ意味で「歌うように」である。

【2】1　①　フィレンツェ　　②　カメラータ　　③　エウリディーチェ　④　バーゼル　　⑤　グルック　　⑥　ヴェルディ　　2　総称：ア　作品名：ク　　3　ヴェリズモ

〈解説〉1597年に誕生したといわれるオペラの歴史の出題であり，1の①フィレンツェや②カメラータ，③「エウリディーチェ」(現存する最古のオペラ，カッチーニとペーリ作曲)など記述回答できるよう学習しておきたい。また，オペラ・ブッファ(「奥様女中」,「フィガロの結婚」,「ドン・ジョバンニ」,「セヴィリャの理髪師」など)や，ジングシュピール(歌芝居と言われドイツ語・せりふ入り，「魔笛」,「魔弾の射手」など)，オペレッタ(「メリ・ウィドウ」,「こうもり」,「天国と地獄」など)についても復習しておきたい。歌劇「タンクレーディ」はあまり知られていないが，モンテヴェルディの1624年の作品。　3の〈ヴェリズモオペラ〉は19世紀後半のイタリアオペラで，日常生活に根ざした台本による〈現実主義〉ともいう作品。代表作はマスカーニ作曲「カヴァレリア・ルスティカーナ」及びレオンカヴァロ作曲「道化師」で両作品とも一幕のオペラ。両作品が一緒に上演されることが多い。

【3】1　減7度

2

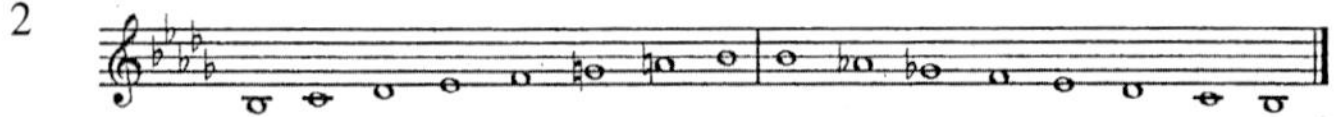

3　$E^{\flat}_{7}$　　4　変ハ長調(Ces dur)

〈解説〉②の音を主音とする長調はDes dur，その平行調とはb mollである。③のコードネームは英語標示でE♭—G—B♭—D♭のE♭である。　4の転調の設問は紙面だけで判定するのが煩雑である。8～11小節の♭が付いている音がc・fに留意し，♭がすべてに付いているCes durと判定したい。

【4】1　　2　嬰ト短調(gis moll)　　3　移調楽器　4　ア

〈解説〉1　倍音については，基音の第2～8倍音までは音符に書けるようにしておきたいもの。この設問では第8倍とあり，第2倍音は1オクターヴ上の音，第4倍音が2オクターヴ上の音，第8倍音は3オクターヴ上の音なので，出題の音を3オクターヴ下げた音が正答となる。

2　Ⅱの音はDでそれを導音にもつ短調はes moll，その下属調とはas moll，その異名同音の調とはgis mollである。　4　これは戸惑わせる設問である。ウのフリューゲルホルンはほとんど知られておらず，むしろビューグル(サクソルン属)の名でトランペットB♭管とほぼ同じ楽器である。エのアルト・フルートも一般にはなじみのないもので，フルートより完全4度低いG管である。イのアルト・サクソフォーンはE♭管で記譜は実音の長6度上である。　この設問はⅠの2点ホ音を奏すると，Ⅰの1点ニ音が実音となる楽器はどれか？という問いとなる。正答はバス・クラリネットB♭管で，記譜音よりも長9度(オクターヴと長2度)低いのが実音となる。

【5】1　仕事歌　　2　祝い歌　　3　わらべ歌　　4　追分　　5　八木節　　6　民謡　　7　沖縄(琉球)　　8　都節(陰)

〈解説〉日本民謡の分析・様式の出題である。2は〈祝い歌〉が正答であるが，〈宴席歌〉あるいは〈踊り歌〉などの答えもあり得るであろう。様式の2種類は，テンポがゆるやかで拍節でなく声を装飾を付けて長くのばす「追分」と，拍節的で元気よく歌われる「八木節」(群馬・栃木民謡)である。音階の分類は諸説あり，おおむね次の4つに分けて説明されている。〔①律，②民謡(半音階なし)，③都節(みやこぶし・半音階あり)，④沖縄〕

【6】①　エ　　②　コ　　③　ク　　④　イ　　⑤　ア

〈解説〉①　ファリャの作品で1919年初演。　②　ドビュッシー作品で3楽章よりなる。　③　ストラヴィンスキー作品で1913年パリ初演。　④　ベルクの作品でドイツ語の台本も本人，3幕の無調手法のオペラで1925年初演。　⑤　イギリスのベンジャミン・ブリテンの作品で1962年に発表した。

【中学校】

【1】1　大地讃頌　　2　イ　　3　エ　　4　(1)　母なる大地のふところに　　(2)　ウ　　5　ロ長調(H dur)　　6　Ⅳ

〈解説〉楽譜は混声四部合唱「大地讃頌」(佐藤眞作曲)の冒頭部分である。　3　Grandioso(壮大に，堂々と)で♩=76と標示されている。　4　(2)　伴奏を伴わないモノフォニーではなく，同一旋律を複数で歌うヘテロフォニーでもない。対位法などの多声音楽(ポリフォニー)でもなく，正答はホモフォニーである。　6　移動ド唱法で読むと，下音からファ・ド・ファ・ラでⅣである。　7　よく歌われ，指導する曲だけに，すべてのパートを歌えるようにしておきたい。

【2】1　ア　　2　エ　　3　ヴァイオリン　ヴィオラ　チェロ　　4　エ　　5　ア　イ

〈解説〉1　楽譜を見てこの曲を知らないと正答は難しい。この曲はアの弦楽六重奏曲第1番の第2楽章の主題である。　2　正答はヴァリエーション(変奏曲)であるが，この曲を知らない場合は難問である。この曲は第1楽章がソナタ形式，第3楽章がスケルツォである。　3　VnⅠ・Ⅱ，VlaⅠ・Ⅱ，VCⅠ・Ⅱの六重奏。　4　ハンガリー舞曲はピアノ連弾用に21曲作られ，オーケストラ用編曲もある。　5　ブラームスはJ. S. BachとBeethovenと共に，ドイツ3大Bといわれるが，この設問では20世紀に活躍したカール・オルフが該当する。

【高等学校】

【1】1　曲名　ソルヴェーグの歌　　作曲者　グリーグ

2　戯曲名　ペール・ギュント　　作者　イプセン

3

〈解説〉楽譜はグリーグ作曲，「ペール・ギュント」の「ソルヴェーグの歌」であり，同じノルウェーの文豪・イプセンから依頼されて劇の上演の付随音楽として作曲されたもの。歌曲としてもよく知られているので，空欄Aの楽譜を正しく書きたい。

【2】1　ブラームス　　2　(1)　a　クラリネット　　b　チェロ

(2)

3　(1)　子守歌(Wiegenlied)

(2)

4　①　シューマン　　②　ワーグナー　　③　4　　④　1

⑤　ベートーヴェン

〈解説〉1　楽譜Ⅰはクラリネット五重奏曲ロ短調の第1楽章テーマ，楽譜Ⅱは「子守歌」op.49-4でブラームス作曲である。　2　(1)　楽譜Ⅰはaがクラリネット A管のもの，他は弦楽四重奏である。したがってbはチェロである。　(2)　クラリネットA管は実音の短3度上に記譜する。したがって実音は短3度下げねばならない。　3　この「子守歌」はブラームス作品でも通俗的で有名なもの。空欄Bには正しい楽譜に仕上げたい。　4　ブラームスについての説明で，①シューマンとの出会い，当時ヨーロッパの音楽界を圧倒していた②ワーグナーとは一線を画し，古典主義的伝統に立ち，4曲(③)の交響曲や多くの作品を残した。完成までに20年以上にわたって構想を費やした④交響曲第1番は，⑤ベートーヴェンの第9に次ぐ第10交響曲と評価された。

2010年度　実施問題

【中高共通】

【1】次の意味を表す音楽用語をイタリア語で記せ。

1　軽く　　2　決然と　　3　愛らしく　　4　神秘的に

(☆☆☆◎◎◎◎)

【2】次の文はアメリカの音楽についての説明である。[　1　]から[　9　]にあてはまる語句を答えよ。

19世紀半ば，[　1　]は「スワニー河」や「オールド・ブラック・ジョー」等のアメリカらしい歌曲を残したが，「アメリカらしさ」を主張できる管弦楽作品はまだなかった。1892年に[　2　]が渡米し，ナショナル音楽院の院長として後進の指導にあたったことは，その後アメリカの作曲家たちが先住民の民謡や黒人の音楽に目を向けるきっかけとなった。

19世紀末から20世紀初頭，ニューオーリンズのアフリカ系アメリカ人の間で，[　3　]が生まれた。この音楽の本質は，既存の節または構成法に基づいた[　4　]演奏である。[　5　]はこの音楽の要素を用いて「劇場の音楽」を作曲した。また，洗練された技法を用いてアメリカのさまざまな国民的語法を自分の音楽作品に取り入れた。メキシコ民謡による「エル・サロン・メヒコ」やシェイカー教徒の賛美歌に基づく変奏を織り込んだ「[　6　]」は彼の代表作である。

一方，ミュージカルが生まれたのもこの時期である。ロジャーズの作曲した「サウンド・オブ・ミュージック」や.「南太平洋」，[　7　]の作曲した「ウエストサイド物語」は現在でも傑作として親しまれている。

20世紀後半になると，音楽作品の概念そのものに問いを投げかける動きがアメリカに生まれてきた。東洋思想を学んだ[　8　]は偶然に生まれる音楽を追究し，「4分33秒」等を作曲した。また，ライヒやライリーは限定された極めて単純な素材による[　9　]を実践した。

(☆☆☆☆◎◎)

【3】次の音階について，下の1から4の問いに答えよ。

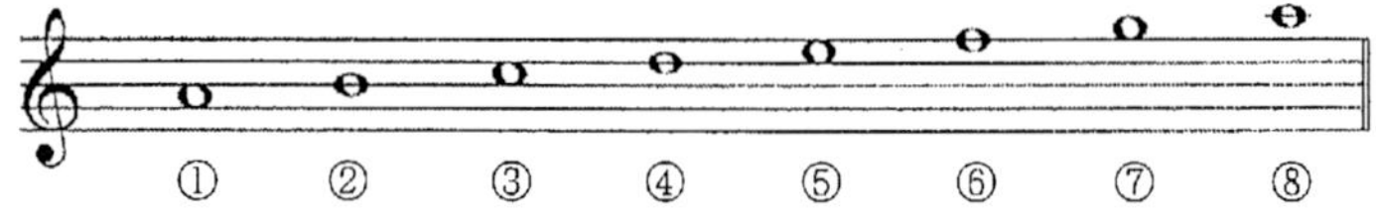

1　これは教会旋法の一つである。旋法名は何か。

2　支配音はどれか。番号で答えよ。

3　この音階から，イ短調の和声的短音階をつくるにはどうしたらよいか。

4　②，④，⑥の音で構成される三和音の種類は何か。

(☆☆☆☆◎◎)

【4】次の楽譜は，J. S. バッハ作曲のフランス組曲第3番(BWV814)クーラントからの抜粋である。この楽譜について，下の1から4の問いに答えよ。

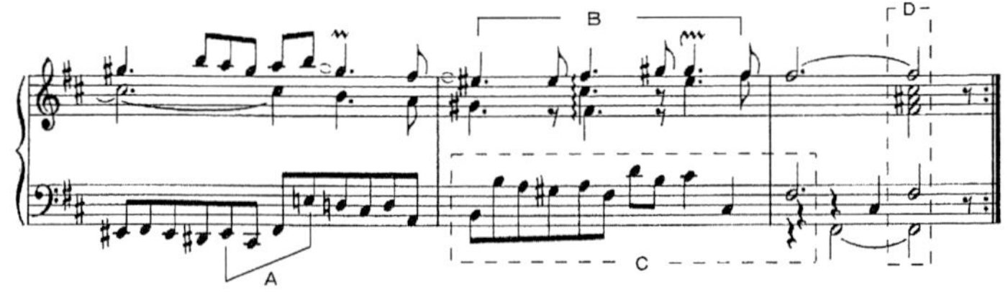

1　Aの音程を答えよ。

2　Bの部分に見られるリズムの特徴を何というか。

3　Cの部分は何調か。また，h mollに移調し，調号を用いてアルト譜表に記せ。

4　Dは，ルネサンスやバロックの音楽においてよく見られる終止形であるが，このように短調の主和音の第3音を半音上げてできる長3度を何というか。

(☆☆☆☆◎◎)

【5】次の楽譜は，「赤とんぼ」の主旋律の楽譜である。この楽譜について，下の1から6の問いに答えよ。

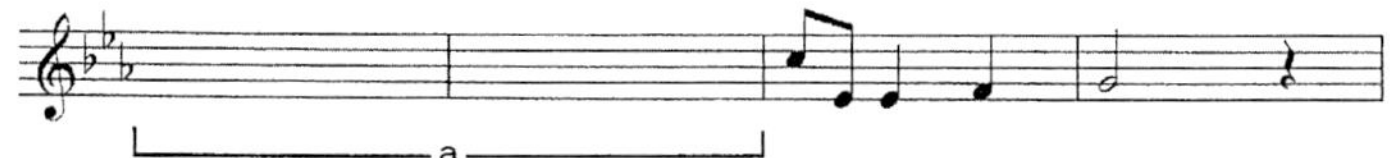

1　作曲者名を答えよ。

2　問1の作曲者の他の作品を，次のアからクのうちから三つ選び，記号で答えよ。

ア　平城山　　イ　からたちの花　　ウ　荒城の月
エ　兎のダンス　　オ　この道　　カ　あの町この町
キ　浜辺の歌　　ク　めだかの学校

3　aにあてはまる音符を書き入れよ。

4　1番の歌詞のうち，bの部分の意味を簡潔に答えよ。

5　2番の歌詞を答えよ。

6　この曲と同じ拍子で，4小節のリズムを創作せよ。ただし，いずれの小節も3種類以上の音符や休符を用いて，それぞれ異なるリズムとすること。

(☆☆☆◎◎◎)

【6】次の楽譜Ⅰ，Ⅱは，ある楽曲の一部分である。この楽曲について，下の1から4の問いに答えよ。

Ⅰ
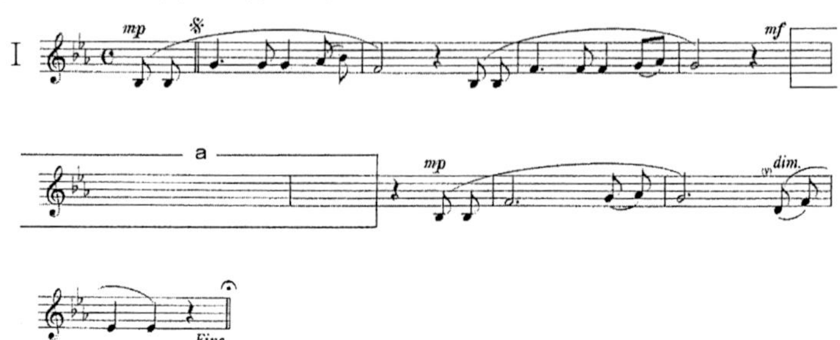

Ⅱ

1　楽譜Ⅰ，Ⅱの曲名と作曲者名を答えよ。ただし，作曲者については，次のアからエのうちからそれぞれ一つ選び，記号で答えよ。

ア　平井康三郎　　イ　池辺晋一郎

ウ　越谷達之助　　エ　弘田龍太郎

2　楽譜Ⅰ，Ⅱに共通する作詞者を答えよ。

3　楽譜の空欄aの部分にあてはまる音符を書き入れよ。

4　楽譜Ⅰの冒頭には，『柔らかく(　　　)をもって』という曲想に関する用語が指示されている。(　　　)にあてはまる言葉を，次のアからエのうちから一つ選び，記号で答えよ。

ア　気品　　イ　憧憬　　ウ　郷愁　　エ　憂愁

(☆☆☆◎◎◎)

【7】次の楽譜は，ある組曲のもので，楽譜Ⅰは第2曲，楽譜Ⅱは第10曲の一部分である。これらの楽譜について，下の1から6の問いに答えよ。

1　組曲名を答えよ。

2　作曲者名を答えよ。

3　原曲の演奏形態を答えよ。

4　次の文は，この組曲の編曲作品に関する説明である。(　①　)から(　③　)に適する語句を答えよ。

この組曲は，多くの人の手により様々な演奏形態に編曲されている。それらの楽曲のうち，指揮者のクーセヴィツキーの委嘱により1922年に(　①　)によって編曲された管弦楽版は，オーケストレーションが巧みで，世界中のオーケストラにより数多く演奏されている。

この管弦楽版では，楽譜Ⅰの主旋律の部分は(　②　)で演奏される。この楽器は，(　③　)調を基調とする移調楽器である。

5　楽譜Ⅱの曲名を答えよ。

6　楽譜Ⅱの(　a　)の部分に適する速さや発想を示す用語を，次のアからエのうちから一つ選び，記号で答えよ。

ア　Andante molto cantabile e con dolore

イ　Allegretto non troppo, capriccioso

ウ　Allegretto vivo, sempre scherzando

エ　Allegro alla breve, Maestoso, con grandezza

(☆☆☆◎◎◎)

【8】次の楽譜Ⅰから Ⅲは，ある楽曲の一部分である。この楽曲について，あとの1から4の問いに答えよ。

Ⅲ

1　楽譜ⅠからⅢは同じ作曲者による作品である。作曲者名を答えよ。

2　楽譜Ⅰは，ある楽曲を編曲した楽譜の一部分である。これについて次の問いに答えよ。

(1)　この楽曲を含むオラトリオの名称を答えよ。

(2)　次の文は，このオラトリオについての説明である。(　①　)から(　④　)に適する語句を答えよ。

1741年に作曲され，翌年アイルランドのダブリンで初演された。台本は作曲家の友人チャールズ・ジェネンズが旧約・新約聖書から採詞，構成し，(　①　)語で書かれている。

このオラトリオの音楽的特色は，作曲者自身が多くの作品を手がけ成功を収めた(　②　)オペラの劇的な表現，ヴェネツィア風の華麗な楽器の響き，ナポリ風の派手なアリア，さらに晩年に移り住んだイギリスの壮麗な響きや，出生国である(　③　)の重厚なフーガ形式を融合した合唱などが挙げられる。

1743年のロンドン初演に来臨した国王ジョージ2世が，第2部終曲の(　④　)を聴き感動のあまり立ち上がり，他の聴衆もこれに倣ったというエピソードは有名である。

3　楽譜Ⅱの楽曲について次の問いに答えよ。

(1)　aにあてはまる歌詞を原語で答えよ。

(2)　このアリアを含む歌劇名を次のアからエのうちから一つ選び，記号で答えよ。

ア　歌劇「ジュリアス・シーザー」　　イ　歌劇「アルチーナ」
ウ　歌劇「リナルド」　　エ　歌劇「セルセ」

(3)　このアリアの前には個人的な感情を独白する旋律が歌われるが，これを何というか。

4　楽譜Ⅲはある楽曲の一部分である。これについて次の問いに答えよ。

(1)　この楽曲は，王侯貴族の楽しみとしてテムズ川の舟遊びのために書かれた組曲の中の一曲である。この組曲名を答えよ。

(2)　バロック時代の組曲は，舞曲の性格をもついくつかの曲を組み合わせて構成されているが，この舞曲は何か。次のアからエのうちから一つ選び，記号で答えよ。

ア　ホーンパイプ　　イ　ジーグ
ウ　メヌエット　　エ　リゴードン

(☆☆☆◎◎◎)

【9】次の文は，声明に関する説明である。この文について，あとの1，2の問いに答えよ。

声明とは，仏教の法要で僧侶たちが唱える[　①　]による音楽のことである。本来は，僧が学ぶべき5つの学問の一つである音声や言語に関する学問を意味したが，[　②　]から伝来して日本に入ってからは，仏教の音楽を意味するようになった。

声明は，1960年代あたりから国立劇場などの舞台でも上演される機会が増え，西洋のグレゴリオ聖歌などと並んで，その音楽性の高さが注目されている。豊かな音楽性と多大なレパートリーを有する声明は，[　③　]や[　④　]など，後の語り物と呼ばれる音楽形式などに及ぼした影響も大きいと考えられている。

声明の種類はきわめて多く，宗派などによっても形式が異なる。詞章には，和文のもの，[　⑤　]文のもの，[　⑥　]文のものがあり，唱えられる目的などによって音楽的にもさまざまなタイプがある。

1　[　①　]から[　④　]に適する語句を，次のアからコのうちからそれぞれ一つずつ選び，記号で答えよ。ただし，[　③　]と[　④　]は順不同とする。

ア　浄瑠璃	イ　タイ	ウ　打楽器	エ　雅楽
オ　インドネシア	カ　管楽器	キ　謡曲	ク　中国
ケ　声	コ　長唄		

2　[　⑤　]，[　⑥　]に適する語句を答えよ。ただし，順不同とする。

(☆☆☆☆◎◎)

【10】次の楽譜は，ある楽曲の一部分である。この中から，アミルカレ・ポンキエッリ(1834～1886)，アラム・ハチャトゥリャン(1903～1978)が作曲したものを，アからキのうちからそれぞれ一つ選び，記号で答えよ。

ア

イ

ウ

エ

オ

カ

キ

(☆☆☆☆◎◎◎◎)

解答・解説

【中高共通】

【1】1　leggiero　2　risoluto　3　amabile　4　misterioso

〈解説〉音楽用語は集中的に学習しておきたい。1～4は特に難しいものではない。

【2】1　フォスター　2　ドヴォルザーク　3　ジャズ　4　即興(アドリブ)　5　コープランド　6　アパラチアの春　7　バーンスタイン　8　ケージ　9　ミニマル・ミュージック

〈解説〉19世紀半ばから現代までのアメリカの音楽史概観の出題である。西洋音楽史といえば西欧が中心で，20世紀以降世界の文化や芸術をリードしてきた米国のことは意外に知られていない。その意味でコープランドやR.ロジャーズ，J.ケージ，ライヒなど米国の音楽についての学習のよい機会ととらえたい。アーロン・コープランド(1900～90)，レナード・バーンスタイン(1918～90)，ジョン・ケージ(1912～92)，現在も活躍中のライヒやライリー，P.グラスらによるミニマル・ミュージック(反復音楽とも呼ばれる)なども調べておきたい。

【3】1　エオリア旋法　2　⑤　3　⑦を半音上げる　4　減三和音

〈解説〉中世の西欧音楽の音組織，教会旋法から〈エオリア旋法〉(短調)の出題。イオニア・ヒポイオニア・ヒポエオリアの各旋法と共に，正格旋法4と変格旋法4の計8に加えて公認された旋法といわれる。

【4】1　減8度　　2　ヘミオラ

3　Cの調は(fis　moll)である。

4　ピカルディの3度

〈解説〉2　ヘミオラとは3：2の比率のリズム用語。本来は2分割すべきものを例外的に3分割すること。　3　鍵盤を使わず紙面だけの調判定はやりにくい。Cの最後の音が短調の主音(fis)であり，Cの部分は♯3つの調と判定を。さらにh mollに移調しアルト譜表に…も面倒であるが，五線にト音譜表のものを正しく書いてアルト譜表に書き写したいもの。　4　ピカルディの3度とは，短三和音になる終止和音を長三和音にしたときの長3度のこと。Dではfis mollの第3音のaをaisにしている。

【5】1　山田耕筰　　2　イ　オ

3

4　背負われて　　5　山の畑の桑の実を　小かごに摘んだは　まぼろしか

6

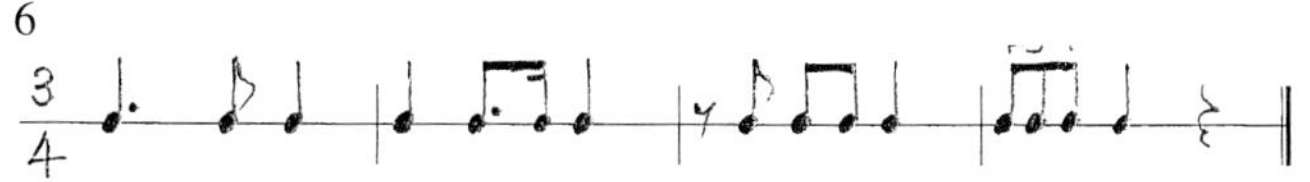

〈解説〉2　山田耕筰の作曲はア～クのうち2曲だけである。→イとオアは平井康三郎，ウは滝廉太郎，エの「兎のダンス」とカ「あの町この町」は中山晋平，キは成田為三，クは中田喜直がそれぞれ作曲したもの。

【6】1　楽譜Ⅰ　初恋　ウ　　楽譜Ⅱ　ふるさとの　ア　　2　石川啄木

3

4　イ

〈解説〉楽譜Ⅰ・Ⅱは，共に石川啄木 の詩に作曲されたなつかしい歌曲であるが，作られてからかなりの年月を経ていることもあり，設問がこれらの曲を知らないと全く答えられないものになっていることが残念である。2曲とも高校用教科書に載っているとは限らない。教採の対策としては，できる限り多くの歌曲を歌ったり接しておくことである。

【7】1　展覧会の絵　　2　ムソルグスキー　　3　ピアノ独奏

4　①　ラヴェル　　②　アルトサクソフォーン　　③　変ホ

5　キエフの大門　　6　エ

〈解説〉Ⅰ・Ⅱの楽譜はムソルグスキーのピアノ組曲「展覧会の絵」(プロムナードと10曲)の第2曲「古い城」と第10曲「キエフの大門」である。　4　①この曲が知られるようになったのは，ラヴェルのオーケストラ用の編曲が紹介されてからである。楽譜Ⅰでは主旋律の独奏をアルトサクソフォーンE♭管が奏する。　6　楽譜Ⅱ「キエフの大門」の速度・発想用語をア～エから選ぶ設問は，用語のすべての意味を考えていると時間もかかり，かえって分からなくなる。この曲はかなり速いテンポなのでエのAllegroが正答となる。alla breveは全音符の2倍の音符のこと，Maestoso(荘厳に)，grandezza(大きさをもって)でエの壮大さが分かる用語である。

【8】1　ヘンデル　　2　(1)　メサイア(救世主)　　(2)　①　英

②　イタリア　　③　ドイツ　　④　ハレルヤ　　3　(1)　Ombra mai fu　　(2)　エ　　(3)　レチタティーヴォ　　4　(1)　水上の音楽

(2) ア

〈解説〉ヘンデルの有名な作品より楽譜Ⅰ・オラトリオ「メサイア」から「ハレルヤ」，楽譜Ⅱ・歌劇「セルセ」より「ラルゴ・Ombra mai fu」，楽譜Ⅲ・組曲「水上の音楽」からの出題である。J. S. バッハと同じ年にドイツで生まれ(1685年)，1712年からはイギリスで活躍しやがてイギリスに帰化したヘンデルは，オラトリオとオペラの作品がとくに有名である。

【9】1 ① ケ　② ク　③ ア(キ)　④ キ(ア)　2 ⑤ 漢　⑥ 梵(サンスクリット)

〈解説〉声明に関する出題で，仏教の儀式・法要で僧の唱える声楽の総称であり，日本の伝統音楽の中でもその性格上，一般人が親しむことは少ないであろう。その意味で難問であり，設問の中で③や④に苦慮し，⑤と⑥の語句では正答できない人が多いと思われる。知っておきたいのは，③④の浄瑠璃や謡曲など〈語り物〉音楽の生成と発展に大きな影響を与えたのが声明であること。声明の種類は多く，言語別では，日本語によるもの，梵語(ぼんご，古代インドのサンスクリット)によるもの，漢語によるものの3種といわれる。

【10】ポンキエッリ：カ　ハチャトゥリヤン：ウ

〈解説〉　正答はウの楽譜がハチャトゥリヤン作曲「ガイーヌ」の「ばらの乙女たちの踊り」及びカのポンキエッリ作曲，オペラ「ジョコンダ」の「時の踊り」である。その他の楽譜は次のものである。　ア　ショパンの軍隊ポロネーズ　イ　ボッケリーニの弦楽五重奏曲より第3楽章メヌエット　エ　ヨハン・シュトラウスⅡ世のアンネン・ポルカ　オ　ボロディンの弦楽四重奏曲の第3楽章　キ　チャイコフスキーのバレエ組曲「くるみ割り人形」より「トレパック(ロシアの踊り)」

2009年度　実施問題

【中高共通】

【1】次の1から4の音楽用語の意味を答えよ。

1　comodo　　2　tutti　　3　parlando　　4　doppio movimento

(☆☆☆◎◎◎)

【2】次の文は中世及びルネサンス時代の音楽についての説明である。[　1　]から[　8　]にあてはまる最も適切な語句を答えよ。ただし，同じ数字の[　　]には同じ語句が入る。

中世ヨーロッパでは，教会での典礼儀式と結びついた単旋律聖歌が各地で独自に発展し，やがて[　1　]として統一された。その後ポリフォニーの音楽が生まれ，12世紀から13世紀にかけてパリで活躍した[　2　]楽派の音楽家たちは，その発展に大いに貢献した。

14世紀になると，それまでの音楽に変わって，新しい音楽の動きが起こった。ピリップ・ド・ビトリは著書の中で，この新しい芸術を[　3　]という言葉を用いて前代の古風な音楽と対比させた。特に，14世紀のフランスにおける最大の作曲家である[　4　](1300頃～1377)は，その代表者として知られている。

15世紀の終わり近くから，音楽の中心，繁栄の地は[　5　]一帯に移るようになる。[　5　]楽派に属する代表的な音楽家としては，オケゲム(1430頃～1495頃)，ジョスカン・デプレ(1440頃～1521)，そしてこの楽派最後の巨匠といわれる[　6　](1532～1594)などを挙げることができる。

一方イタリアでは，[　7　](1525頃～1594)の出現によりカトリックの典礼音楽が大きく発展した。また，イタリアと深い関係にあった[　8　]では，モラーレス(1500頃～1553)やビクトリア(1548頃～1611)などが現れて，宗教音楽の分野で大きな功績を残した。

(☆☆☆◎◎◎)

【3】次ページの楽譜は，交響曲第9番ホ短調作品95「新世界から」(ドヴォルザーク作曲)の第2楽章冒頭の部分である。この楽譜について，1から5の問いに答えよ。

1　①の音程を答えよ。

2　②の部分の和音を和音記号で答えよ。(解答例　Ⅵ)

3　7小節目の調の下属調の第3音を主音とする長調の平行調を答えよ。

4　次の(1)，(2)の実音を調号を用いないで記せ。

　(1)　7小節目の Corno ingl. Solo

　(2)　Corni Iの1小節目から5小節目

5　次の(1)，(2)の音楽用語について説明せよ。

　(1)　a2　　(2)　con sordino

(☆☆☆◎◎)

【4】次の文は，能に関する説明である。[　1　]から[　4　]にあてはまる最も適切な語句を，下のアからシのうちから一つずつ選び，記号で答えよ。ただし，同じ数字の[　　]には同じ語句が入る。

能は，音楽，舞踊，演劇が一体となった日本の伝統的な舞台芸術の一つで，[　1　]時代の末ごろほぼ現在のような様式が完成したといわれている。

能は，謡によって物語が進行する。謡は主に独唱で謡われるが，重要な場面などでは，舞台上の[　2　]と呼ばれる人たちが謡を斉唱する。

能で用いられる楽器は，[　3　]・小鼓・大鼓・太鼓の4種類である。能では，音と音，動きと動きの[　4　]を大切にするが，その[　4　]を支えているのがこれらの楽器である。

ア　箏　　イ　平安　　ウ　素謡　　エ　間　　オ　地謡　　カ　橋掛
キ　室町　　ク　小謡　　ケ　型　　コ　笛　　サ　鎌倉　　シ　笙

(☆☆☆☆◎◎◎)

【5】次のアからクの楽譜は，ある楽曲の一部分である。この中から，フランツ・ヨゼフ・ハイドン(1732～1809)，ジョージ・ガーシュイン(1898～1937)が作曲したものをそれぞれ一つ選び，記号で答えよ。

ア

イ

ウ

エ

オ

カ

キ

(☆☆☆◎◎◎)

【中学校】

【1】次の楽譜は，ある楽曲の一部分である。この楽譜について，下の1から7の問いに答えよ

1　曲名を答えよ。

2　作詞者名を答えよ。また，この作詞者の他の作品を次のアからエのうちから一つ選び，記号で答えよ。

ア　早春賦　　イ　夏の思い出　　ウ　小さい秋見つけた

エ　雪の降る町を

3　Aの部分にあてはまる音符や休符を書き入れよ。

4　［①］の部分には速度記号が入る。最も適切なものを次のアからエのうちから一つ選び，記号で答えよ。

ア　♩＝72～84　　イ　♩＝92～100　　ウ　♩＝108～116

エ　♩＝126～138

5　②の部分の1番の歌詞を答えよ。

6　1小節目から4小節目までの階名を，移動ド唱法で答えよ。

7　フルートとB♭管のクラリネットで③の部分をユニゾンで演奏する。そのときのクラリネットの楽譜を調号を用いないで記せ。

(☆☆☆☆◎◎)

【2】次の楽譜は，ある楽曲の第2楽章の一部分である。下の1から5の問いに答えよ。

1　曲名を答えよ。

2　作曲者名を答えよ。

3　原曲は，独奏楽器とオーケストラによって演奏される協奏曲である。その独奏楽器名を答えよ。

4　協奏曲において，独奏者の演奏技巧を発揮するための独奏部分を何というか。

5　この楽曲の作曲者と同じ国の作曲家を，次のアからクのうちから二つ選び，記号で答えよ。

ア　バルトーク	イ　サラサーテ	ウ　タレガ
エ　タイケ	オ　アルビノーニ	カ　プッチーニ
キ　オルフ	ク　リスト	

(☆☆☆☆◎◎)

【高等学校】

【1】次の楽譜Ⅰ，Ⅱ，Ⅲは，ある楽曲の一部分である。この楽曲について，あとの1から5の問いに答えよ。

1　楽譜Ⅰ，Ⅱは同じ作曲者による作品である。作曲者名及びそれぞれの曲名を答えよ。

2　楽譜ⅠのAの部分にあてはまる音符を書き入れよ。

3　楽譜Ⅱの旋律を用いて作曲された「ピアノ五重奏曲」の楽器編成を答えよ。

4　楽譜Ⅲはある歌曲集の第1曲「美しい五月に」の冒頭である。この歌曲集の名称と作曲者名を答えよ。

5　問い4の歌曲集のように，思想的にも性格的にも関連のある一連の歌曲で，全体で一つの音楽的まとまりをもっているものを何というか。

(☆☆☆◎◎◎)

【2】交響詩について，次の1，2，3の問いに答えよ。

1　次の楽譜は，ある交響詩の主題の一部分である。この楽曲について下の(1)，(2)，(3)の問いに答えよ。

(1)　1897年に作曲され，翌年パリで初演されたこの交響詩の曲名及び作曲者名を答えよ。

(2)　この曲の特色として最も適切なものを，次のアからエのうちから一つ選び，記号で答えよ。

ア　国民主義的な色彩の豊かな作品

イ　自由な交響的スケルツォの形式で書かれた作品

ウ　教会旋法を多用した叙情的な作品

エ　自由な民俗舞曲的な性格をもつ作品

(3)　序奏のあとの休止部分に続いて，この主題を演奏する楽器名を答えよ。

2　次の文の[　(1)　]から[　(3)　]にあてはまる最も適切な語句を答えよ。ただし，同じ数字の[　　]には同じ語句が入る。

交響詩はフランツ・リストによって創始され，その精神はドイツの作曲家[　(1)　]に受け継がれて，大規模なものとなって発展した。[　(1)　]の代表作である交響詩「　[　(2)　]はかく語りき」は，その冒頭の音楽が映画のテーマ曲に使用されて一躍有名になった。また一方で，交響詩は国民楽派の多くの作曲家によって作られ，スメタナの「我が祖国」，[　(3)　]の「フィンランディア」などが広く愛好されている。

3　イタリアの作曲家レスピーギが作曲した交響詩を一つ挙げよ。

(☆☆☆◎◎◎)

解答・解説

【中高共通】

【1】1　気軽に　　2　全員で　　3　語るように　　4　二倍の速度で

〈解説〉用語の意味は頻出。単純に意味を答えさせる問題から，同義語，反意語などを問う問題も多い。それ単体だけでなく，他との関連をつけて覚えるようにしたい。

【2】1　グレゴリオ聖歌　　2　ノートルダム　　3　アルスノヴァ　　4　ギョーム・ド・マショー　　5　フランドル　　6　ラッスス　　7　パレストリーナ　　8　スペイン

〈解説〉「ポリフォニー」や「新しい音楽」といったキーワードや重要である。音楽史を問う問題に多い言葉である。音楽史は，作曲家はもちろん，その代表曲やその時代の重要な発展事項などが問われるため，確実におさえたい。

【3】1　短3度　　2　V　　3　g moll

4　(1)

(2)

5　(1)　2つの楽器が同音で奏する指示　　(2)　弱音器を使用して

〈解説〉1　音程を問う問題は楽典の括りであるのだが，スコアの中から問うのには，楽譜のルールや記譜を理解しているかということも同時に問われているのである。気をつけるところは，音部記号，調号，臨時記号，移調楽器かどうかなどである。そういったところまですべて見ないと音程を正しく把握することはできない。　2　1と同じように，楽譜の中から読み取らせる問題。和声の場合，調性と構成音を把握すれば解答できるが，実際の曲の中では声部の入れ替えがあることもあり，最低音(バス)がどの音か掴むことも重要である。正しい転回指数を答えること。　3　通常の楽典問題。調を判定し，近親調をたどっていく。まず基となる7小節目の調をしっかり掴むこと。　4　移調楽器を正しく理解しているかが問われている。楽譜に示される楽器名は，必ずしも知っている表記とは限らない。英語，イタリア語，ドイツ語，フランス語と，楽器によってはまったく別の名称に変わることもある。もし名前から楽器が分からなかった場合でも，スコアの表記の仕方はほぼ一定のルールに沿っているため，木管か金管かや音域は高いのか，など順番に見ていき，楽器を判別すること。作曲家の時代によって，現代にない，移調管や記譜のルールも存在し記譜されることもある。5「a2」は「アー・デュエ」「エー・ツー」などと読む。弱音器やペダルなどの用語は，使用するのと使用しないのとをセットで覚えること。

【4】1　キ　　2　オ　　3　コ　　4　エ

〈解説〉日本音楽に関して問う問題は，時代，成り立ち，楽器などの問題が多い。ジャンルごとにどういうものであるか，使用される楽器・編成，重要人物，代表曲などはおさえておくこと。最近では，「我が国の音楽」として出題増の傾向がみられる。

【5】ハイドン：ク　　ガーシュイン：イ

〈解説〉楽譜から曲名や作曲者を問う問題は，多くがその曲の主題や有名旋律を載せることが多い。すぐ見て分かるのがいいが，楽譜を見て頭の中で歌って思い出すこともある。今回のような場合には，分かるのを除外していくのも一つの方法である。

【中学校】

【1】1　花の街　　2　作詞者：江間章子　　作品：イ

3

4　ア　　5　なないろのたにをこえて　ながれていくかぜのりぼん

6

ソ ド レ　ミ ミ ミ ミ　ソ　ミ ド　ラ

7

〈解説〉教科書掲載の作品である。音楽の教科書に載る楽曲はそれほど多いものでもなく，ほとんどが短いものである。特に歌唱作品などは，歌詞や伴奏，また楽譜表記の内容などすべてを覚えてもやり過ぎと言うことはない。教科書の楽譜から問題が出されることが非常に多いことから，覚えておけば確実に点数にできる問題とも言える。　6　移動ド唱法は指導要領に載っている事項であるが，「なぜ移動ド唱法で指導した方がいいのか」まで問われることが希にある。　7　B♭管は長2度高く記譜する。移調管についての問題は非常に多い。楽譜を書かせることも多く，その多くはオーケストラに使用される楽器(サックスも含む)がほとんどである。

【2】1　アランフェス協奏曲　　2　ロドリーゴ　　3　ギター

4　カデンツァ　　5　イ，ウ

〈解説〉教科書掲載の有名な作品で頻出である。ロドリーゴはスペインの作曲家である。

【高等学校】

【1】1　作曲者:シューベルト　曲名Ⅰ：野ばら　　曲名Ⅱ:鱒

2

3　ピアノ　ヴァイオリン　ヴィオラ　チェロ　コントラバス

4　名称：詩人の恋　　作曲者：シューマン　　5　連作歌曲集(通作歌曲集)

〈解説〉ゲーテの詩による「野ばら」は，多くの作曲家が曲をつけ，シューベルトもその一人である。「鱒」も含め，代表曲であるため，音符だけでなく，歌詞や表情記号などの穴埋めにも対応できるようにしておきたい。連作歌曲集はその他に，ベートーヴェンの「はるかな恋人に寄す」，シューベルトの「水車小屋の娘」「冬の旅」，シューマンの「女の愛と生涯」などがある。

【2】1　(1)　曲名：魔法使いの弟子　　作曲者：デュカース　　(2)　イ

(3)　ファゴット(バスーン)　　2　(1)　リヒャルト・シュトラウス

(2)　ツァラトゥストラ　　(3)　シベリウス　　3　ローマの松，ローマの噴水，ローマの祭り

〈解説〉ポール・デュカースは，フランスの作曲家。管弦楽法において評価の高い作曲家である。「リスト」と「交響詩」との結びつけは頻出である。各作曲家には代名詞とも言えるものがあることが多い。レスピーギといえば，「ローマ三部作」。3つ問われることもあるため，覚えておきたい。他にもラフマニノフの作品を管弦楽編曲もしている。

2008年度　実施問題

【中高共通】

【1】次の1から4の音楽用語の意味を答えよ。

1　stringendo　　2　a piacere　　3　morendo　　4　giocoso

(☆☆◎◎)

【2】次の楽譜は，ある楽曲の一部分である。この楽譜について，下の1から6の問いに答えよ。

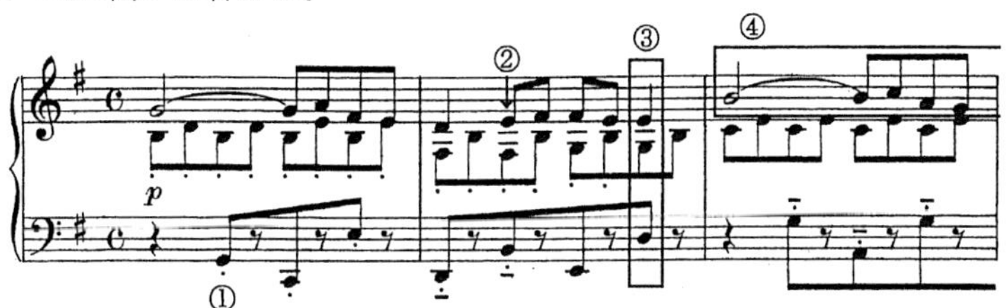

1　①の音名を日本語で答えよ。(解答例　ハ)

2　②は非和声音である。このような非和声音を何というか。

3　③の部分の和音を和音記号で答えよ。(解答例　Ⅲ)

4　④の部分を長3度低い調に移調し，調号を用いて高音部譜表に記せ。

5　⑤の音を属音とする旋律的短音階上行形を，調号を用いないでアルト譜表に全音符で記せ。

6　作曲者名と曲名を答えよ。

(☆☆☆☆◎◎)

【3】次の文は19世紀後期以降の音楽についての説明である。[　1　]から[　6　]にあてはまる人名及び最も適切な語句を答えよ。

19世紀後半になると民族意識が高まり，作曲家が独自の音楽表現を試みるようになった。「展覧会の絵」を作曲したムソルグスキー，「中央アジアの草原にて」を作曲した[　1　]，「イスラメイ」を作曲した[　2　]，「コーカサスの捕虜」を作曲したキュイ，「シェエラザード」を作曲したリムスキー・コルサコフらはロシア5人組と呼ばれ，民族主義的な芸術音楽の創造を志向し，ロシア[　3　]とも呼ばれる。中でもムソルグスキーはロシア民族特有の音楽的要素を大胆に用い，その作風はフランス近代音楽にも大きな影響を与えている。

第1次世界大戦以降は音楽に新しい秩序を求める傾向が生まれ，フランスにおいては，オーリック，デュレ，タイユフェール，ミヨー，[　4　]，[　5　]のいわゆるフランス6人組らが，過去のロマンティズムおよび印象派に反逆し，[　6　]主義と呼ばれる音楽を生み出した。

(☆☆◎◎◎)

【4】次の文は，歌舞伎に関する説明である。[　1　]から[　4　]にあてはまる最も適切な語句を答えよ。ただし，同じ数字の[　　]には同じ語句が入る。

歌舞伎は，[　1　]時代に民衆の間から生まれた日本の代表的な古典演劇の一つで，音楽，舞踊，演技の3つの要素が一体となって成り立っている。

歌舞伎では，諸浄瑠璃以外の歌舞伎音楽を総称して[　2　]という。唄・合方・[　3　]の三種目からなり，原則として[　4　]において劇の進行または背景音楽として演奏するため，[　4　]音楽ともいう。

(☆☆☆◎◎◎)

【5】次のアからキの楽譜は，ある楽曲の一部分である。この中から，J.シュトラウス二世(1825～1899)，E.グリーグ(1843～1907)が作曲したものをそれぞれ一つ選び，記号で答えよ。

(☆☆☆◎◎◎◎)

【中学校】

【1】次の楽譜は，ある楽曲の一部分である。この楽譜について，下の1から6の問いに答えよ。

1　曲名を答えよ。

2　作曲者名を答えよ。

3　楽譜の空欄の部分に正しい音符を書き入れよ。

4　曲の途中で転調しているため，[　①　]には調号が入る。適する調号を正しく書き入れよ。

5　18世紀のイタリアにおいて生み出された，美しく柔らかな響きでなめらかに歌うための歌唱法を何というか。

6　この旋律を，バロック式アルトリコーダーで演奏するときの②の運指を答えよ。

(☆☆◎◎)

【2】次の旋律は，ある楽曲の第2楽章の一部分である。下の1から6の問いに答えよ。

1　曲名を答えよ。

2　作曲者名を答えよ。

3　作曲者が指示した速度標語を答えよ。

4　原曲において，この旋律は2種類の楽器群で演奏される。その2種類の楽器名を答えよ。

5　この楽章は，ある音楽形式によって作曲されている。その形式の名称を答えよ。

6　この作曲者の他の作品を，次のアからカのうちから一つ選び，記号で答えよ。

ア　交響曲第1番ニ長調「古典交響曲」
イ　交響曲第2番ハ短調「復活」
ウ　交響曲第3番変ホ長調「英雄」
エ　交響曲第5番ニ短調「革命」
オ　交響曲第6番ロ短調「悲愴」
カ　交響曲第9番ホ短調「新世界より」

(☆☆☆☆◎)

【高等学校】

【1】次の楽譜は，ある楽曲の一部分である。この楽譜について，下の1から6の問いに答えよ。

1 曲名を原語で答えよ。また，曲名の意味を日本語で答えよ。

2 作曲者名を答えよ。

3 *più*と反対の意味をもつ音楽用語を答えよ。

4 楽譜中の音符の書かれていない部分に正しい音符を書き入れよ。

5 この楽譜は，フェルマータの指示が1箇所抜けている。フェルマータが入る最も適切な箇所を，楽譜中の①から④のうちから一つ選び，記号で答えよ。

6 18世紀のイタリアにおいて生み出された，美しく柔らかな響きでなめらかに歌うための歌唱法を何というか。

(☆☆☆◎◎◎)

【2】次の楽譜(1)，(2)について，下の1から6の問いに答えよ。

(1)

(2)

1 楽譜(1)は，あるオペラの中で歌われるアリアの一部分である。このオペラの作品名と作曲者名を答えよ。

2 このオペラは，日本のある都市が舞台となっている。その都市名を答えよ。

3 この作曲者の他のオペラ作品を一つ答えよ。

4 楽譜(2)は，このオペラで用いられている日本の楽曲である。曲名を答えよ。

5 楽譜(2)の旋律の下に書かれた数字譜の名称を答えよ。また，この楽譜で演奏される和楽器名を答えよ。

6 このオペラの中で，楽譜(2)の他に用いられている日本の楽曲を一つ答えよ。

(☆☆◎◎◎◎)

解答・解説

【中高共通】

【1】1　だんだんせきこんで　　2　随意に(自由に)　　3　だんだん弱くなって　　4　おどけて(喜々として)

〈解説〉用語はとにかく幅広く暗記することが必要。速度，発想，アーティキュレーションなどグループ分けして覚えるとよい。こまめに辞書を活用すること。

【2】1　と　　2　経過音　　3　Ⅵ$\frac{3}{7}$

4

5

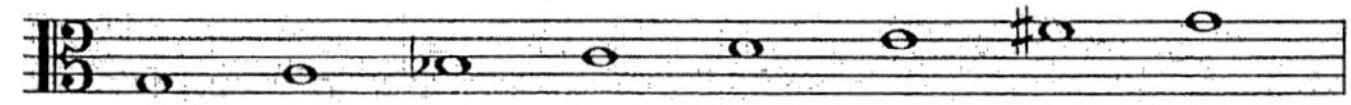

6　作曲者　ラヴェル　　曲名　亡き王女のためのパヴァーヌ

〈解説〉1　日本語の音名は必須事項。ひらがな，かなかな，点を上につけるか下につけるか間違いやすい。低音から規則的に並んでいるため，すべて覚えてしまおう。　2　非和声音を分類すると7つある。経過音，刺繍音，逸音，先取音，掛留音，倚音，保続音とある。和声に対して，どの非和声音の使われ方をするか分かるようにしておく必要がある。音符のすべては，和声音と非和声音で説明が可能である。　3　和声はある程度の知識が必要だが，和声課題ではなく，判定だけならばそれほど知識はいらない。一つのやり方として，コードネームを判別して，その調の何の和音になるか考えると分かりやすい。すべての調の固有和音，準固有和音は覚えておくこと。　4　音部記号への書き換えは頻出である。調号を用いる場合と，臨時記号で処理する場合とあるため，移調の問題を練習するときは，1つの問題を両方のパターンで書いてみると良い。音部記号にあわせて調号の位置を気をつけること。　5　アルト譜表，テノール譜表はよく問われる。真ん中のドがどこの位置なのか覚えておく必要がある。覚えていないと，1oct. ずれてしまうこともある。　6　ラヴェルの有名な作品。作曲家の主要な作品は，曲名と，その曲のどの辺に使われているのか，その曲の特徴や作曲経緯などを合わせて覚えておくと良い。

【3】1　ボロディン　　2　バラキレフ　　3　国民楽派　　4　オネゲル　　5　プーランク　　6　新古典

〈解説〉ロシア5人組，フランス6人組はよく問われる問題である。それぞれの代表作品は名前と合わせて必ず覚えておくこと。

【4】1　江戸　　2　歌舞伎囃子　　3　鳴物　　4　黒御簾

〈解説〉1　歌舞伎に関する最初の記録は慶長1603年の阿国のかぶき踊りとされ，踊歌と能と同じ四拍子による囃子を用いたと考えられている。　2　歌舞伎音楽のうち，長唄演奏家が担当する音楽の総称。舞台上で演奏する出囃子と，舞台下手の黒御簾などで演奏する陰囃子からなる。　3　鳴物は，歌舞伎囃子で使う三味線以外の楽器を指す。出囃子では，笛，小鼓，大鼓，太鼓を用い，陰囃子では，その他にも様々な楽器を使う。その中で最も重要なものは大太鼓である。合方は，陰囃子における唄をともなわない三味線の曲を指す。　4　黒御簾は，歌舞伎の舞台で，下座音楽を演奏する場所をいう。*日本音楽に関しては，歴史，種類，楽器などの観点から分けて覚えると良い。

【5】J.シュトラウス　カ　　E.グリーグ　オ

〈解説〉他の作品は以下の通りである。　ア　ショパン作曲　ピアノ協奏曲第1番　　イ　ビゼー作曲　アルルの女第2組曲　　エ　ベートーヴェン作曲　ヴァイオリンソナタ第5番ヘ長調「春」　キ　メンデルスゾーン作曲　春の歌

【中学校】

【1】1　帰れソレントへ　　2　クルティス

3

4

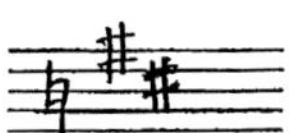

5　ベルカント唱法

6

〈解説〉1　2　3　教科書に掲載されている教材である。教科書に載っているものは，どんな曲もすべて見ておくことが必要。この問題のように，教科書の調性と異なる場合もあり，必ずしも教科書のままで出てくるとは限らない。　4　前調の一旦リセットするためナチュラルをつけることが先。その後で，新しい調の調号を記入する。楽曲の途中の転調の場合注意が必要である。　5「イタリア」と「歌唱法」の2つがきたら，採用試験の場合，まずベルカント唱法が問われている問題である。　6　リコーダーは，バロック式とジャーマン式がある。両方とも覚える必要がある。しかし，変え指までは問われない。

【2】1　交響曲第5番ハ短調(交響曲第5番「運命」)　　2　ベートーヴェン

3　Andante con moto　　4　ヴィオラ　チェロ　　5　変奏曲

6　ウ

〈解説〉1「運命」という副題は，ベートーヴェン本人がつけたものではないため，使用しない方がよい。　2　譜例がなんの曲の何楽章のどの部分かが分かれば，ベートーヴェンだとすぐ分かる問題。

3　Andanteは，速度としてはアレグレットとアダージョの中間に位置している。シンフォニーの緩徐楽章としての名称にも使われる。con

moto は「少しはやめに」の意味。　4　どの会社の教科書にも譜例が載っている。鑑賞教材は，教科書に載っているすべての譜例は見ておく必要がある。譜例だけで曲名がすべて分かるぐらいが望ましい。
5　変奏は，ある主題を様々な形で変形させる技法を指す。変奏された譜例も教科書に掲載されている。　6　ベートーヴェンの作曲した交響曲の中で，3番，5番，6番，9番は重要作品である。曲の特徴や作曲経緯，主題ぐらいまでは頻出である。他の作曲家は以下の通り。
ア　プロコフィエフ　　イ　マーラー　　エ　ショスタコービッチ
オ　チャイコフスキー　　カ　ドヴォルザーク

【高等学校】

【1】1　曲名　Caro mio ben　　意味　私の愛しい恋人よ
2　ジョルダーニ　　3　meno
4

5　②　　6　ベルカント唱法(ベルカント)

〈解説〉1　2　教科書掲載の曲。中学校と違い，高校は原語で曲名，歌詞を答えさせることが多い。読み方，意味を合わせて覚えておこう。
3　piuは，「いっそう」や「さらに」という意味。Menoは，「より少なく」の意味。同義語，反語は頻出問題。　4　教科書掲載の曲は，楽譜ごと覚える必要がある。音符や歌詞はもちろん，アーティキュレーションなどもよく問われる。しかし，教科書によって原曲通りでない場合もよくあり，特にダイナミクスの表記はでたらめが多い。時間的な余裕があれば，「6種類の教科書同士」や「教科書と原典」を比較しておくことをお勧めする。　5　上記の問題の傾向として，音符につく記号は問いやすい問題である。かつ，問われる個所は，その曲の特徴的な部分であることは間違いない。　6「イタリア」と「歌唱法」ときたら，まずベルカント唱法と思ってよい。

【2】1　作品名　蝶々夫人　　作曲者名　プッチーニ　　2　長崎
3　ラ・ボエーム，トスカ，トゥーランドット　等　　4　お江戸日本橋
5　名称　文化譜　　和楽器名　三味線　　6　越後獅子　君が代　宮さん宮さん　等

〈解説〉1　プッチーニの三大傑作の1つで，小節と演劇が先に誕生し，最後にオペラとして完成に至った。　2　この作品は，外国人作曲家が日本を題材にした数少ない作品の1つである。　3　どの作曲家でも，有名作品は曲名，制作年，主題ぐらいは覚えておきたい。プッチーニの三大傑作は有名なので覚えておこう。　4　6　これらの問題のように，別の作品が引用されていたりする問題は，非常にやっかいで，普通に勉強するだけではなかなか知らないことが多い。演じたことがあるか，名曲解説などを読み深く勉強している人しか解くことができないだろう。　5　文化譜は本来，地唄の記譜法である。現在は，奏法譜として用いられるが，縦書きで勘所を漢数字で表す家庭式，横書きで数字を用いる文化譜が多用されている。他にも，三本の横線に音符で記載する三線譜もある。

2007年度　　実施問題

【中学校】

【１】次の1から4の音楽用語の意味を答えよ。

1　arioso　　2　rallentando　　3　divisi　　4　Tempo I

(☆☆☆◎◎◎◎)

【２】次の楽譜は，ある楽曲の一部分である。この楽譜について，下の1から7の問いに答えよ。

1　①の音名を答えよ。(解答例　ハ̇)

2　②の和音をコードネームで答えよ。

3　③は非和声音である。このような非和声音を何というか。

4　④の和音を和音記号で答えよ。(解答例　VI)

5　⑤の部分を完全4度低い調に調号を用いて高音部譜表に移調せよ。

6　⑥の音を下属音とする旋律的短音階上行形を，アルト譜表に調号を用いず全音符で記せ。

7　作曲者名を答えよ。

(☆☆☆☆◎◎◎)

【３】次の文章は，バロック及び古典派の音楽の様式に関する説明である。[　1　]から[　6　]にあてはまる最も適切な語句を答えよ。ただし，同じ数字の[　　]には同じ語句が入る。

バロックの時代には，複数の旋律(声部)がそれぞれ独立した横の流れ(旋律の動き)を重視する音楽である[　1　]が主要な作曲様式であった。古典派の時代になると，主旋律(主声部)を他の諸声部が和声的に伴奏する作曲様式である[　2　]が主流となり，より均整のとれた形式が重んじられるようになった。

また，古典派の時代には，[　3　]形式が確立されたことなどで器楽曲が著しく発展した。[　3　]形式の基本構造は一般的に，複数の主題が異なる調で対照的に示される[　4　]部，そしてこれらの主題を発展させる[　5　]部，さらに[　4　]部に対応して主題が回帰する[　6　]部からなる。

(☆☆◎◎◎◎)

【4】次の楽譜は，ある楽曲の一部分である。下の1，2，3の問いに答えよ。

1　曲名を答えよ。

2　楽譜中の音符の書かれていない部分に正しい音符を書き入れよ。さらに，書き入れた音符の下に，その音符に対応する一番の歌詞を正しく書き入れよ。

3　この楽譜はritardando(rit.)の指示が一箇所抜けている。ritardando(rit.)が入る最も適切な箇所を，楽譜中のアからカのうちから一つ選び，記号で答えよ。

(☆☆☆◎◎◎◎)

【5】次の楽譜は，ある楽曲を編曲した楽譜の一部分である。下の1から4の問いに答えよ。

1　原曲の作曲者名を答えよ。

2　原曲は何の楽器で演奏するために作られたか，楽器名を答えよ。

3　一般的に，この原曲の作曲者の作品整理に用いられる記号を答えよ。

4　原曲の形式と類似しているものにパッサカリアがある。パッサカリアの形式を用いて作曲されたものを，次のアからエのうちから一つ選び，記号で答えよ。

ア　交響曲第4番第4楽章(J.ブラームス作曲)

イ　交響曲第5番第1楽章(L.v.ベートーヴェン作曲)

ウ　交響曲第9番第2楽章(A.ドボルザーク作曲)

エ　交響曲第41番第3楽章(W.A.モーツァルト作曲)

(☆☆☆☆☆◎)

【6】次の文章は，日本の雅楽に関する説明である。[　1　]から[　4　]にあてはまる最も適切な語句を答えよ。

日本の雅楽は，中国大陸や朝鮮半島から伝わった音楽と我が国古来のものとが融合したもので，舞を伴う舞楽，合奏だけの[　1　]，歌が中心となる謡(うた)いものなどがある。雅楽では，壱越(いちこつ)，断金(たんぎん)，平調(ひょうじょう)，勝絶(しょうせつ)，下無(しもむ)など12個の音名が用いられ，これらを[　2　]という。

また，基本的音階として，主音に相当する音から順に，宮(きゅう)，商(しょう)，角(かく)，徴(ち)，羽(う)と呼ばれる5つの音があり，これを[　3　]という。

さらに，雅楽の楽曲構成用語である[　4　]は，導入部・発展部・終結部といった楽曲を構成する楽章の名称を指すものである。

(☆☆☆◎◎◎)

【7】次の楽譜は，ある楽曲の一部分である。R.ワーグナー(1813-1883)，C.ドビュッシー(1862-1918)が作曲したものはどれか。次のアからカのうちからそれぞれ一つ選び，記号で答えよ。

(☆☆☆☆◎◎◎)

解答・解説

【中学校】

【1】1　歌うように　　2　だんだん遅く　　3　複数の奏者が演奏するパートを分割する場合に用いる。　　4　最初の速さで

〈解説〉2　rall.とも書く。　3　管弦楽の第1バイオリンや吹奏楽の第1クラリネットなどは，複数の奏者で演奏する「一つのパート」であるが，divisiと書かれていたら，これを「二つ」以上に分けるのである。一つのパートを2分割する場合はdivisiだけで良いが，3分割以上の場合には，div.in3とかdiv.in4のように幾つに分けるのかを明示する。　4　この用語は，曲の途中で速度標語や速度記号が変わった後，曲の開始部分の

速さに戻す場合に用いられる。

【2】1　ほ　　2　E_7　　3　掛留(変過音・倚音)　　4　Ⅱ/V_7(Ⅱ度調のV_7)

5

6

7　ショパン

〈解説〉1　全音域の音名は知っておきたい。　2　3度音程で整理すれば，E，G♯，B，Dであるので，E_7となる。　3　掛留にもいろいろな形がある。掛留には他に先取音，経過音，補助音，保続音があるが，それらの定義にあてはまらない。　4　構成音はFis，Ais，Cis，E，である。Adurの各音列の中で，すべてを満たす音列を持つ調は，第Ⅱ音を主音とした調はHdurである。Hdurの属七が問の構成音を満たす。　5　主音「イ(A)音」の完全4度下は「ホ(E)音」であるので，ホ長調の楽譜で書くこと。なお，臨時記号の位置に注意しておくこと。　6「ニ(D)音」を下属音(主音から4番目の音)とするのはamollになる。旋律的短音階であるので，その第6・7音をそれぞれ半音上げておくこと。

7　「前奏曲第7番　イ長調」のものである。よく耳にする曲だが，ピアノ曲に知識がなくても，作風や形式から推測することも可能になってくるので，幅広く様々な作品に触れておきたい。

【3】1　多声音楽　　2　和声音楽　　3　ソナタ　　4　(主題)提示　5　展開　　6　再現

〈解説〉音楽史の基礎であり，バロック，古典派での特徴は授業でも説明することも多く，知っておくべき最低限の知識である。ソナタ形式の誕生は音楽史上大きな役割があり，ベートーヴェンをはじめ，その作品が鑑賞教材に必ず取り入れられている。

【4】(1)　早春賦

(2)

(3)　オ

〈解説〉作詞者：吉丸一昌，作曲者：中田章。この2人の名前は漢字で書けるようにしておくこと。1913年発行の「新作唱歌」第3集に掲載されたもので，当時大変な評判を呼んだ。旋律はいきなり分散和音で11度の音程を昇りつめ，春を待ち焦がれる思いを訴えている。流れるような美しい旋律は，春を待ちわびる喜びを素直に表している。

【5】1　J.S.バッハ　　2　バイオリン　　3　BWV　　4　ア

〈解説〉1～5　この曲は「無伴奏バイオリンのためのパルティータ第2番ニ短調BWV1004」である。全く検討がつかない場合は，他の語句をキーワードにして，手がかりをつかむことも必要である。類似しているものに「パッサカリアがある」(パッサカリア＝反復される不変バスに合わせ，変奏されていく緩やかな3拍子の器楽曲のこと)」とあるが，同年代で考えられるのは「シャコンヌ」あるいは「サラバンド」である。さらに作品整理番号…から推測すると，Op以外に有名なのは，この年代でBWVくらいしかない。問の楽譜も，後年鍵盤用にアレンジされたものが出ているため，音域から「鍵盤か管弦楽」あたりが先に頭に浮かんでしまいやすい。作品はイ：ソナタ形式，ウ：ロンド形式，エ：メヌエットであり，幅広い知識が求められている。

【6】1　管絃　　2　十二律　　3　五音(五声)　　4　序破急

〈解説〉1　三管(笙・篳篥・龍笛)，三鼓(鉦鼓・鞨鼓楽・太鼓)，両絃(楽箏・楽琵琶)によって演奏される形態。　2　壱超を基準に，「順八逆六」(高い方に八律(完全5度)取り，低い方に六律(完全4度)取る。それをくり返す)の考えにより算出された。　3　宮から順に「ドレミソラ」の関係を表す。さらに「変徴(ソ♭)，変宮(ド♭)」を加え七音が基準。音階として，呂旋(長調)，律旋(短調)と十二律の組み合わせで基本は6種類ある。「一越調」(呂律で壱越を主音)，「平調」(律旋で平調を主音)といった具合に雅楽の基本調子としている。　4 「序」とは第1楽章のこと。「破」は「破砕」の意味を持つ2楽章。「急」は速度の上がる「早楽」。現在この形式をきちんと残しているものは「五常楽」などわずかしかない。遊馨(ゆせい)・入破(じゅは)・囀（さえずり)・道行(みちゆき)などの楽章名もある。

【7】ワーグナー：カ　　ドビュッシー：ウ

〈解説〉ウは「牧神の午後への前奏曲」，カは「タンホイザー」である。管弦楽曲の知識を問われているので，幅広く楽曲に対する内容を分析し，蓄積していきたい。

2006年度　実施問題

【中学校】

【1】次の1から4の音楽用語の意味を答えよ。

1　marcato　　2　quasi　　3　mezza voce　　4　ossia

(☆☆☆◎◎◎)

【2】次の楽譜は，ある交響曲の一部分である。この楽譜について，下の1から7の問いに答えよ。

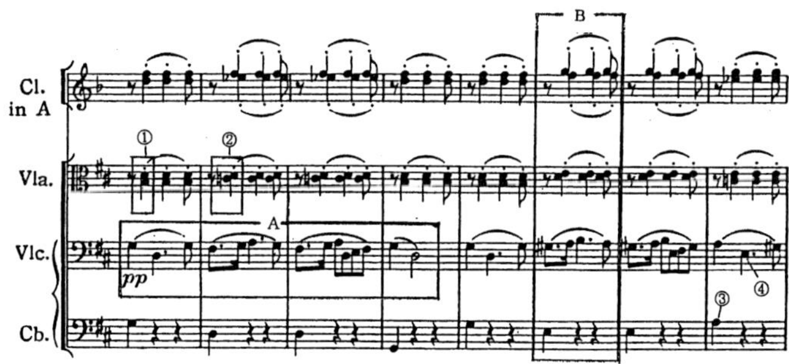

1　①，②それぞれの2音間の音程を転回型で答えよ。

2　チェロのパートのAの部分を短6度上の調に調号を用いないで高音部譜表に移調せよ。

3　チェロのパートのAの部分をEs管の移調楽器で演奏したときの実音を，調号を用いて低音部譜表に記せ。

4　Bの部分の和音を和音記号で答えよ。(解答例　Ⅵ)

5　③の音を属音とする長調の平行調名を答えよ。

6　④の音を第6音とする和声的短音階上行形を調号を用いないでアルト譜表に全音符で記せ。

7　作曲者名を答えよ。

(☆☆☆◎◎◎)

【3】次の文は，バロックの音楽に関する説明である。[　①　]から[　⑥　]にあてはまる最も適切な語句を答えよ。

1　1600年頃イタリアのフィレンツェでは，単旋律の歌唱声部を低音部の和音伴奏が支える[　①　]様式が生まれた。この様式はその後バロックの声楽曲発展の基礎となった。

2　上声部の旋律を支え，持続的に演奏される低音部のことを[　②　]といい，この時代広く用いられた。多くの場合低音部に和音の音程構成などを示す数字が付されており，演奏者はこれに基づき即興的な演奏をした。

3　器楽の分野では，さまざまな形式が生み出された。小合奏(独奏楽器群)と大合奏(オーケストラ全体)とを対比させることを特徴とする[　③　]もその一つである。テンポが緩やかな部分と，急速な部分とが交互に配置される「緩－急－緩－急」の4楽章構成で作曲されることが多く，作曲家[　④　]がその創始者といわれる。

4　代表的な作曲家として，器楽曲集「ターフェルムジーク」や歌劇「ピンピノーネ」を作曲した[　⑤　]，器楽曲「ゴルトベルク変奏曲」を作曲した[　⑥　]などの名を挙げることができる。

(☆☆☆◎◎◎)

【4】次の文は，琵琶に関する説明である。[　①　]から[　⑥　]にあてはまる最も適切な語句を答えよ。

古代ペルシャにその起源をもつ琵琶は，西アジアにおいては[　①　]と呼ばれる楽器として発展し，その後ヨーロッパに伝わり，[　②　]と呼ばれる楽器となった。日本には奈良時代に伝来し，鎌倉時代には盲目の芸能者が琵琶の伴奏で，源平の合戦物語を語る語り物音楽が生まれた。これを[　③　]と言う。この他，鹿児島地方で大成した豪壮な琵琶楽である[　④　]などが現代に伝えられている。また，琵琶と[　⑤　]を独奏楽器としてオーケストラと協奏させている作品に，作曲家[　⑥　]の「ノヴェンバーステップス」がある。

(☆☆☆◎◎◎)

【5】日本の音階について，次の1，2の問いに答えよ。

1　次の(1)から(4)の音階の名称を，下の語群のアからエのうちからそれぞれ一つずつ選び，記号で答えよ。

(1)

(2)

(3)

(4)

語群	
ア	沖縄音階
イ	律音階
ウ	民謡音階
エ	都節音階

2　次の楽曲は，上の語群の中のアからエのいずれの音階から成る曲か，記号で答えよ。

(☆☆☆◎◎◎)

【6】次の楽譜は，「椰子の実」(島崎藤村作詞，大中寅二作曲)の一部である。音符の下に正しい歌詞を書き入れよ。また，作曲者はテヌートの指示をしている。正しい位置2ヵ所にテヌート記号を書き入れよ。

(☆☆☆◎◎◎)

【7】次のアからオの楽譜は，ある楽曲の一部分である。この中から，ヨハネス・ブラームス(1833-1897)，ガブリエル・フォーレ(1845-1924)が作曲したものをそれぞれ一つ選び，記号で答えよ。

(☆☆☆◎◎◎)

解答・解説

【中学校】

【1】1　ひとつひとつの音をはっきりと　　2　ほとんど…のように
　3　柔らかくほどよい強さの声で　　4　または

〈解説〉音楽用語の中では，説明しにくいものやあまり使われないものが出題されている。特に4がふだん使われない。3は説明がしにくいであろう。

【2】1　転回音程　　①　長6度　　②　短7度

2

3

4　Ⅲ⁶

5　ロ短調

6

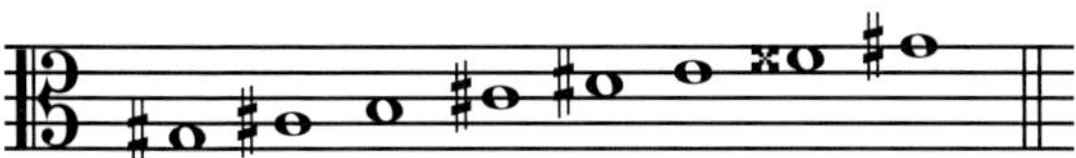

7　シューベルト

〈解説〉シューベルトの未完成交響曲第1楽章の第2主題のスコアである。設問の1は，①が短3度で②が長2度であり，その転回音程を答える。設問5の③の音はA，それを属音とする長調はDdur，その平行調はh mollである。

【3】1　①　モノディ　　2　②　通奏低音　　3　③　コンチェルト・グロッソ(合奏協奏曲)　　④　コレリ　　4　⑤　テレマン

⑥　J. S. バッハ

〈解説〉適切な語句を答えよ，という出題であり，④や⑤の作曲家をすぐに答えるのは難しい。④コレリ以外にも同時代のイタリアでヴァイオリン奏者・作曲家として活躍した，トレリ(独奏ヴァイオリン協奏曲の創始者)やヴィヴァルディ，アルビノーニがいる。⑤テレマンはドイツ・バロックの代表的作曲家で，当時はJ.S.バッハ以上の有名人であった。

【4】1　ウード　　2　リュート　　3　平曲　　4　薩摩琵琶
5　尺八　　6　武満徹

〈解説〉ウードは7世紀以前から中近東・アラビア音楽に使われた撥弦楽器で，ヨーロッパのリュートの祖である。リュート属の音楽には，琵琶，マンドリン，ウード，キタローネなどがある。

【5】1　(1)　ウ　　(2)　イ　　(3)　エ　　(4)　ア　　2　ウ

〈解説〉日本の音階については，雅楽(律，呂)と俗楽(陽，陰)に従来分けていた時期が長いこともあり，テトラコード(完全4度の核音・中間音など)を単位とした日本の音階4種(この設問の4つの音階)につき学習しておきたいもの。1の設問では，ウの民謡音階が半音程を含まないもので，陽旋法に近い。エの都節音階は半音程を含み，陰旋法の下行形(ミドシラファミ)とほぼ同じものである。設問2の楽譜は，富山県民謡「こきりこ節」である。上の4種の音階のどれに当たるかは，この楽譜を短3度上に移調して歌うと民謡音階であることが分かる。

【6】

〈解説〉歌詞は「思いやる八重の潮々　いずれの日に故郷(くに)に帰らん」であり，テヌートは「おてい」の部分の音符に付けられている。

【7】オ(ブラームス)　　イ(フォーレ)

〈解説〉アはショパンの前奏曲「雨だれ」より。ウはベートーヴェンのピアノ協奏曲第5番「皇帝」より。エはスッペ作曲「軽騎兵」序曲より。イはフォーレの「シチリアーナ」であり，オはブラームスのクラリネット5重奏曲ロ短調である。

2005年度　実施問題

【中学校】

【1】次の1から4の音楽用語の意味を答えよ。

1　espressivo　　2　m.d.　　3　allargando　　4　alla marcia

(☆☆☆◎◎◎◎)

【2】郷土の音楽及び日本の伝統音楽について，次の1，2，3の問いに答えよ。

1　次の（　①　），（　②　），（　③　）にあてはまる最も適切なものを，それぞれのアからエのうちから一つ選び，記号で答えよ。

民謡やお囃子など，日本各地にある郷土の音楽には，踊りと結びつき郷土の芸能として受け継がれているものもある。越中おわら風の盆は，歌，三味線，太鼓，（　①　）の演奏に合わせて踊るもので，（　②　）に伝えられている。また，沖縄県に伝わる（　③　）は，三線や太鼓などに合わせて踊る盆踊りである。

①　ア　篠笛　　イ　琵琶　　ウ　鉦　　エ　胡弓
②　ア　島根県　　イ　富山県　　ウ　徳島県　　エ　青森県
③　ア　ねぶた　　イ　安来節　　ウ　阿波踊り　　エ　エイサー

2　次の文は，三味線についての説明である。（　①　）から（　⑥　）にあてはまる最も適切なものを，アからコのうちからそれぞれ一つ選び，記号で答えよ。

三味線にはいくつかの種類があり，伝統的に細竿は，長唄や（　①　）に，中竿は，（　②　）や清元に，そして太棹は（　③　）や（　④　）に使われることが多く，主に（　⑤　）を用いて演奏される。また，様々な倍音を出す仕組みになっており，それを（　⑥　）と呼んでいる。

ア　爪　　イ　弓　　ウ　ばち　　エ　サワリ
オ　メリ　　カ　ユリ　　キ　常磐津　　ク　義太夫
ケ　津軽三味線　　コ　小唄

3　雅楽「越天楽」に使われる楽器のうち，①主旋律を受け持つもの，②和音を受け持つもの，③分散和音により拍節感などを出すもの，④速度変化や曲の区分などを示し決まったリズムを繰り返すものを，次のアからエのうちからそれぞれ一つ選び，記号で答えよ。

ア　楽箏　　イ　鞨鼓　　ウ　笙　　エ　篳篥

(☆☆☆◎◎◎)

【3】次の文は，ロマン派の音楽に関する説明である。（　①　）から（　⑥　）にあてはまる最も適切な語句を答えよ。

1　歌詞，旋律，ピアノ伴奏の関係をより密接なものとした歌曲は（　①　）と呼ばれ，600曲以上も作曲した（　②　）によって，高度の芸術性をもった音楽形式にまで高められた。

2　19世紀半ば，作曲家（　③　）によって創始された（　④　）というジャンルは，管弦楽のための標題音楽の一種であり，多くの場合単一楽章である。その代表作は，「レ　プレリュード」などである。

3　作曲家ワーグナーは，従来のオペラとは異なる新たな様式のオペラである（　⑤　）を創造した。これは文学，演劇，音楽などの諸芸術が一体となったもので，総合芸術ともいわれる。

4　ロマン派の時代に，特定の動機（モチーフ）によって全曲を統一する作曲技法が発展した。その技法の例として，ベルリオーズの（　⑥　）や，ワーグナーの示導動機，フランクの循環形式などがある。

(☆☆☆◎◎◎◎)

【4】次の楽譜は，W.A.モーツァルトが作曲したあるセレナードの一部分である。この楽譜について，あとの1から6の問いに答えよ。

1　①の音名を日本語で答えよ。[記入例　ハ̇]

2　②から⑤の音程のうち，不完全協和音程を選び記号で答えよ。

3　Aの部分（1～2小節）の和音がⅣ度の和音となる調を答えよ。

4　A，Bの部分のように，いくつかの声部が同じ旋律を演奏することを何というか。

5　⑥の音を下属音とする長調の平行調を答えよ。

6　⑦の音を第6音とする旋律的短音階上行型を調号を用いずに低音部譜表に全音符で記せ。

(☆☆☆☆◎◎◎)

【5】次のアからキの楽譜は，ある楽曲の一部分である。この中から，フェリックス・メンデルスゾーン（1809－1847），ピョートル・チャイコフスキー（1840－1893）が作曲したものをそれぞれ一つ選び記号で答えよ。

(☆☆☆☆◎◎◎)

【6】次の楽譜は，滝廉太郎作曲「花」の第2フレーズの一部分である。下の1，2の問いに答えよ。

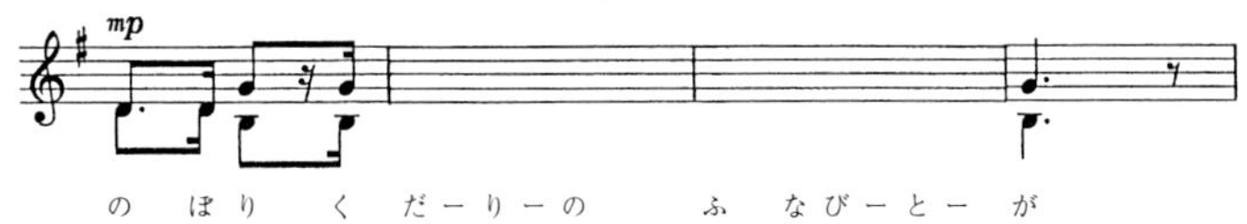

1　第2，第3小節の上下二つの旋律を書き入れよ。

2　滝廉太郎が作曲した他の歌曲を二つ答えよ。

(☆☆☆◎◎◎◎)

【7】次の楽譜は，ある曲の一部分である。この曲について，下の1，2，3の問いに答えよ。

1　作曲者名を答えよ。

2　原曲において，この旋律を最初に演奏する楽器名を答えよ。

3　この作曲者は，音楽史上のどの時代区分に属するか，次のアからエのうちから一つ選び，記号で答えよ。

ア　ロマン派　　イ　国民楽派　　ウ　古典派　　エ　バロック

(☆☆☆☆◎◎)

【高等学校】

【1】次の1から4の音楽用語の意味を答えよ。

1　espressivo　　2　m.d.　　3　allargando　　4　alla marcia

(☆☆☆◎◎◎◎)

【2】郷土の音楽及び日本の伝統音楽について，次の1，2，3の問いに答えよ。

1　次の（　①　），（　②　），（　③　）にあてはまる最も適切なものを，それぞれのアからエのうちから一つ選び，記号で答えよ。

民謡やお囃子など，日本各地にある郷土の音楽には，踊りと結びつき郷土の芸能として受け継がれているものもある。越中おわら風の盆は，歌，三味線，太鼓，（　①　）の演奏に合わせて踊るもので，（　②　）に伝えられている。また，沖縄県に伝わる（　③　）は，三線や太鼓などに合わせて踊る盆踊りである。

①　ア　篠笛　　イ　琵琶　　ウ　鉦　　エ　胡弓
②　ア　島根県　　イ　富山県　　ウ　徳島県　　エ　青森県
③　ア　ねぶた　　イ　安来節　　ウ　阿波踊り　　エ　エイサー

2　次の文は，三味線についての説明である。（　①　）から（　⑥　）にあてはまる最も適切なものを，アからコのうちからそれぞれ一つ選び，記号で答えよ。

三味線にはいくつかの種類があり，伝統的に細竿は，長唄や（　①　）に，中竿は，（　②　）や清元に，そして太棹は（　③　）や（　④　）に使われることが多く，主に（　⑤　）を用いて演奏される。また，様々な倍音を出す仕組みになっており，それを（　⑥　）と呼んでいる。

ア　爪　　イ　弓　　ウ　ばち　　エ　サワリ
オ　メリ　　カ　ユリ　　キ　常磐津　　ク　義太夫
ケ　津軽三味線　　コ　小唄

3　雅楽「越天楽」に使われる楽器のうち，①主旋律を受け持つもの，②和音を受け持つもの，③分散和音により拍節感などを出すもの，④速度変化や曲の区分などを示し決まったリズムを繰り返すものを，次のアからエのうちからそれぞれ一つ選び，記号で答えよ。

ア　楽箏　　イ　鞨鼓　　ウ　笙　　エ　篳篥

(☆☆☆◎◎◎)

【3】次の文は，ロマン派の音楽に関する説明である。（　①　）から（　⑥　）にあてはまる最も適切な語句を答えよ。

1　歌詞，旋律，ピアノ伴奏の関係をより密接なものとした歌曲は（　①　）と呼ばれ，600曲以上も作曲した（　②　）によって，高度の芸術性をもった音楽形式にまで高められた。

2　19世紀半ば，作曲家（　③　）によって創始された（　④　）というジャンルは，管弦楽のための標題音楽の一種であり，多くの場合単一楽章である。その代表作は，「レ　プレリュード」などである。

3　作曲家ワーグナーは，従来のオペラとは異なる新たな様式のオペラである（　⑤　）を創造した。これは文学，演劇，音楽などの諸芸術が一体となったもので，総合芸術ともいわれる。

4　ロマン派の時代に，特定の動機（モチーフ）によって全曲を統一する作曲技法が発展した。その技法の例として，ベルリオーズの（　⑥　）や，ワーグナーの示導動機，フランクの循環形式などがある。

(☆☆☆◎◎◎◎)

【4】次の楽譜は，W.A.モーツァルトが作曲したあるセレナードの一部分である。この楽譜について，下の1から6の問いに答えよ。

1　①の音名を日本語で答えよ。[記入例　ハ̇]

2　②から⑤の音程のうち，不完全協和音程を選び記号で答えよ。

3　Aの部分（1～2小節）の和音がⅣ度の和音となる調を答えよ。

4　A，Bの部分のように，いくつかの声部が同じ旋律を演奏することを何というか。

5　⑥の音を下属音とする長調の平行調を答えよ。

6　⑦の音を第6音とする旋律的短音階上行型を調号を用いずに低音部譜表に全音符で記せ。

(☆☆☆☆◎◎◎)

【5】次のアからキの楽譜は，ある楽曲の一部分である。この中から，フェリックス・メンデルスゾーン（1809－1847），ピョートル・チャイコフスキー（1840－1893）が作曲したものをそれぞれ一つ選び記号で答えよ。

(☆☆☆☆◎◎◎)

【6】次の楽譜は，山田耕筰作曲「この道」の一部分である。この曲について，あとの1，2の問いに答えよ。

1　上の楽譜の音符が書かれていない箇所に，正しい旋律を記入せよ。

2　作詞者名を答えよ。

(☆☆☆◎◎◎)

【7】次の楽譜はある組曲の一部分である。下の1，2，3の問いに答えよ。

1　この楽譜は管弦楽編曲版である。この組曲名と原曲の作曲者名を答えよ。

2　原曲は何の楽器で演奏するために作られたか，楽器名を答えよ。

3　次のアからエの組曲を，作曲された年代の古い順に記号で答えよ。

ア　くるみ割り人形　　　イ　クープランの墓

ウ　グランド・キャニオン　　エ　水上の音楽

(☆☆☆◎◎◎◎)

解答・解説

【中学校】

【1】1　表情豊かに　　2　右手　　3　強くしながらだんだん遅く
4　行進曲ふうに

〈解説〉2はmano destraの略，左手はm.s.（mano sinistra）となる。

【2】1　①　エ　　②　イ　　③　エ
2　①　コ　　②　キ　　③　ク　　④　ケ　　⑤　ウ　　⑥　エ
3　①　エ　　②　ウ　　③　ア　　④　イ

〈解説〉1の越中おわら風の盆は，富山県八尾（やつお）町で毎年9月1日から3日間夜を徹して踊る行事。①の楽器は胡弓である。

2の⑥のサワリとは，三味線の一の糸が棹の上部のサワリと呼ばれる山の部分に，わずかに触れることから倍音を生む音響現象である。

【3】①　リート　　②　シューベルト　　③　リスト
④　交響詩　　⑤　楽劇　　⑥　固定楽想（イデー・フィクス）

〈解説〉⑥の回答がむずかしい。それはライトモティーフ（示導動機）に類似している手法である。イデー・フィクスはベルリオーズが「幻想交響曲」で用いた主人公の恋人を象徴する固有の楽想を意味する。この楽想はさまざまに変えられて全楽章に現われる。

【4】1　①ーい（ひらがな「い」音）　　2　③及び⑤
3　イ長調　　4　ユニゾン　　5　ロ短調
6

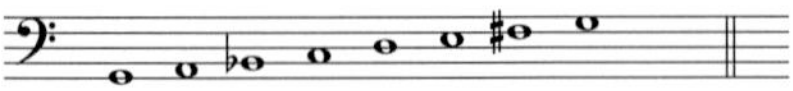

〈解説〉モーツァルトの「アイネ・クライネ・ナハトムジーク」（弦楽のためのセレナード）よりの楽譜である。2の不安全協和音程とは，長及び短3度と6度を指す。③が長3度，⑤は短3度である。

【5】メンデルスゾーン→カ（無言歌より「春の歌」）
チャイコフスキー→ウ（ヴァイオリン協奏曲の冒頭導入部）

〈解説〉アはヘンデル「水上の音楽」，イはシューベルトの「ロザムンデ」より，エはグリーグのピアノ協奏曲イ短調のテーマ，オはヴィヴァルディの「和声と創意の試み」「四季」より冬，キはシューマンの「子どもの情景」より「トロイメライ」である。

【6】1
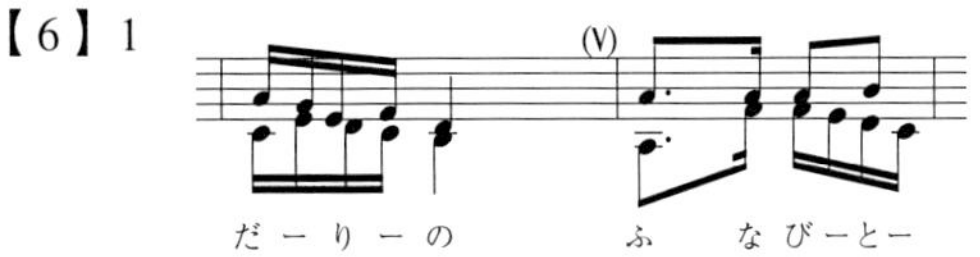

2　「荒城の月」，「箱根八里」

〈解説〉「花」は組歌「四季」として作曲されたもので，他の3曲は「納涼」，「月」，「雪」である。

【7】1　ドヴォルザーク
2　ヴィオラ
3　イ

〈解説〉「新世界より」と同じ年の米国滞在中に作曲された，弦楽四重奏曲「アメリカ」の第1楽章冒頭のテーマ。第2楽章に黒人霊歌風の有名なテーマが出てくるが，この第1楽章のヴィオラで出るテーマは，かなりこの曲を聴いていないと回答はむずかしいと思われる。

【高等学校】

【1】1　表情豊かに　　2　右手　　3　強くしながらだんだん遅く
4　行進曲ふうに

〈解説〉2はmano destraの略，左手はm.s.（mano sinistra）となる。

【2】1　①　エ　　②　イ　　③　エ
2　①　コ　　②　キ　　③　ク　　④　ケ　　⑤　ウ　　⑥　エ

3　①　エ　②　ウ　③　ア　④　イ

〈解説〉1の越中おわら風の盆は，富山県八尾（やつお）町で毎年9月1日から3日間夜を徹して踊る行事。①の楽器は胡弓である。

2の⑥のサワリとは，三味線の一の糸が棹の上部のサワリと呼ばれる山の部分に，わずかに触れることから倍音を生む音響現象である。

【3】①　リート　②　シューベルト　③　リスト

④　交響詩　⑤　楽劇　⑥　固定楽想（イデー・フィクス）

〈解説〉⑥の解答がむずかしい。それはライトモティーフ（示導動機）に類似している手法である。イデー・フィクスはベルリオーズが「幻想交響曲」で用いた主人公の恋人を象徴する固有の楽想を意味する。この楽想はさまざまに変えられて全楽章に現われる。

【4】1　①ーい（ひらがな「い」音）　2　③及び⑤

3　イ長調　4　ユニゾン　5　ロ短調

6

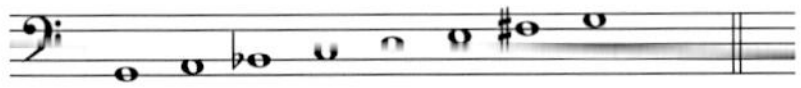

〈解説〉モーツァルトの「アイネ・クライネ・ナハトムジーク」（弦楽のためのセレナード）よりの楽譜である。2の不安全協和音程とは，長及び短3度と6度を指す。③が長3度，⑤は短3度である。

【5】メンデルスゾーン→カ（無言歌より「春の歌」）

チャイコフスキー→ウ（ヴァイオリン協奏曲の冒頭導入部）

〈解説〉アはヘンデル「水上の音楽」，イはシューベルトの「ロザムンデ」より，エはグリーグのピアノ協奏曲イ短調のテーマ，オはヴィヴァルディの「和声と創意の試み」「四季」より冬，キはシューマンの「子どもの情景」より「トロイメライ」である。

【6】1 

2　北原白秋

〈解説〉この曲を知っているならば音符の記入はできるであろう。むしろ，2の作詞者の回答がむずかしいかもしれない。同じコンビによる他の名曲には「待ちぼうけ」，「砂山」などがある。

【7】1　組曲「展覧会の絵」，ムソルグスキー（この組曲の終曲「キエフの大門）

2　ピアノ

3　エ→ア→イ→ウ

〈解説〉この原曲はムソルグスキーのピアノ組曲であり，オーケストラ用の編曲でよく演奏されるようになったが，それはラヴェルの編曲のもの。他にもストコフスキー編曲がある。3のエはヘンデル，アはチャイコスキーで1892年作曲，イはラヴェルのピアノ組曲で1917年作曲，ウはアメリカのグローフェ作曲で「大峡谷」とも呼ばれる管弦楽組曲で1931年の作曲。グローフェは，ガーシュインの「ラプソディ・イン・ブルー」の管弦楽編曲をして有名になった。

第３部

チェックテスト

過去の全国各県の教員採用試験において出題された問題を分析し作成しています。実力診断のためのチェックテストとしてご使用ください。

音楽科

／100点

【1】次の(1)～(10)の音楽用語の意味を答えよ。

（各1点　計10点）

(1)　agitato　(2)　comodo　(3)　con fuoco
(4)　marcato　(5)　ma non troppo　(6)　ritenuto
(7)　con brio　(8)　brillante　(9)　delizioso
(10)　rinforzando

【2】次の(1)～(5)の楽曲形式名等を答えよ。

（各1点　計5点）

(1)　主に二つの主要主題が提示される提示部(A)－展開部(B)－再現部(A')からなる3部構造で，それに終結部が付加されるもの。

(2)　主要主題(A)が，副主題をはさんで反復される形式で，A－B－A－C－A－B－Aのように構成されるもの。

(3)　3部形式A－B－AのA及びB部分が拡大されて，それ自体が2部あるいは3部形式をなすような構造をもつもの。

(4)　主題の旋律やリズム，速度などを様々に変化させたり，発展させたりするなどの手法によるもの。

(5)　ポリフォニー(多声音楽)の完成されたものといわれ，主題と応答を規則的な模倣，自由な対位法的手法で展開された楽曲。

【3】次の音楽や楽器と関係の深い国の国名をそれぞれ答えよ。

（各1点　計10点）

(1)　ケチャ　(2)　ホーミー　(3)　シャンソン
(4)　カンツォーネ　(5)　タンゴ　(6)　フラメンコ
(7)　シタール　(8)　胡弓　(9)　ツィンバロム
(10)　バラライカ

【4】次の(1)～(6)のギターのコードダイヤグラムについて，コードネームを答えよ。

（各1点　計6点）

(1)

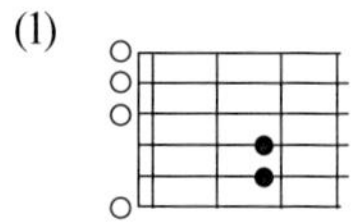

(2)

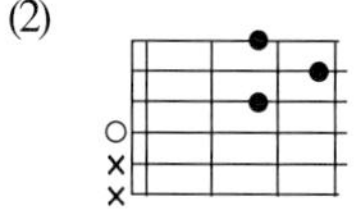

(3)

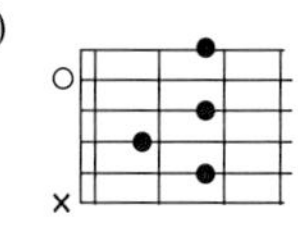

(4)

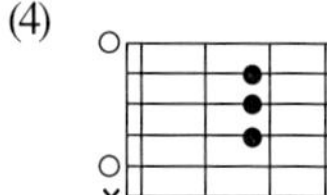

(5)

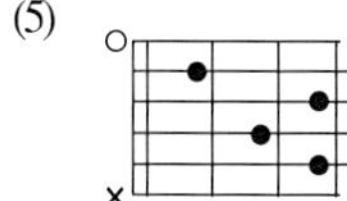

(6)

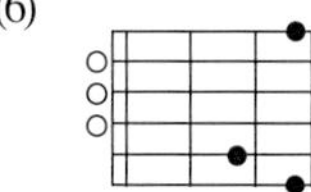

【5】次の楽器の名前をあとのア～ソから1つずつ選び，記号で答えよ。

（各1点　計6点）

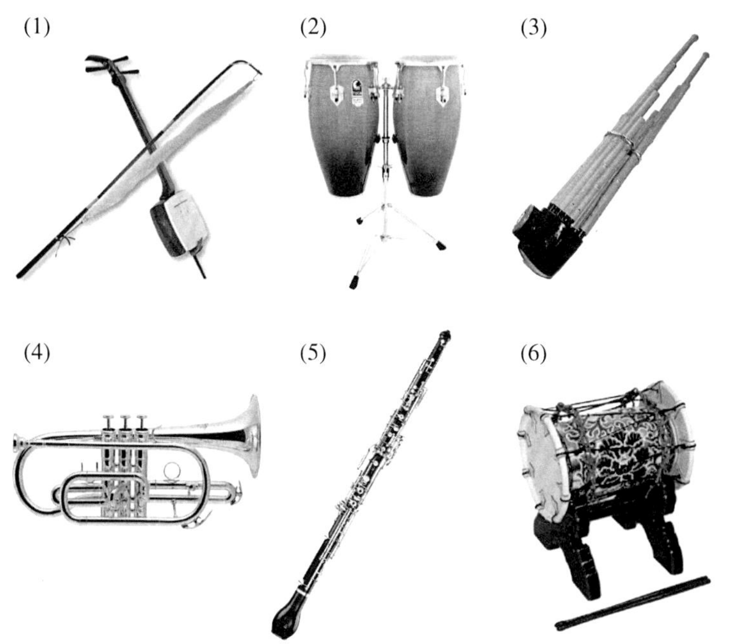

ア　コンガ	イ　三味線	ウ　コルネット	エ　カバサ
オ　トランペット	カ　胡弓	キ　ボンゴ	ク　バスーン
ケ　羯鼓	コ　オーボエ	サ　鉦鼓	シ　締太鼓
ス　イングリッシュ・ホルン		セ　笙	
ソ　バス・クラリネット			

【6】次の文章は，西洋音楽史について述べようとしたものである。この文章中の(　ア　)～(　ト　)にあてはまる最も適切な語句をそれぞれ書け。ただし，同じ記号の空欄には，同じ語句が入るものとする。

（各1点　計20点）

中世ヨーロッパにおいて教会での典礼儀式と結びついた単旋律聖歌は，地方的聖歌や民俗音楽を同化しつつ(　ア　)聖歌に統一された。これは，礼拝様式の統一を命じた教皇(　イ　)の名に由来するとされ，ラテン語の歌詞をもち，(　ウ　)譜で記された。その後，教会や修道院の中で聖歌が基礎となって(　エ　)音楽が生まれ，パリの(　オ　)大聖堂を中心にオルガヌム，モテトなどへ発展し(　カ　)，(　キ　)らによってその頂点を極めた。また，この時期は民俗的世俗音楽も全盛期であり南フランスの(　ク　)，北フランスの(　ケ　)，ドイツの(　コ　)たちの俗語による歌曲を生んだ。

(　サ　)の音楽とは，音楽史上，中世とバロック期の間に位置する時代の音楽を指す。この時代，15世紀のデュファイなどに代表される(　シ　)楽派が活躍し，次いで15世紀末から16世紀にかけて展開されるジョスカン・デ・プレやラッススなどに代表される(　ス　)楽派の音楽によって(　サ　)音楽は本格的な歩みをたどりはじめる。この時代の後期は，「教皇マルチェルスのミサ」を作曲した(　セ　)楽派の(　ソ　)や「ピアノとフォルテのソナタ」を作曲した(　タ　)楽派の(　チ　)などが活躍した。フランスでは市民階級の向上とともにジャヌカンなどの(　ツ　)が一世を風靡し，イタリアではフィレンツェの(　テ　)家を中心に高度な芸術活動が展開され，優れた詩による多声歌曲(　ト　)が作曲された。モンテヴェルディは9巻に及ぶ(　ト　)曲集を出版している。

【7】次の日本の伝統音楽についての説明文の各空欄に適する語句を下のア〜タから1つずつ選び，記号で答えよ。

（各1点　計8点）

(1)　室町時代の初めに，物語は歌謡として謡われ，台詞も抑揚を付けて唱える，観阿弥・世阿弥父子が大成した仮面劇を(　①　)楽という。

　また，(　①　)楽と一緒に上演されることの多いコミカルな対話劇を(　②　)という。

(2)　17世紀後半に大阪の竹本座で創始された三味線音楽を(　③　)といい，脚本家(　④　)の協力を得て，人形芝居の音楽として大流行した。現在，(　③　)は「(　⑤　)」の音楽として知られている。

(3)　唄方，細棹三味線を使用した三味線方，囃子方によって演奏される歌舞伎のために生まれた三味線音楽を(　⑥　)という。

(4)　舞台奥に作られたひな壇に並んで演奏することを(　⑦　)といい，これに対して舞台を盛り上げる効果音を舞台下手の黒御簾で演奏する音楽を(　⑧　)音楽という。

ア　雅	イ　狂言	ウ　神楽	エ　舞
オ　太鼓	カ　長唄	キ　地謡	ク　能
ケ　近松門左衛門	コ　義太夫節	サ　黙阿弥	シ　人形浄瑠璃
ス　出囃子	セ　下座	ソ　裏方	タ　合いの手

【8】次の和音の基本形をd音を根音としてへ音譜表に書け。

（各1点　計5点）

(1)　長三和音

(2)　減三和音

(3)　属七和音

(4)　短三和音

(5)　増三和音

【9】次の各問いに答えよ。

（各1点　計4点）

(1)　次の楽譜を短3度上方に移調した時，①の部分で最も適切なコードネームはどれか。下のア～オから1つ選び，記号で答えよ。

ア　F　　イ　E♭　　ウ　Am7　　エ　B7　　オ　Cm

(2)　次の楽譜はB♭管のクラリネットの楽譜である。同じ音でF管のホルンで同時に演奏する場合の楽譜は何調で示されるか。下のア～オから1つ選び，記号で答えよ。

ア　ハ長調　　イ　ト長調　　ウ　変ロ長調　　エ　ニ長調
オ　ハ短調

(3)　次の楽譜は何調か。下のア～オから1つ選び，記号で答えよ。

ア　ニ短調　　イ　ロ短調　　ウ　ヘ短調　　エ　ト短調
オ　イ短調

(4)　次の楽譜は何調か。下のア～オから1つ選び，記号で答えよ。

ア　ハ長調　　イ　ト長調　　ウ　イ短調　　エ　ニ長調
オ　ニ短調

【10】次の楽譜を見て，下の各問いに答えよ。

（各1点　計6点）

(1)　①～③の音程を書け。

(2)　a及びbの囲まれた音符で構成される和音の種類を書け。

(3)　この曲はへ長調で始まるが，その後何調から何調へ転調しているか書け。

【11】次の(1)〜(7)の楽譜は，ある曲の一部分である。作曲者名と作品名をそれぞれ答えよ。

（完答各2点　計14点）

【12】合唱の授業において生徒から次の内容の質問を受けた場合，どのような指導をすればよいか，具体的に答えよ。

（各2点　計6点）

(1)　なかなか響く声を出すことができません。どうすればいいですか。

(2)　歌詞の内容が聴く人に伝わるように歌いたいのですが，どうすればいいですか。

(3)　変声期で声が出にくいのですが，どうすればいいですか。(男子生徒からの質問)

解答・解説

【1】(1)　激しく　(2)　気楽に　(3)　熱烈に，火のように　(4)　はっきりと　(5)　しかし，はなはだしくなく　(6)　すぐに遅く　(7)　いきいきと　(8)　はなやかに，輝かしく　(9)　甘美に　(10)　急に強く

解説　楽語は基本的にイタリア語である。音楽用語は基礎的かつ頻出の問題であるため，集中して音楽用語を覚えることが大切である。(3)のconは英語のwithとほぼ同義の前置詞であるので，楽語にもよく登場する。注意しておこう。

【2】(1)　ソナタ形式　(2)　ロンド形式　(3)　複合3部形式　(4)　変奏曲形式　(5)　フーガ

解説　本問は楽曲形式名を答える出題だが，楽曲形式を説明させる問題であってもきちんと対応できるようにしたい。　(3)「複合」を付けること。　(5)　フーガは遁走曲ともいう。

【3】(1)　インドネシア　(2)　モンゴル　(3)　フランス　(4)　イタリア　(5)　アルゼンチン　(6)　スペイン　(7)　インド　(8)　中国　(9)　ハンガリー　(10)　ロシア

解説　(1)のケチャはインドネシアのバリ島の男声合唱。　(2)のホーミーはモンゴルの特殊な発声(1人で2種類の声を同時に出す)の民謡。(7)のシタールは北インドの撥弦楽器で古典音楽の独奏に用いられる。(8)の胡弓は日本の擦弦楽器であるが，明治以降は使用されることが少なくなった。中国では胡琴(フーチン)という胡弓に似たものがあり，その種類が多く，二胡(アルフー)もその一つであるため混同されている。　(9)のツィンバロムはダルシマーとも呼ばれ，ハンガリーのジプシー音楽で多く用いられる。

【4】(1) Em　(2) D　(3) B7　(4) A　(5) C7　(6) G

解説 ギターの基本的なコードの知識が求められる問題である。新学習指導要領解説では，ギターと三味線を授業で取り扱う場合についても触れている。ギター関連の出題ではコードが主で，各地で出題されている。したがって，基本事項はおさえるべきであろう。

【5】(1) カ　(2) ア　(3) セ　(4) ウ　(5) ス　(6) ケ

解説 楽器の名前を写真で判断する問題であるが，特に難しい楽器はない。どの場合も，必ず楽器の特徴的な部分があるのでそこに目をつけること。

【6】ア：グレゴリオ　イ：グレゴリウスⅠ世　ウ：ネウマ　エ：ポリフォニー　オ：ノートルダム　カ，キ：レオニヌス，ペロティヌス　ク：トルバドゥール　ケ：トルヴェール　コ：ミンネゼンガー　サ：ルネサンス　シ：ブルゴーニュ　ス：フランドル　セ：ローマ　ソ：パレストリーナ　タ：ヴェネツィア　チ：ガブリエーリ　ツ：シャンソン　テ：メディチ　ト：マドリガーレ

解説 出題傾向が高い部分なので，確実に身につけておきたい。また各語についてもさらに研究しておくことが望ましい。

【7】(1) ① ク　② イ　(2) ③ コ　④ ケ　⑤ シ　(3) ⑥ カ　(4) ⑦ ス　⑧ セ

解説 日本伝統音楽の能楽・三味線音楽に関する問題。記号を語群から選ぶものであり，(1)～(4)の説明文が簡潔で正答できなければならない出題である。

【8】

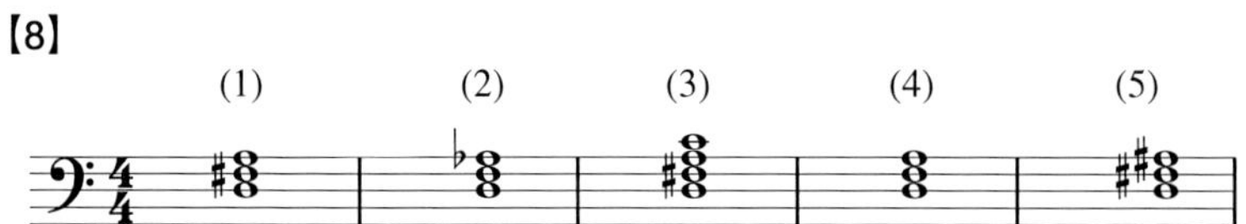

解説 基本的な和音構成問題。根音が必ずしもCとならないことに注意し，またこれらの和音はどのコードにあたるのかということも合わせて学んでおくと良い。

【9】(1) ア　(2) エ　(3) エ　(4) イ

解説 (1) この楽譜はニ長調で短3度上方に移調するとへ長調になる。①の小節はDがFとなり，ソーミドでFのコードネームとなる。
(2) クラリネットは実音が長2度下であり，楽曲はGdurとわかる。ホルンの記譜音は完全5度上であるため，Gの5度上のDdurとなる。

【10】(1) ① 短6度　② 減4度(減11度)　③ 増2度
(2) a 短3和音　b 長3和音　(3) へ長調→ハ長調→イ短調

解説 (1) 音程を答えるためには，まず音部記号を正しく読める必要がある。 (2) これも同様であるが，配置の異なる音符を和音に再構成する必要がある。 (3) 転調は3種類方法があるが，特徴音を探すことと，和声の流れから調性を判断することができる。

【11】(1) ビゼー ／ 歌劇「カルメン」から「ハバネラ」　(2) プッチーニ ／ 歌劇「トスカ」から「妙なる調和」　(3) チャイコフスキー ／ ピアノ協奏曲第1番　変ロ短調　(4) ベートーヴェン ／ 交響曲第3番「英雄」　(5) シューベルト ／ 歌曲集「冬の旅」から「春の夢」　(6) ヘンデル ／ 「水上の音楽」から「ホーンパイプ」
(7) ガーシュイン ／ ラプソディー・イン・ブルー

解説 楽譜の一部から作曲者，曲名を問うことは頻出。どれも有名な旋律部分であるが，分からないものは，必ず音源を聞いておくこと。

【12】(1)　・模範のCDを聴かせ，響く声のイメージを持たせる。　・姿勢，呼吸，口形，発音に気をつけて発声練習をさせる。　・その生徒のもっとも響く音域を見つけ，響かせる感覚をつかませる。 など　(2)　・歌詞の内容，メッセージを十分に理解させる。　・子音をていねいに歌い，言葉がはっきり聞こえるように歌う。　・歌詞のイントネーションに合わせた歌い方になるよう，言葉のまとまりに気をつけた歌い方を工夫させる。 など　(3)　・無理のない声域や声量で歌うようにさせる。　・音域の幅があまり広くない曲を教材として選曲する。　・変声は健康な成長の一過程であり，不必要な不安や羞恥心などをもつことのないように配慮する。 など

解説　(1)や(2)の指導例に〈鼻濁音〉の指導を入れるのもよい。　(3)の変声期の対応は出題されることが多い。

第4部

音楽科マスター

音楽科マスター

音楽用語

●POINT

音楽用語(楽語)の読み方と意味を尋ねる問題はほぼすべての自治体において出題され，音程，調判定，移調，和音の種類，コードネームに関する問題が多く見られた。音楽記号は，速さを表すもの，強弱を表すもの，ニュアンスを表すものなど多種にわたるので，音楽小辞典を常に携帯して調べるなどの努力が重要である。中学校学習指導要領「第3　指導計画の作成と内容の取扱い」(8)で「生徒の学習状況を考慮して，次に示すものを取り扱う」として記号・用語が示されているので必ず理解しておくこと。

●速度標語

1. 楽曲全体に関する速度

標　語	読み方	意　味
最も遅いもの		
Larghissimo	ラルギッシモ	最も幅広く遅く
Adagissimo	アダージッシモ	最も遅く
Lentissimo	レンティッシモ	最も遅く
きわめて遅いもの		
Largo	ラルゴ	幅広く遅く
Adagio	アダージョ	遅く
Lento	レント	遅く
遅いもの		
Larghetto	ラルゲット	ラルゴよりやや速く
やや遅いもの		
Andante	アンダンテ	ほどよくゆっくり，歩くような速さで
中ぐらいの速さのもの		
Andantino	アンダンティーノ	アンダンテよりやや速く
Moderato	モデラート	中ぐらいの速さで
やや速いもの		
Allegretto	アレグレット	やや快速に
速いもの		
Allegro	アレグロ	ほどよく快速に
Animato	アニマート	元気に，速く
きわめて速いもの		
Vivace	ビバーチェ	活発に，速く
Presto	プレスト	急速に
最も速いもの		
Prestissimo	プレスティッシモ	きわめて速く

2. 楽曲の1部分に関する速度変化

標　語	読み方
だんだん速くするもの	
Accelerando（accel.）	アッチェレランド
Poco a poco animato	ポーコ　ア　ポーコ　アニマート
注　accelerandoは速度をだんだん速くするとともに音量をも増す意味をもつ。	
その部分から直ちに平均に速くするもの	
Più allegro	ピウ　アレグロ
Più animato	ピウ　アニマート
Un poco animato	ウン　ポーコ　アニマート
Più mosso	ピウ　モッソ
Pi ù presto	ピウ　プレスト
だんだん遅くするもの	
Ritardando（ritard., rit.）	リタルダンド
Rallentando（rall.）	ラレンタンド
Lentando	レンタンド
だんだん遅くするとともにだんだん強くするもの	
Largando	ラルガンド
Allargando	アラルガンド
だんだん遅くするとともにだんだん弱くするもの	
Perdendosi	ペルデンドシ
その部分から直ちに平均に遅くするもの	
Più lento	ピウ　レント
Meno mosso	メノ　モッソ
速度の回復を示すもの	
A tempo	ア　テンポ　　もとの速さで
Tempo I（Tempo primo）	テンポ　プリモ　　初めの速さで
正確な速さを示すもの	
Tempo giusto	テンポ　ジュスト　　正確な速さで

●強弱標語

1. 基本的な強弱記号

記号	読み方	原語	意味
弱いもの			
ppp	ピアニッシシモ	pianississimo	できるだけ弱く
pp	ピアニッシモ	pianissimo	ごく弱く
più p	ピウ　ピアノ	più piano	いっそう弱く
p	ピアノ	piano	弱く
poco p	ポーコ　ピアノ	poco piano	少し弱く
mp	メゾ　ピアノ	mezzo piano	やや弱く
強いもの			
mf	メゾ　フォルテ	mezzo forte	やや強く
poco f	ポーコ　フォルテ	poco forte	少し強く
f	フォルテ	forte	強く
più f	ピウ　フォルテ	più forte	いっそう強く
ff	フォルティッシモ	fortissimo	ごく強く
fff	フォルティッシシモ	fortississimo	できるだけ強く

2. 特定の音や一定区間の音の強弱記号

記号	読み方	原語	意味
特定の音を強くするもの			
sf	スフォルツァート	sforzato	特に強く
sfz	スフォルツァンド	sforzando	
fz	フォルツァンド フォルツァート	forzando forzato	
rf ***rfz*** ***rinf***	リンフォルツァンド	rinforzando	急に強く
> Λ	アクセント	accento	アクセントをつけて
fp	フォルテ　ピアノ	forte piano	強く，直ちに弱く
一定区間を通して各音を強くするもの			
Marcato	マルカート		はっきりと，強く
Accentato	アッチェンタート		アクセントをつけて
Pesante	ペザンテ		重く力をつけて

3. 変化を含む強弱記号

記　号	読み方	意　味
だんだん強くするもの		
cresc. <	クレシェンド crescendo	だんだん強く
poco cresc. <	ポーコ　クレシェンド	わずかなクレシェンド
poco a poco cresc.	ポーコ ア ポーコ クレシェンド	少しずつだんだん強く
molto cresc. < molto	モルト　クレシェンド	きわめて大きなクレシェンド
cresc. molto	クレシェンド　モルト	
cresc. al ***ff*** < ***ff***	クレシェンド アル フォルティシモ	***ff*** までクレシェンド
accrescendo	アクレシェンド	だんだん強く,声を強める,又長くする
だんだん弱くするもの		
dim. >	ディミヌエンド　diminuendo	だんだん弱く
decresc. >	デクレシェンド　decrescendo	だんだん弱く
poco a poco dim.	ポーコ ア ポーコ　ディミヌエンド	少しずつだんだん弱く
dim. al ***pp*** > ***pp***	ディミヌエンド アル ピアニッシモ	***pp*** までディミヌエンド
dim. e rit. > rit.	ディミヌエンド エ リタルダンド	だんだん弱くだんだん遅く
だんだん強くしてその後だんだん弱くするもの		
cresc. e dim. <>	クレシェンド　エ　ディミヌエンド	だんだん強くだんだん弱く

●曲想標語

1．標語につけて意味を限定する用語

標　語	読み方	意　味
a	ア	～にて，～のように，で
ad	アド	～にて
al	アル	～まで，で，へ
alla	アラ	～のふうに
assai	アッサイ	非常に，大いに
ben	ベン	十分に，よく
con	コン	～をもって，とともに
e	エ	～と～
ed	エド	～と～
ma	マ	しかし
ma non troppo	マ　ノン　トロッポ	しかし，はなはだしくなく
meno	メノ	今までより少なく
molto	モルト	できるだけ，非常に
di molto	ディ　モルト	できるだけ，非常に
non	ノン	打ち消しの意味
non tanto	ノン　タント	多くなく
Più	ピウ	もっと，今までより多く
poco	ポーコ	少し
un poco	ウン　ポーコ	やや少し
sempre	センプレ	常に
simile	シーミレ	同様に
subito	スービト	急に
tanto	タント	多く

2. 標語につけて意味を限定する用語

標　語	読み方	意　味
(a) addolorato	アッドロラート	悲しげに
affetto	アフェット	優しく，優雅に
affettuoso	アフェットゥオーソ	愛情をこめて，アフェットと同じ
agiato	アジアート	愉快な，安楽な
agitato	アジタート	激して，興奮して
allegramente	アレグラメンテ	快活に，楽しげに
con allegrezza	コン　アレグレッツァ	快活に
amabile	アマービレ	愛らしく
con amarezza	コン　アマレッツァ	悲哀をもって
con amore	コン　アモーレ	愛情をもって
animato	アニマート	活気をもって，いきいきと
animando	アニマンド	活気をもって，いきいきと
appassionato	アパッショナート	熱情的に
arioso	アリオーソ	歌うように
armonioso	アルモニオーソ	協和的に，和声的に，調和して
(b) con brio	コン　ブリオ	生き生きと，活発に
brioso	ブリオーソ	生き生きと，活発に
bruscamente	ブルスカメンテ	荒々しく，ぶっきらぼうに
(c) commodo	コンモド	気楽に，ほどよく
comodo	コモド	気楽に，ほどよく
cantabile	カンタービレ	歌うように
cantando	カンタンド	歌うように
a capriccio	ア　カプリッチォ	奏者の自由に，形式や拍子にこだわらず
capriccioso	カプリッチョーソ	気まぐれに
(d) delicato	デリカート	微妙に，繊細な，優美な
dolce	ドルチェ	柔らかに，やさしく
dolente	ドレンテ	悲しげに
doloroso	ドロローソ	悲しげに

(e)	elegante	エレガンテ	優雅に
	elegiaco	エレジアーコ	エレジーふうな，悲しく
	con espressione	コン エスプレッシオーネ	表情豊かに，表情をもって
	espressivo	エスプレッシボ	
(f)	furioso	フリオーソ	熱狂的に
(g)	grandioso	グランディオーソ	堂々と
	grave	グラーベ	重々しく，おごそかに
	con grazia	コン　グラーツィア	やさしさをもって，優雅に，優美に
	grazioso	グラチオーソ	
(l)	lamentabile	ラメンタービレ	悲しげに
	lamentoso	ラメントーソ	
(m)	maestoso	マエストーソ	荘厳に
	mosso	モッソ	活発に，躍動して
	con moto	コン　モート	動きをつけて
(p)	pastorale	パストラーレ	牧歌ふうに
	pesante	ペザンテ	重々しく
	alla polacca	アラ　ポラッカ	ポーランドふうに
	pomposo	ポンポーソ	華麗に，豪しゃに
(s)	scherzando	スケルツァンド	軽快に，ふざけるように
	alla scozzese	アラ　スコツェーゼ	スコットランドふうに
	semplice	センプリチェ	素朴に，単純に
	semplicemente	センプリチェメンテ	
	con sentimento	コン　センティメント	感情をこめて
	serioso	セリオーソ	厳粛に
	soave	ソアーベ	愛らしく，柔らかに
(t)	tranquillo	トランクイロ	穏やかに，静かに
(v)	veloce	ベローチェ	敏速な，速い

問題演習

【1】次の(1)～(4)のそれぞれの音楽用語の意味を答えよ。

(1) stringendo　(2) a piacere　(3) morendo　(4) giocoso

【2】次の(1)～(4)の意味を表す音楽用語を原語(イタリア語)で答えよ。

(1) 静かに抑えた声で　(2) 荘厳に　(3) 全員で

(4) 柔和に

【3】次の(1)～(5)の語句について，簡単に説明せよ。

(1) 三線(さんしん)　(2) sotto voce　(3) 引き色　(4) オルティンドー

(5) 三曲合奏

【4】次の(1)～(5)のそれぞれの音楽用語の意味を答えよ。

(1) con sordino　(2) sotto voce　(3) con moto　(4) pastorale

(5) calmando

【5】次の(1)～(5)の楽語の読み方と意味を答えよ。

(1) stringendo　(2) lamentoso　(3) prestissimo　(4) dolce

(5) tempo rubato

【6】次の(1)～(5)の楽語の意味をそれぞれ答えよ。

(1) volante　(2) calando　(3) elegiaco　(4) div.

(5) sotto voce

【7】次の(1)～(4)は音楽に関する用語である。それぞれについて簡潔に説明せよ。

(1) デュナーミク　(2) ユリ　(3) フレージング

(4) タブ譜

【8】次の(1)～(4)は音楽に関する用語である。それぞれについて簡潔に説明せよ。

(1)　コード・ネーム　　(2)　オスティナート　　(3)　二部形式
(4)　唱歌(しょうが)

【9】次の(1)～(4)の語句の意味を説明せよ。

(1)　アポヤンド奏法　　(2)　オラトリオ　　(3)　calando
(4)　tranquillo

【10】次の(1)～(3)の楽語の読み方と意味を答えよ。

(1)　Tempo Ⅰ　　(2)　sempre legato　　(3)　marcato

【11】次の(1)～(4)の語句をそれぞれ説明せよ。

(1)　交響詩　　(2)　交響曲　　(3)　変奏曲　　(4)　序曲

【12】次の強弱を表す記号の読み方と意味を答えよ。

(1)　***rinf***　　(2)　Accentato　　(3)　***poco f***

【13】次の(1)～(4)の音楽用語の意味を簡潔に説明せよ。

(1)　アルシスとテーシス　　(2)　不即不離
(3)　八木節様式　　(4)　アルス・ノヴァ

【14】次の音楽で用いられる用語を説明せよ。

(1)　序破急　　(2)　テクスチュア　　(3)　ソナタ形式

【15】次の語句について簡単に説明せよ。

(1)　サーラリン(裏連)　　(2)　第7旋法
(3)　オラトリオ　　(4)　通奏低音
(5)　引き色　　(6)　sosten.
(7)　音取(ねとり)　　(8)　armonioso

(9) 赤馬節　　　　　　(10) オスティナート

解答・解説

【1】(1) だんだんせきこんで　(2) 随意に(自由に)　(3) 弱くしながらだんだん遅く　(4) おどけて(喜々として)

解説 用語はとにかく幅広く暗記することが必要。速度，発想，アーティキュレーションなどグループ分けして覚えるとよい。こまめに辞書を活用すること。

【2】(1) sotto voce　(2) maestoso　(3) tutti　(4) dolce

解説 楽語を問う場合，原語を書かせるか意味を問う場合が多いが，同意語，反意語を書かせる場合もあり，単語として覚えるよりも類語としても覚えておかなくてはならない。

【3】(1) 沖縄の楽器。古典音楽や民謡など幅広く使用される。(2) 声を和らげ，ひそやかに。　(3) 箏の奏法。右手で弾いた後，すぐ左手で柱の左の弦を引っ張る。　(4) モンゴル民謡の歌唱法。(5) 三弦，箏，尺八もしくは胡弓の3種の合奏。

解説 (1) 起源は中国南部。14～15世紀に沖縄に伝わったとされている。サイズや奏法，調弦は様々であり，弾き歌いで使用されるのが一般的である。　(2) 声楽だけでなく，器楽でも使用されている。
(3) 引き色は余韻の操作である。他には揺り色，突き色などがある。
(4) 長く声を伸ばし，大きく装飾をつける。　(5) 広義には，地唄，箏曲，尺八，胡弓の合奏全般を指す。

【4】(1) 弱音器をつけて　(2) 低い抑えた音で　(3) 動きをつけて(速めに)　(4) 牧歌風に　(5) 静かに

解説 用語の意味は，とにかく広く覚える必要がある。速度や強弱，表情記号など，ジャンルに分けて覚えたり，同意語，反意語を問われる場合が非常に多いため，合わせて覚えることが大切である。

【5】(1) 読み方：ストリンジェンド　意味：急いで，切迫して，せきこんで　の意　(2) 読み方：ラメントーソ　意味：哀れんで，悲

しく，悼んで　の意　(3)　読み方：プレスティッシモ　意味：きわめて速く　の意　(4)　読み方：ドルチェ　意味：甘くやわらかに　の意　(5)　読み方：テンポ・ルバート　意味：テンポを柔軟に伸縮させて(ぬすまれた速度)　の意

解説 楽語については，常に小辞典などを携帯するとか，集中して覚えるなどの努力が必要である。この出題は基本的な楽語といえよう。

【6】(1)　軽く，飛ぶように，速く　(2)　だんだん遅く消えるように　(3)　悲しげに　(4)　分けて　(5)　声を和らげて，ひそやかに

解説 楽語の意味は，同意語，反意語とセットで覚えること。

【7】(1)　強弱法，音楽上の強弱の表現方法を意味する。ダイナミックスに同じ。　(2)　尺八奏法で音を細かく上げ下げし，揺れるように長く伸ばすこと。日本音楽の他の種目でも使われ，例えば謡曲(本ユリ，半ユリ)，義太夫節(四ツユリ)など。　(3)　フレーズ(楽句，メロディーのひと区切り)の作り方のこと。　(4)　タブラチュアのことで，数字やアルファベット，文字などを用いて楽器の奏法を示すもの。ギターや三味線，箏，尺八などで使われる。

解説 (2)の「ユリ」は，尺八の「メリ」，「カリ」と同じように使われる。(3)のフレージングは，演奏において重要な意味を持ち，楽曲の内容や性格の表現に重要な役割をはたす。

【8】(1)　主にポピュラー音楽で用いられる和音の種別を記号として表したもの。　(2)　ある一定の音型を，楽曲全体，あるいはまとまった楽節全体を通じて，同一声部，同一音高で，たえず反復すること。
(3)　8小節の大楽節2つからなる形式。　(4)　日本の伝統音楽に関する用語であり，楽器の旋律又はリズムを口で唱えること。

解説 (4)の唱歌では，〈コーロリン〉や〈テンツク・テケツク〉などリズム言葉を入れたり，三味線・箏では「口三味線(くちじゃみせん)」とも言うなどの説明もよいであろう。

【9】(1)　ピッキングした指が隣の弦に触れる弾き方　(2)　宗教的な題材をもとに，独唱・合唱・管弦楽から構成される大規模な楽曲。
(3)　次第に弱めながら次第におそく　(4)　静かに

解説 (1) アル・アイレ(アポヤンドの反対)も覚えておきたい。
(2) オペラとは異なり，演技を伴わない。ヘンデルの「メサイア」，ハイドンの「天地創造」などが有名である。聖譚曲(せいたんきょく)ともいう。 (3)(4) 各種記号は覚えておくことが望ましい。

【10】(1) 読み方：テンポ　プリモ　　意味：はじめの速さで
(2) 読み方：センプレ　レガート　　意味：絶えずなめらかに
(3) 読み方：マルカート　　意味：はっきりと

解説 (1) Tempo primoと同じ。Tempo giusto(正確なテンポで)やTempo rubato(テンポを柔軟に伸縮させて)，L'istesso tempo(同じ速さで)など。
(2) sempreは「常に」の意。

【11】(1) 19世紀中ごろに成立した，自然や文学的な内容などを，管弦楽を用いて自由な形で描く楽曲。 (2) 多くはソナタ形式による楽章を含み，複数の楽章で構成される管弦楽曲。 (3) 一定の主題を基として，そのさまざまな要素を変化させていく楽曲。 (4) オペラやオラトリオなどの主要な部分が始まる前に，器楽だけで演奏される導入楽曲。

解説 (1)～(4)の楽曲の説明で，解答例のような簡潔な記述はむしろ難しい。試験の時間制限を意識しながら簡潔で的を射た記述にしたい。
(1) 管弦楽による標題音楽でふつうは単楽章である。リストがこの語を最初に使ったといわれる。 (2) 管弦楽のためのソナタ，通常4楽章でソナタ形式の楽章を含む。芸術性を高めたのは，ハイドン，モーツァルト，ベートーヴェンである。 (3) 主題をもとにして旋律・和声・リズムなどを変化させ，接続して構成した楽曲のこと。 (4) オペラ，オラトリオ，バレエなどの開幕前に導入的な役割を果たす管弦楽曲。19世紀末からは独立した「演奏会用序曲」も作られている。

【12】(1) 読み方：リンフォルツァンド　　意味：急に強く
(2) 読み方：アッチェンタート　　意味：アクセントを付けて
(3) 読み方：ポーコ　フォルテ　　意味：少し強く

解説 (1) ***rfz*** や ***rf*** とも書く。 (2) accent(英)やaccento(伊)に似ているが，アッチェンタートはあまり使われない語である。 (3) pocoは

「少し」の意。

【13】(1)　アルシスは弱いアクセント(弱拍)，テーシスは強いアクセント(強拍)　(2)　同時に演奏される2つの声部が，ヘテロフォニー的な関係にあること。メロディやリズム上のずれやすれなどのこと　(3)　拍節的で明確な拍をもったリズム様式　(4)　「新しい技法」の意，一般に14世紀フランスの音楽をさす用語，(定旋律とタレアと呼ばれるリズム定型を組み合わせたイソリズムの技法などを挙げられ，代表的な作曲家にギョーム・ド・マショーがいる)

解説 (1)　古代ギリシアの詩から派生した語で，アルシスは「上げ」，テーシスは「下げ」の意。転じて〈弱拍〉，〈強拍〉を意味するようになった。弱拍はup beat，強拍はdown beatの方が一般的といえる。

(2)　不即不離とは二つのものが，つきもせず離れもしない関係を保つことであるが，音楽用語として一般に使われるとはいえない。

(3)　日本民謡を大きく分け，拍節的ではっきりしたリズムの「八木節様式」と，テンポがゆるやかで声を長く伸ばして装飾をつけて歌う「追分節様式」がある。　(4)　アルス・ノヴァ(新しい技法)に対し，〈古い技法〉の意味で対立したノートルダム楽派など(代表者はレオナンとペロタン)を「アルス・アンティクア」と呼ぶ。

【14】(1)　我が国の伝統音楽において，形式上の三つの区分を表すものとして用いられている用語で，序は初部で無拍子，破は中間部分の緩やかな拍子，急は最終部で急速拍子からなる。　(2)　テクスチュア(texture)という語は，「織り合わされたもの，織り方」という意味があり，音の組み合わせ方から生じる総合的な印象といった意味に使われる。演奏される声部数や響きの密度，それぞれの声部を演奏する楽器の音色，和声法やリズム法などにより，音や旋律の組み合わせ方，和音や和声，多声的な音楽，我が国の伝統音楽に見られる微妙な間やズレなど，さまざまな音のかかわりを見ることができる。　(3)　18世紀の中頃から，主として古典派の作曲家(ハイドン，モーツァルト，ベートーベン)らによって完成された器楽曲の形式である。ピアノやバイオリンの独奏曲，室内楽曲，交響曲等の一楽章において多く用いられ，

提示部，展開部，再現部の三つの部分から構成されている。

解 説 (1) 伝統音楽に関する用語についての出題頻度は高いので，さまざまな資料を活用し，理解しておくべきである。 (2) 指導要領のさまざまな語句が理解できているかを問われているので，すべて把握しておくことが望ましい。 (3) ロンド，フーガなど，鑑賞教材で扱われる形式についてもまとめておきたい。

【15】(1) 人差し指でトレモロをした後，人差し指と中指の爪の裏で高い音から低い音へと順にグリッサンドする箏の奏法。 (2) ミクソリディア旋法。教会旋法のひとつ。音域は「ト—1点ト」，終止音は，「ト」，支配音「1点二」 (3) 宗教的・道徳的題材を扱った大規模声楽曲。まれに世俗的なものもある。 (4) 17・18世紀のヨーロッパ音楽で，鍵盤楽器奏者が与えられた低音の上に，即興で和音を弾きながら伴奏声部を完成させる方法及びその低音部のこと。 (5) 箏の奏法の一つ。左手で柱の左の弦をつまんで柱の方へ引き寄せ，弾弦部の張力を弱めておいて弾弦するもの。音をわずかに低める手法。

(6) (ソステヌート)音の長さを十分に保って。 (7) 雅楽曲。曲の前に奏し，その曲の属する調の雰囲気を醸し出すとともに，楽器の音程を整える意味をもつ短い曲。 (8) (アルモニオーソ)よく調和して (9) 沖縄県八重山地方の節歌の一つ(民謡) (10) 同一音型(旋律型やリズム型)を繰り返し用いること。しばしばバス声部にあらわれグランドベースなどと呼ばれる。

解 説 (1) 箏の右手の人差し指と中指との爪の裏で行うグリッサンドの奏法で，いわゆる〈サラリン〉である。 (6) sostenutoの略。

(8) armonioso(協和的に，調子よく)の語は，ほとんど使われないもので難問。 (9) 赤馬節も一般によく知られた民謡とはいえない。

音楽科マスター　器楽

●POINT

吹奏楽や金管バンドが小・中・高校で盛んに行われるようになったためか，クラリネット・トランペット・ホルン・アルトサクソフォーンなど移調管楽器の記譜音と実音に関する出題が増加傾向にある。

その対策は次の3つをしっかり覚えることで解決する。

① B♭管(Cl，Tpなど)→実音より長2度高く記譜する

② F管(Hor，Eng・Hor)→実音より完全5度高く記譜する

③ E♭管(A. Sax)→実音より長6度高く記譜する

これを理屈抜きで覚えると楽器の経験無しでも移調楽譜と実音の関係を理解できる。留意すべきは，出題された移調楽器の楽譜は，すべて実音の楽譜に書き直して，次の設問に答えること。例えばDdurの楽譜が出てそれがA. Sax用ならば実音は長6度低いFdurである。それをホルン用の記譜にせよ，の場合は実音の完全5度高いCdurに移調すればよい。サクソフォーンの出題が多いがソプラノ，テナー，バスはB♭管で，アルト，バリトンがE♭管であることも知っておきたい。

ギターコード表

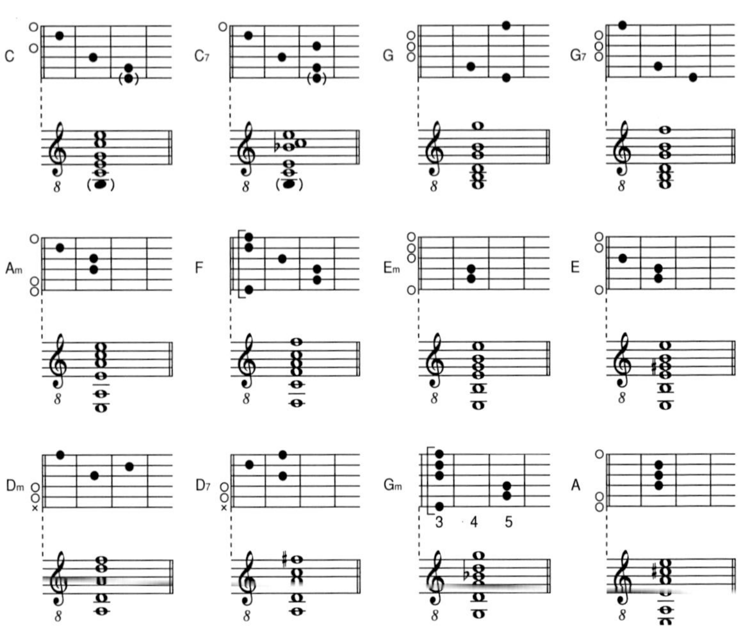

リコーダーの運指

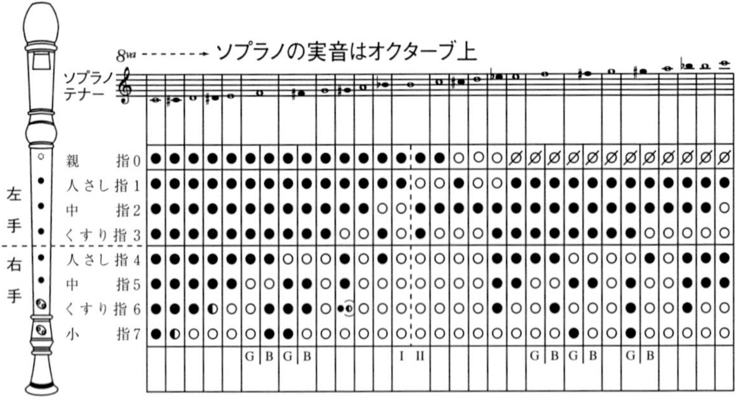

●弦の名称と開放弦の音

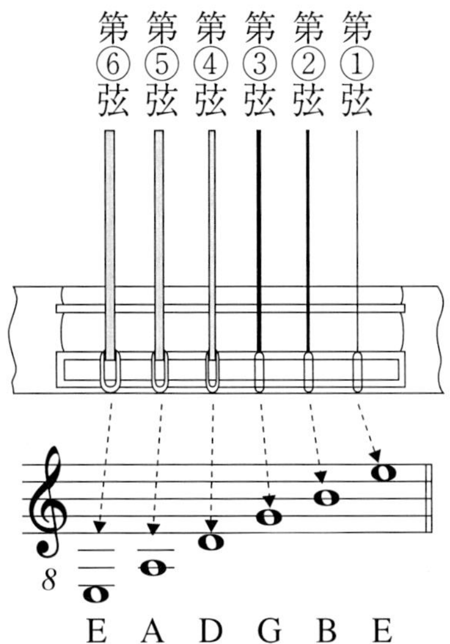

問題演習

【1】次の問いの(　ア　)～(　ク　)について適当なものを，下の①～⑧から1つずつ選び，番号で答えよ。

オーケストラ・スコアは通常，同属楽器ごとにまとめられているが，スコアの上部より(　ア　)楽器群，(　イ　)楽器群，(　ウ　)楽器群，(　エ　)楽器群の順に書かれている。

ヴァイオリンの弦は4本あるが，その開放弦は低音の方から(　オ　)線，(　カ　)線，(　キ　)線，(　ク　)線と呼ばれている。

①　木管　②　金管　③　打　④　弦　⑤　A　⑥　D
⑦　E　⑧　G

【2】次の①～⑩の楽器名をA群から選んで書き，それぞれを金管楽器，木管楽器，弦楽器，打楽器に分類して答えよ。

〈A群〉

ヴァイオリン	バスクラリネット	マンドリン	チェロ
スネアドラム	コントラバス	フルート	クラリネット
サクソフォン	オーボエ	トランペット	ホルン
トロンボーン	シンバル	クラベス	ティンパニ
ギター	トムトム	ドラ	ファゴット
ボンゴ	コンガ	バスドラム	ハープ
ピッコロ			

【3】尺八について，次の各問いに答えよ。

(1) ア～ウに当てはまる語句をA～Iから1つずつ選び，記号で答えよ。

尺八は，(ア)ごろに(イ)から伝来したといわれている。現在では，江戸時代に普化宗で使われていた楽器と同じものが用いられている。様々な長さのものがあるが，最も よく用いられるものは(ウ)のもので，「尺八」という名はこれに由来する。

A 弥生時代　B 奈良時代　C 室町時代　D インド
E 中国　F ロシア　G 八尺　H 八尺一寸
I 一尺八寸

(2) 尺八の奏法について，A～Cに当てはまる語句を，下の①～⑨から1つずつ選べ。

あごを上下して首を振る(A)・カリの奏法，(B)やコロコロと呼ばれるトリル，息を強く吹き入れる(C)などの奏法によって，独特の音色と表情を生み出すことができる。

① サワリ　② 押し手　③ メリ　④ スクイ
⑤ ユリ　⑥ ハジキ　⑦ タンギング　⑧ ムラ息
⑨ 後押し

(3) 尺八が用いられている曲をア～オからすべて選び，記号で答えよ。

ア 越天楽　イ 巣鶴鈴慕　ウ 江差追分　エ 早春賦
オ 勧進帳

【4】次の各問いに答えよ。

(1) 次の譜例は，箏の調弦を表したものである。下の①～③に答えよ。

① a～cの破線箇所に入る音符または語句を答えよ。

② この調弦は何調子か，答えよ。

③ 箏と同じ発音原理をもつ楽器をa～fから2つ選び，記号で答えよ。

a ジェンベ　b シタール　c ツィター　d ナイ

e ベラヤ　f ズルナ

(2) 次のア，イに適する語句を答えよ。

三曲合奏の楽器編成は箏と(ア)と尺八(又は胡弓)からなる。(ア)による音楽のうち，歌い物の(イ)は主として上方を中心に盲人音楽家の専門芸として伝承されたもので，生田流箏曲と結合して発達した。

(3) 伝統音楽である「声明」の読み方と意味を答えよ。

(4) 雅楽に用いる管楽器，打楽器を次からそれぞれ2つずつ選び，ひらがなで答えよ。

篳篥　鉦鼓　和琴　木柾　篠笛　笙　釣太鼓

【5】ソプラノリコーダーに取り組む授業において，次の生徒にはどのような指導が適切か。具体的な指導の内容をそれぞれ2つ答えよ。

(1) 低い音が出しにくい生徒への指導について

(2) 高い音が出しにくい生徒への指導について

【6】ギター実習の時に，以下のことについて説明する内容を答えよ。

(1) ギターの楽譜と基本的な調弦(チューニング)について

(2) 基本的な右手の奏法について

(3) TAB譜について

【7】次の(1)～(3)は，世界の民族楽器についての説明である。楽器名を答えよ。また，その楽器が発達した国または地域を，下のa～fから1つずつ選び，記号で答えよ。

(1)　方形の長いじゃ腹の両端にボタン式の鍵盤をそなえ，手首を通して楽器を支える皮バンドがついている。

(2)　チター属弦鳴楽器。12弦で構造は日本の箏と似ているが，あぐらをかいた膝の上に一方の端を乗せて右手の指でじかに演奏する。

(3)　三角形の胴をもつ撥弦楽器。2弦の楽器に第3弦が加えられ，現在の形となった。

a　アルゼンチン　　b　アンデス　　c　スペイン

d　イスラム圏　　e　ロシア　　f　朝鮮半島

【8】次の文章を読み，下の各問いに答えよ。

ギターのストローク奏法は，おもにフォークやフラメンコ，フォルクローレなどの分野で多く用いられている。ストロークには第6弦から第1弦に向かって上から下へ振り下ろす(　①　)，反対に第1弦から第6弦に向かって弾く(　②　)がある。

またコードの押さえ方には，左手の人差し指で6本の弦を全部押さえる(　③　)という方法がある。コードは押さえる弦を示した(　④　)を見て弾くと理解しやすい。フォーク・ギターやエレキ・ギターは一般的に(　⑤　)を使って弾く。

バンド譜は6本の横線に押さえる弦とフレットを表した(　⑥　)が用いられている。

(1)　①～⑥にあてはまる語句を答えよ。

(2)　次の図にあるコード名を答えよ。

⑦

⑧

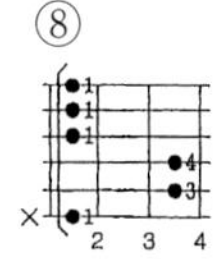

⑨

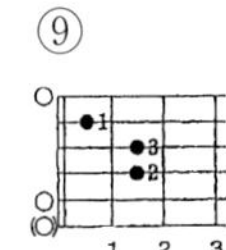

⑩

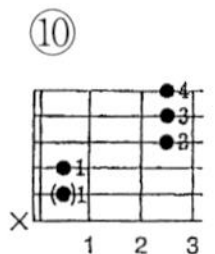

【9】三味線について，次の各問いに答えよ。

(1)　ア～エの三味線の各部分の名称について答えよ。

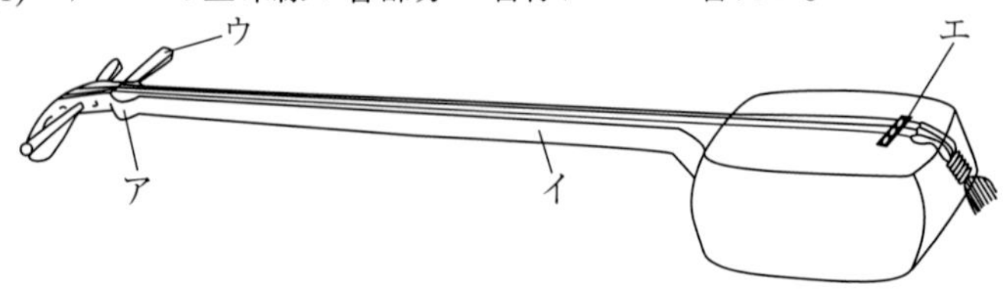

(2)　①～③の三味線の調弦法を答えよ。

(3)　次に示した三味線の奏法の名称を答えよ。

ア　基本奏法とは逆に撥を下から糸にあてててすくいあげる奏法。

イ　撥を使わずに左指で糸をはじいて音を出す奏法。

ウ　勘所を押さえて撥音したあと，左指をずらして音高を変化させる奏法。

【10】次の文章は，「箏」について説明したものである。各問いに答えよ。

箏は(　①　)時代に(　②　)に用いられる楽器として，(　③　)から伝えられた楽器である。

箏は，胴の上に(　④　)を立て，この位置で音の高さを調節する。普通使われる爪は，(　⑤　)爪と(　⑥　)爪の2種類があり，身体の構え方，親指の爪のあて方と弾き方が異なる。

弦(糸)の名前は，奏者の向こう側から手前に向かって順に「一　二　三　四　五　六　七　八　九　十　(　⑦　)　(　⑧　)　(　⑨　)」と呼ぶ。

(1)　(　①　)～(　④　)に当てはまる語句を次のア～ソからそれぞれ1つずつ選び，記号で答えよ。

ア　インド	イ　能楽	ウ　面	エ　ロシア
オ　平安	カ　狂言	キ　足	ク　奈良
ケ　枚	コ　本	サ　雅楽	シ　唐中国

ス　爪　　　セ　江戸　　ソ　柱

(2)　(　⑤　)～(　⑨　)に当てはまる語句をすべて漢字で書け。

(3)　箏の演奏方法(奏法)で親指と中指を使って2本の弦(主にオクターブの関係)を同時に弾く奏法を何というか書け。

(4)　箏曲「六段の調」の作曲者名を漢字で書け。

(5)　箏曲「六段の調」に用いられる代表的な調弦法を漢字で書け。

(6)　箏曲は歌と箏と一緒に演奏されることが多いが，「六段の調」は歌の入らない器楽曲である。箏曲の調べ物ともいわれる，この曲の形式を何というか書け。

【11】次の文を読んで，下の各問いに答えよ。

弦楽器で，フレットが無く正しいピッチを得るのは難しいが微調整が利くヴァイオリン属とフレットを持つ(　ア　)属は，16世紀までに誕生したが，中世からその原形は存在し，弓でこすって音を出す擦奏法は(　イ　)アジアが起源といわれている。モンゴルの(　ウ　)や中国の(　エ　)も同じく弓奏の(　オ　)楽器である。

一方(　カ　)楽器はギター，マンドリン，リュートの他ハープやインドの(　キ　)など多種多様なものがある。

(　ク　)楽器はピアノの他，そのもとになった(　ケ　)，ツィンバロムなどが挙げられる。

(1)　文中の(　ア　)～(　ケ　)にあてはまる語句をそれぞれ答えよ。

(2)　文中の下線部の正式名称と，この楽器を発明したイタリア人名を答えよ。また，発明当時におけるこの楽器の構造上の特徴を答えよ。

【12】次の①～⑤は諸民族の楽器名である。どこの国又は地域の楽器か。下のア～オからそれぞれ1つずつ選び，記号で答えよ。

①　バラフォン　　　②　ムックリ　　③　カヤグム

④　ハーディーガーディー　　⑤　タブラー

ア　北海道　　イ　ヨーロッパ　　ウ　インド　　エ　西アフリカ

オ　朝鮮半島

【13】次の各問いに答えよ。

(1) 次の文は，箏についての説明文である。文中の各空欄に適する語句を答えよ。

箏は，(①)時代に雅楽の楽器として，中国大陸から伝えられた楽器で，弾くために使用する爪の形は流派によって異なり，山田流では(②)，生田流では(③)を用いる。

(2) 次の①～⑤に示された箏の演奏方法について，それぞれ何というか，答えよ。

① 右手で弾いた後に，左手で弦を押して余韻の音高を上げる。

② 隣り合った2本の弦を，右手の中指で手前に向けてほとんど同時に弾く。

③ 左手で弦をつまんで柱の方に引き，音高をわずかに下げる。

④ 右手の親指と中指を使って2本の弦を同時に弾く。

⑤ 弦を弾く前に左手で弦を押して，全音上げる。

【14】クラシック・ギターについて，次の各問いに答えよ。

(1) 次の①～⑤に当てはまる数字をそれぞれ1つ書き，TAB譜を完成させよ。

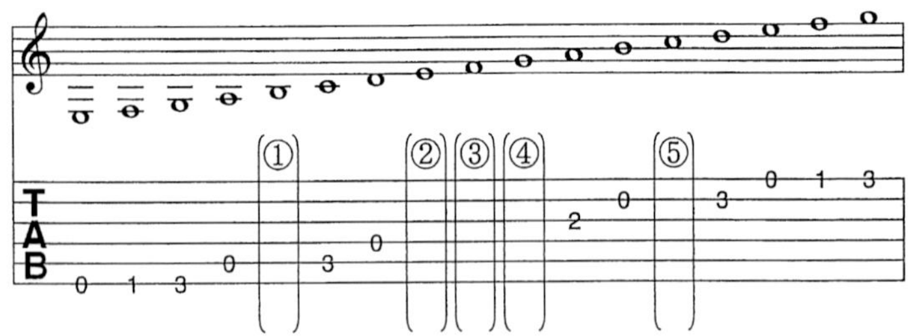

(2) 音楽の授業において，「アポヤンド奏法」と「アル・アイレ奏法」の特徴を生徒に理解させるとき，あなたはどのような説明をしますか。それぞれの奏法がどのような場合に用いられるかを含めて，簡潔に述べよ。

【15】次の(1)～(5)の文章は，ある打楽器の説明である。それぞれの楽器の名称を答えよ。

(1) ロバ，馬などの下あごの骨を乾燥させて作った打楽器。たたくと，あごに付いている歯がカタカタ鳴る。

(2) 2つまたは3つのカウベルを鉄の棒でつないだ打楽器。スティックでたたいたり，カウベルどうしを打ち合わせたりする。

(3) お椀型のベルを1本の軸に，大きい順に上から下へ開口部を下に向けて縦に並べた打楽器。上から下へすべらすようにたたく。

(4) ドラム缶の底をハンマーでたたいて窪みを付け，いくつかの面に分け，その面ごとに音程を出せるように作った打楽器。

(5) 胴の片面に皮が張られ，その内側の中心に棒が付けられている打楽器。この棒を湿った布でこすって音を出す。指で皮を押して音程を変化させることもできる。

【16】グランドピアノにある3本のペダルについて，それぞれの名称，使用した(踏んだ)ときのダンパーまたはハンマーの動き，音への効果(現象)を答えよ。

解答・解説

【1】ア ① イ ② ウ ③ エ ④ オ ⑧ カ ⑥ キ ⑤ ク ⑦

解説 オーケストラ・スコアの基本的な知識があれば難しくない。ヴァイオリンをはじめ，主な弦楽器の調弦については覚えておくとよい。

【2】① 楽器名：シンバル 分類：打楽器 ② 楽器名：フルート 分類：木管楽器 ③ 楽器名：スネアドラム 分類：打楽器 ④ 楽器名：オーボエ 分類：木管楽器 ⑤ 楽器名：チェロ 分類：弦楽器 ⑥ 楽器名：ホルン 分類：金管楽器 ⑦ 楽器名：コンガ 分類：打楽器 ⑧ 楽器名：トロンボーン 分類：金管楽器 ⑨ 楽器名：コントラバス 分類：弦楽器 ⑩ 楽器名：サクソフォン 分類：木管楽器

解説 ①～⑩の楽器図から楽器名と弦・木管・金管・打楽器の分類を選ぶ出題で正答はやさしい。⑤や⑨の図もヴィオラと誤らぬよう選択肢から除かれている。④を誤ってクラリネットとしないよう，⑩はアルトサクソフォンらしいが，アルトやテナーの違いはやはり選択肢にない。⑦のコンガを共にキューバで生まれたボンゴと間違えないよう留意したい。

【3】(1) ア B イ E ウ I (2) A ③ B ⑤ C ⑧ (3) イ

解説 (1) 日本には大きく分けると5種類の尺八が存在するが，現在「尺八」と一般的に呼ぶものは「普化尺八」を指す。中学校学習指導要領に「3学年間を通じて1種類以上の楽器を」と明記されていることから，教科書に出てくる和楽器の名称，歴史，奏法，代表曲は重要事項である。必ず覚えておくこと。 (2) 尺八の奏法：メリ，ムラ息，ユリ 三味線の奏法：サワリ，ハジキ 箏の奏法：スクイ，後押し，押し手 ユリは，声楽・器楽にかかわらず，音を揺らす方法を指す。尺八以外にも，篳篥や龍笛にもユリはある。タンギングは，管楽器全般に使う舌技法。 (3) 雅楽の越天楽は，管弦の編成である。管楽器の篳篥，龍笛，笙，弦楽器の琵琶，箏，打楽器の鞨鼓，太鼓，鉦鼓である。尺八曲・巣鶴鈴慕(そうかくれいぼ)は，18世紀半ばに「鶴の巣籠」から生まれた曲の一つである。早春賦は，吉丸一昌作詞・中田章作曲の歌曲である。江差追分(えさしおいわけ)は，北海道の民謡である。「かもめの鳴く音に ふと目をさましあれがエゾ地の山かいな…」という歌詞である。長唄の勧進帳は，三味線音楽の一種。地歌の曲種名「長歌」と区別するため「唄」を使い，江戸長唄ともいう。唄，三味線(細竿)，囃子(笛，小鼓，大鼓，太鼓)が加わることも多い。

【4】(1) ① a  **b 斗 c 為**

② 平調子 ③ b・c (2) ア 三味線(三絃・三弦) イ 地歌(地唄) (3) 読み方／しょうみょう 意味／仏教の儀式・法要

で僧の唱える声楽　(4)　管楽器／ひちりき，しょう　打楽器／しょうこ，つりだいこ

解説 (1)　①と②は箏の代表的な調弦法。絶対高音ではない。　③は弦をはじく撥弦楽器を答える設問である。正答のbシタールは北インドの撥弦楽器で，7本の演奏弦のほか共鳴弦があり，約20個の可動式フレットをもつ。cツィターも共鳴箱の上に4〜5本の旋律弦と約30本の伴奏弦を張った撥弦楽器で，ドイツやオーストリアの民族楽器(〈第3の男〉で有名)。他は太鼓(ジェンベ)や木管楽器(ナイ，ズルナはトルコやアラブ)である。　(2)　イの「地歌」は，ア「三味線」音楽の最古の種目である。　(3)(4)　「しょうみょう」や雅楽の楽器については，調べておきたいもの。

【5】(1)　・ゆるやかでたっぷりした息を使う。(右手の薬指や小指がトーンホールを完全に閉じているか。指の柔らかい部分で押さえる)
・to(トー)のように口の中の空間を少し広くしたり，do(ドゥー)のようにタンギングを柔らかくする。　(2)　・サミングで作るサムホールの隙間を少し狭くする。(色々試させる)　・タンギングをtyu(テュー)やti(ティー)のように，口の中の空間を少し狭くして，スピードのある息を吹き込む。

解説 リコーダー演奏のための要点は，①呼吸法(息の使い方)，②運指法(指使い)，③タンギング(舌の使い方及び口腔の開け方)の視点からより効果的な指導法を実践したい。

【6】(1)　ギターの楽譜は，ト音譜表に，実音より1オクターブ高く記譜される。調弦は，ピアノやチューナーを使いながら，6弦から順にE A D G H Eとなるように合わせる。　(2)　・アポヤンド奏法…弾いた指が，となりの弦に触れて止まる奏法。　・アル・アイレ奏法…弾いた指が，となりの弦に触れないで手のひらに向かって止まる奏法。
・ストローク奏法…ピックや指を使いながら，弦を低音から高音へ，高音から低音へかき鳴らす奏法。　・アルペッジョ奏法…指の一本一本ではじきながら分散和音で演奏する奏法。　(3)　タブラチュアの略で，6線を実際の弦と同じように使い，押さえるフレットの場所を数

字で表した譜面である。

解説 ギターについての出題で，記述説明のためその内容は各人により違うことになるであろうが，押さえておきたいことは次のもの。

(1) 調弦の音名，記譜と実音が1オクターブ違うことは答えたい。

(2) 右手のアポヤンド，アル・アイレの奏法はよく出題される(共にクラシック奏法)。右手の指の運指は，親指がp，人さし指がi，中指はm，くすり指はa，小指はほとんど使われないがchでピマ(pimach)と覚えたい。なお左指は番号で示され，ピアノ運指と違って人さし指が1で小指が4と示している。 (3) TAB譜については，中学校の器楽の教科書などに譜例が載っている。

【7】(1) 楽器名：バンドネオン　語群：a　(2) 楽器名：カヤグム　語群：f　(3) 楽器名：バラライカ　語群：e

解説 世界の民族楽器の名称，構造，奏法，旋律，歴史は研究しておきたい。 (1) アコーディオンの発明を受け，コンサティーナという6または8角形の手風琴をもとに，1840年代ドイツのハインリヒ・バンドが考案し，ドイツの民族音楽で演奏されていた。 (2) 韓国の箏のことである。弦は12本で膝の上に乗せて演奏する。爪をつけないで指の腹で演奏する。 (3) ロシアの共鳴胴が三角形をしている楽器。現在のものは19世紀の末に改良された。サイズの異なったものが合奏に用いられたりする。プリマと呼ばれるサイズが標準。

【8】① ダウン・ストローク　② アップ・ストローク　③ セーハ　④ ダイヤグラム　⑤ ピック　⑥ タブ譜

(2) ⑦ G　⑧ F♯m・G♭m　⑨ Am　⑩ E♭maj_7・D♯maj_7

解説 (1) ギターの弾き方など実践に即した出題。 ③ セーハはcejaと書く。 ⑤ ピックは板状の小片のこと。 (2) ⑦～⑩のダイヤグラムの和音を示すと次のようになる。

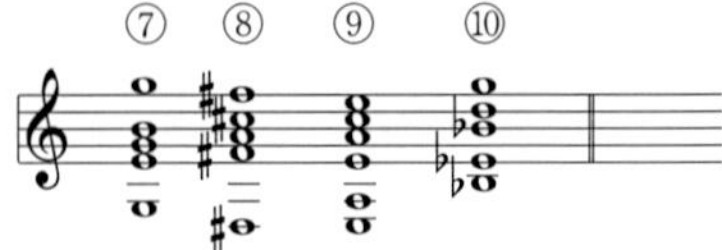

【9】(1)　ア　乳袋(ちふくろ・ちぶくろ)　　イ　棹(さお)　　ウ　糸巻(いとまき)　　エ　駒(こま)　　(2)　①　本調子　　②　二上がり(二上り)　　③　三下がり(三下り)　　(3)　ア　スクイ　　イ　ハジキ　ウ　スリ

解説 (1)　三味線の各部の名称には他にも，海老尾(えびお，又は天神)や糸蔵，根尾(緒)などがあるので学習しておきたい。　(3)　スクイ，ハジキ，スリは代表的な奏法。他にもコキやニジリ，爪弾(つめびき＝バチを用いず指先で弾く)などもある。

【10】(1)　①　ク　　②　サ　　③　シ　　④　ソ　　(2)　⑤　角(丸)　⑥　丸(角)　　⑦　斗　　⑧　為　　⑨　巾　　(3)　合わせ爪　(4)　八橋検校　　(5)　平調子　　(6)　段物

解説 (1)　和楽器について，箏以外にも三味線や尺八などの歴史や楽器の特徴，奏法をそれぞれまとめておきたい。　(2)　山田流(丸)生田流(角)　(3)　連，押し手，引き色などの奏法も研究しておきたい。

(5)　調弦は実音dまたはeから行うが，dからのほうが高音域の演奏のしやすさより，主流になっている。教科書などではeからの調弦が記されていることが多い。　(6)　八橋検校によって「組歌」形式の箏曲が創られ，その後「段物」といわれる器楽的な箏曲も加わり，元禄時代に京都や江戸，大阪に広がった。当時，八橋検校の流れをくむ京都の人々が，同じ八橋検校の系統で代表的な箏曲家の生田検校の名前にちなんで，「生田流」というようになった。

【11】(1)　ア　リュート　　イ　中東もしくは中央　　ウ　馬頭琴　エ　二胡　　オ　擦弦　　カ　撥弦　　キ　シタール　　ク　打弦　ケ　ダルシマー　　(2)　正式名称：ピアノフォルテ　　発明者：クリストフォリ　　特徴：爪で弦を弾く構造に代わって，ハンマーで弦を叩くメカニズムを開発し，音の強弱の変化を出せるようにした。

解説 (1)　楽器の起源についてはよく問われる。国，楽器，奏法，分類などは結びつけておきたい。起源についてはいくつか諸説があるため，一つに断定できないことがあるが，最も有力な一つは覚えておこう。解答例には，他の楽器が入ることもあり，ケはクラヴィコードが入っても良い。 (2) ピアノの原型は17世紀後半にイタリアで発明された。当時の正式名称はクラヴィチェンバロ・コル・ピアノ・エ・フォルテであった。強弱の表現が可能なことからピアノフォルテと名づけられ，やがて略されてピアノと呼ばれるようになっていった。ピアノは様々な改良が行われてきた上での最終形で，間にはたくさんの楽器が存在する。おおまかな形状や構造などを整理しておくとわかりやすい。

【12】① エ　② ア　③ オ　④ イ　⑤ ウ

解説 民族楽器は，名前，地域，楽器の特徴，使用される音楽の特徴，写真での判別などを関連させて覚えておくこと。どれがどういう形で問われても解答できるようにしたい。楽器店に行くと現物を見たり触ったりできる。一度触れておくとより鮮明に記憶に残るだろう。

【13】(1) ① 奈良　② 丸爪　③ 角爪　(2) ① 後押し　② かき爪(かき手)　③ 引き色　④ 合せ爪　⑤ 強押し

解説 箏についての設問で，奏法では実技と共に覚えることが大切であるが，実技を伴わぬとしても代表的な奏法は知っておきたい。

(2) ①及び⑤は〈押し手〉という左手奏法の一種である。出題の奏法以外にも〈すり爪〉,〈引き連〉,〈裏連〉などを学習しておきたい。

【14】(1) ① 2　② 2　③ 3　④ 0　⑤ 1　(2) アポヤンド奏法は，指で弦を弾いたあと，隣の弦にもたれかかる弾き方。アル・アイレ奏法は，指で弦を弾いたあと，他の弦には触れない弾き方。

解説 アポヤンドとアル・アイレを逆に覚えることがないようにする。以下に，TAB譜の完成版を参考に載せておく。

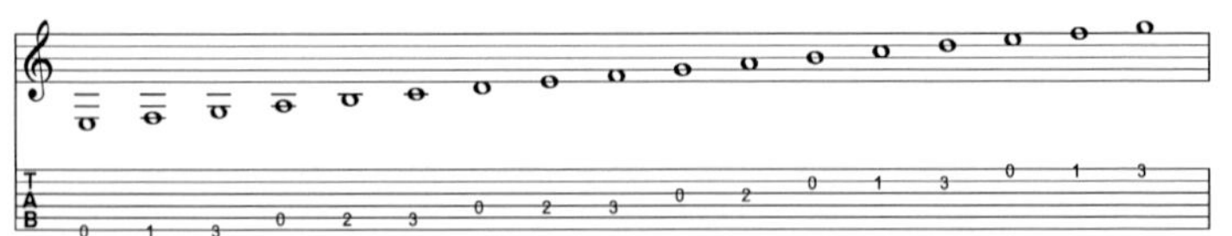

【15】(1) キハーダ　(2) アゴゴ　(3) ベル・トゥリー　(4) スティール・ドラム　(5) クイーカ

解説 叩けば何でも打楽器になり得るものなので，打楽器は次々に新しく生まれる。例えば(4)のスティール・ドラムは，中米・西インド諸島のトリニダード島で，ドラム缶の底から考案されたのが第二次世界大戦頃のこと，スティール・パンとも呼ぶという。(2)のアゴゴはサンバ(ブラジル)に不可欠の金属打楽器。この設問は難問の部に入るであろう。対策としては，とにかくいろいろな音楽や楽器などに興味を持つことから始まる。

【16】(名称／働き／効果の順)　右側…ダンパー・ペダル／全弦のダンパーが一斉に弦から離れる。／鍵盤を放しても音が続き，打たれた以外の弦も共鳴を起こし，響きが厚くなる。　中央…ソステヌート・ペダル／押さえた鍵盤を放す前に踏むと，その音のダンパーだけ離れたままになる。／鍵盤から指を離しても踏まれた音は続くが，それ以降の音は通常どおりである。　左側…弱音ペダル(シフト・ペダルソフト・ペダル)／鍵盤と打弦機構全体が右に移動し，3本または2本が1組の弦のうち1本だけはハンマーの打撃から外される。／音量が落ちる。

解説　ピアノのペダルは平型(グランドピアノ)では3本，竪型(アップライトピアノ)では2本付いている。楽器の王様と言われるピアノは，1709年頃イタリア・フィレンツェのチェンバロ製作者クリストフォリが，チェンバロ本体を用いて弦をハンマーで打つ楽器を発表した。これがピアノの発明とされる。音域が下2点い音から上5点ハ音の$7\frac{1}{4}$オクターヴにわたるピアノの構造やその効果の詳細を改めて学習したい。

●書籍内容の訂正等について

弊社では教員採用試験対策シリーズ（参考書，過去問，全国まるごと過去問題集），公務員試験対策シリーズ，公立幼稚園・保育士試験対策シリーズ，会社別就職試験対策シリーズについて，正誤表をホームページ（https://www.kyodo-s.jp）に掲載いたします。内容に訂正等，疑問点がございましたら，まずホームページをご確認ください。もし，正誤表に掲載されていない訂正等，疑問点がございましたら，下記項目をご記入の上，以下の送付先までお送りいただくようお願いいたします。

> ① **書籍名，都道府県（学校）名，年度**
> （例：教員採用試験過去問シリーズ　小学校教諭 過去問　2025 年度版）
> ② **ページ数**（書籍に記載されているページ数をご記入ください。）
> ③ **訂正等，疑問点**（内容は具体的にご記入ください。）
> （例：問題文では“ア～オの中から選べ”とあるが，選択肢はエまでしかない）

〔ご注意〕

○ 電話での質問や相談等につきましては，受付けておりません。ご注意ください。

○ 正誤表の更新は適宜行います。

○ いただいた疑問点につきましては，当社編集制作部で検討の上，正誤表への反映を決定させていただきます（個別回答は，原則行いませんのであしからずご了承ください）。

●情報提供のお願い

協同教育研究会では，これから教員採用試験を受験される方々に，より正確な問題を，より多くご提供できるよう情報の収集を行っております。つきましては，教員採用試験に関する次の項目の情報を，以下の送付先までお送りいただけますと幸いでございます。お送りいただきました方には謝礼を差し上げます。

（情報量があまりに少ない場合は，謝礼をご用意できかねる場合があります）。

◆あなたの受験された面接試験，論作文試験の実施方法や質問内容

◆教員採用試験の受験体験記

送付先	
	○電子メール：edit@kyodo-s.jp
	○FAX：03-3233-1233（協同出版株式会社　編集制作部 行）
	○郵送：〒101-0054　東京都千代田区神田錦町2-5　協同出版株式会社　編集制作部 行
	○HP：https://kyodo-s.jp/provision（右記のQRコードからもアクセスできます）

※謝礼をお送りする関係から，いずれの方法でお送りいただく際にも，「お名前」「ご住所」は，必ず明記いただきますよう，よろしくお願い申し上げます。

教員採用試験「過去問」シリーズ

栃木県の
音楽科 過去問

編　集	© 協同教育研究会
発　行	令和5年12月10日
発行者	小貫　輝雄
発行所	協同出版株式会社
	〒101-0054　東京都千代田区神田錦町2－5
	電話　03－3295－1341
	振替　東京00190－4－94061
印刷所	協同出版・POD工場

落丁・乱丁はお取り替えいたします。